"十二五"国家重点图书出版规划项目

关学文库 总主编 刘学智 方光华

学术研究系列

李柏评传

常　新　著

西北大学出版社

总　序

张载(1020—1077),字子厚,宋凤翔府郿县(今陕西眉县)人,祖籍大梁,宋仁宗嘉祐二年(1057)进士。张载出身于官宦之家。祖父张复在宋真宗时官至给事中、集贤院学士,死后赠司空。父亲张迪在宋仁宗时官至殿中丞、知涪州事,赠尚书都官郎中。张迪死后,张载与全家遂侨居于凤翔府郿县横渠镇之南。因他曾在此聚徒讲学,世称"横渠先生"。他的学术思想在学术史上被称为"横渠之学",他所代表的学派被后人称为"关学"。张载与程颢、程颐同为北宋理学的创始人。可以说,关学是由张载创立并于宋元明清时期,一直在关中地区传衍的地域性理学学派,亦称关中理学。

关学基本文献整理与相关研究不仅是中国思想学术史的重要课题,也是体现中国思想文化传承与创新的重要举措。《关学文库》以继承、弘扬和创新中华文化为宗旨,以文献整理的系统性、学术研究的开拓性为特点,是我国第一部对上起于北宋、下迄于清末民初,绵延八百余年的关中理学的基本文献资料进行整理与研究的大型丛书。这项重点文化工程的完成,对于完整呈现关学的历史面貌、发展脉络和鲜明特色,彰显关学精神,推动传统文化创造性转化、创新性发展无疑具有重要意义。在《关学文库》即将出版发行之际,我仅就关学、关学与程朱理学的关系、关学的思想特质、《关学文库》的整体构成等谈几点意见,以供读者参考。

一、作为理学重要构成部分的关学

众所周知,宋明理学是中国儒学发展的新形态与新阶段,一般被称为新儒学。但在新儒学中,构成较为复杂。比较典型的则是程朱理学与陆王心学。南宋学者吕本中较早提到"关学"这一概念。南宋朱熹、吕祖谦编选的《近思录》较早地梳理了北宋理学发展的统绪,关学是作为理学的重要一支来作介绍的。朱熹在《伊洛渊源录》中,将张载的"关学"与周敦颐的"濂学"、二程(程颢、程颐)的"洛学"并列加以考察。明初宋濂、王袆等人纂修《元史》,将宋代理学概括为"濂洛关闽"四大派别,其中虽有地域文化的特色,但它们的思想内涵及其影响并不限于某个地域,而成为中华思想文化史上重要的一页,即宋代理学。

根据洛学代表人物程颢、程颐以及闽学代表人物朱熹对记载关学思想的理解、评价和吸收,张载创始的关学本质上当是理学,而且是影响全国的思想文化学派。过去,我们在编写《中国思想通史》第四卷、《宋明理学史》上册的时候,在关学学术旨归和历史作用上曾作过探讨,但是也不能不顾及古代学术史考镜源流的基本看法。

需要注意的是,张载后学,如蓝田吕氏等,在张载去世后多归二程门下,如果拘泥门户之见,似乎张载关学发展有所中断,但学术思想的传承往往较学者的理解和判断复杂得多。关学,如同其他学术形态一样,也是一个源远流长、不断推陈出新的形态。关学没有中断过,它不断与程朱理学、陆王心学融合。明清时期,关学的学术基本是朱子学、阳明学的传入及与张载关学的融会过程。因此,由宋至清的关学,实际是中国理学的重要组成部分,它是一个动态的且具有包容性和创新性的概念,它开启了清初王船山学术的先河。

《关学文库》所遴选的作品与人物,结合学术史已有研究成果,如《宋元学案》《明儒学案》《关学编》及《关学续编》《关学宗传》等,均是关中理学的典型代表,上起北宋张载,下至晚清的刘光蕡、民国时期的牛兆濂,能够反映关中理学的发展源流及其学术内容的丰富性、深刻性。与历史上的《关中丛书》相比,这套文库更加丰富醇纯,是对前贤整理文献思想与实践的进一步继承与发展,其学术意义不言而喻。

二、张载关学与程朱理学的关系

佛教传入中土后,有所谓"三教合一"说,主张儒、道、释融合渗透,或称三教"会通"。唐朝初期可以看到三教并举的文化现象。当历史演进到北宋时期,由于书院建立,学术思想有了更多自由交流的场所,从而促进了学人的独立思考,使他们对儒家经学笺注主义提出了怀疑,呼唤新思想的出现,于是理学应时而生。理学主体是儒学,兼采佛、道思想,研究如何将它们融合为一个整体,这是一个重要的课题。从理学产生时起,不同时代有不同的理学学派。

比如，在"三教融合"过程中，如何理解"气"与"理"（理的问题是回避不开的，华严宗的"事理说"早在唐代就有很大影响）的关系？理学如何捍卫儒学早期关于人性善恶的基本观点，又不致只在"善"与"恶"的对立中打圈子？如何理解宇宙？宇宙与社会及个人有何关系？君子、士大夫怎么做才能维护自身的价值和尊严，又能坚持修齐治平的准则？这些都是中国思想史中宇宙观与人生观的大问题。对这些问题的研究和认识，不可能一开始就有一个统一的看法，需要在思想文化演进的历史进程中逐步加以解决。宋代理学的产生及不同学派的存在，就是上述思想文化发展历史的写照，因而理学在实质上是中国思想文化的传承创新，具有重要的历史意义。

张载关学、二程洛学、南宋时朱熹闽学各有自己的特色。作为理学的创建者之一，张载胸怀"为天地立心，为生民立命，为往圣继绝学，为万世开太平"的学术抱负，在对儒学学说进行传承发展中做出了重要的理论贡献。北宋时期，学者们重视对《易》的研究。《易》富于哲理性，他通过对《易》的解说，阐述对宇宙和人生的见解，积极发挥《四书》义理，并融合佛、道，将儒家的思想提升到一个新的高度。

张载与洛学的代表人物程颢、程颐等人曾有过密切的学术交往，彼此或多或少在学术思想上相互产生过一定的影响。宋仁宗嘉祐元年（1056），张载来到京师汴京，讲授《易》学，曾与程颢一起终日切磋学术，探讨学问（参见《二程集·河南程氏遗书》卷二上）。张载是二程之父程珦的表弟，为二程表叔，二程对张载的人品和学术非常敬重。通过与二程的切磋与交流，张载对自成一家之言的学术思想充满自信："吾道自足，何事旁求！"（吕大临《横渠先生行状》）

因为张载与程颢、程颐之间为亲属关系，在学术上有密切的交往，关学后传不拘门户，如吕氏三兄弟吕大忠、吕大钧、吕大临，苏昞、范育、薛昌朝以及种师道、游师雄、潘拯、李复、田腴、邵彦明、张舜民等，在张载去世后一些人投到二程门下，继续研究学术，也因此关学的学术地位在学术史上常常有意无意地受到贬低甚至质疑（包括程门弟子的贬低和质疑）。事实上，在理学发展史上，张载以其关学卓然成家，具有鲜明的特点和理论建树，这是不能否定的。反过来，张载的一些观点和思想也影响了二程的思想体系，对后来的程朱学说及闽学的形成也有重要的启迪意义，这也是客观的事实。

张载依据《易》建立自己的思想体系，但是，在基本点上和《易》的原有内容并不完全相同。他提出"太虚即气"的观点,认为没有超越"气"之上的"太极"或"理"世界,换言之,"气"不是被人创造出的产物。又由此推论出天下万物由"气"聚而成;物毁气散,复归于虚空(或"太虚")。在气聚、气散即物成物毁的运行过程中,才显示出事物的条理性。张载说:"太虚不能无气,气不能不聚而为万物,万物不能不散而为太虚,循是出入,是皆不得已而然也。"(《正蒙》卷一)他用这个观点去看万物的成毁。这些观点极大地影响了清初大思想家王船山。

张载在《西铭》中说:"乾称父,坤称母。予兹藐焉,乃混然中处。故天地之塞,吾其体;天地之帅,吾其性。民,吾同胞;物,吾与也。"天地是万物和人的父母,人是天地间藐小的一物。天、地、人三者共处于宇宙之中。由于三者都是气聚之物,天地之性就是人之性,所以人类是我的同胞,万物是我的朋友,归根到底,万物与人类的本性是一致的。进而认为,人们"尊高年,所以长其长;慈孤弱,所以幼其幼。圣,其合德;贤,其秀也。凡天下疲癃残疾、茕独鳏寡,皆吾兄弟之颠连而无告者也"。这里所表述的是一种高尚的人道主义精神境界。

二程思想与张载有别,他们通过对张载气本论的取舍和改造,又吸收佛教的有关思想,建构了"万理归于一理"的理论体系。在人性论方面,二程在张载人性论的基础上进一步深化了孟子的性善论。二程赞同张载将人性分为"天地之性"和"气质之性"。但二程认为"天地之性"是天理在人性中的体现,未受任何损害和扭曲,因而是至善无瑕的;"气质之性"是气化而生的,也叫"才",它由气禀决定,禀清气则为善,禀浊气则为恶,正因为气质之性不可避免地受到了"气"的侵蚀而出现"气之偏",因而具有恶的因素。在二程看来,善与恶的对立,实际上是"天理"与"人欲"的对立。

朱熹将张载气本论进行改造,把有关"气"的学说纳入他的天理论体系中。朱熹接受"气"生万物的思想,但与张载的气本论不同,朱熹不再将"理"看成是"气"的属性,而是"气"的本原。天理与万事万物是一种怎样的关系?朱熹关于"理一分殊"的理论回答了这一问题。他认为:"太极只是个极好至善的道理。人人有一太极,物物有一太极。"又说:"太极非是别为一物,即阴阳而在阴阳,即五行而在五行,即万物而在万物,只是一个理而已。"(《朱子语类》卷九四)"理一分殊"理论包括一理摄万理与万理归一理两个方面,这与张载思想有别。

总之，宋明理学反映出儒、道、释三者融合所达到的理论高度。这一思想的融合完成于两宋时期。张载开创的关学为此做出了重要的学术贡献。正如清初思想家王船山所说："张子之学，上承孔孟之志，下救来兹之失，如皎日丽天，无幽不烛，圣人复起，未有能易焉者也。"（《张子正蒙注·序论》）船山之学继承发扬了张载学说，又有新的创造。

三、关学的特色

关学既有深邃的理论，又重视实用。这可以概括为以下几个方面：

首先，学风笃实，注重践履。黄宗羲指出："关学世有渊源，皆以躬行礼教为本。"（《明儒学案·师说》）躬行礼教，学风朴质是关学的显著特征。受张载的影响，其弟子蓝田"三吕"也"务为实践之学，取古礼，绎其义，陈其数，而力行之"（《宋元学案·吕范诸儒学案》），特别是吕大临。明代吕柟其行亦"一准之以礼"（《关学编》）。即使清代的关学学者王心敬、李元春、贺瑞麟等人，依然守礼不辍。

其次，崇尚气节，敦善厚行。关学学者大都注意砥砺操行，敦厚士风，具有不阿权贵、不苟于世的特点。张载曾两次被荐入京，但当发现政治理想难以实现时，毅然辞官，回归乡里，教授弟子。明代杨爵、吕柟、冯从吾等均敢于仗义执言，即使触犯龙颜，被判入狱，依旧不改初衷，体现了大义凛然的独立人格和卓异的精神风貌。清代关学大儒李颙，在皇权面前铮铮铁骨，操志高洁。这些关学学者"穷则独善其身，达则兼善天下"，体现出"富贵不能淫，贫贱不能移，威武不能屈"的"大丈夫"气节。

最后，求真求实，开放会通。关学学者大多不主一家，具有比较宽广的学术胸怀。张载善于吸收新的自然科学成果，不断充实丰富自己的儒学理论。他注意对物理、气象、生物等自然现象做客观的观察和合理的解释，具有科学精神。后世关学学者韩邦奇、王徵等都重视自然科学。三原学派的代表人物王恕以治易入仕，晚年精研儒家经典，强调用心求学，求其"放心"，用心考证，求疏通之解，形成了有独立主见的治国理政观念。关学学者坚持传统，但并不拘泥传统，能够因时而化，不断地融合会通学术思想，具有鲜明的开放性和包容性特征。由张载到"三吕"、吕柟、冯从吾、李颙等，这种融会贯通的学术精神得到不断承传和弘扬。

四、《关学文库》的整体构成

关学文献遗存丰厚，但是长期以来没有得到应有的保护和整理，除少量著作如《正蒙》《泾野先生五经说》《少墟集》《元儒考略》等在清代收入《四库全书》之外，大量的著作仍散存于陕西、北京、上海等地的图书馆或民间，其中有的在大陆已成孤本（如韩邦奇的《禹贡详略》、李因笃的《受祺堂文集》家藏抄本），有的已残缺不全（如《南大吉集》收入的《瑞泉集》残本，现重庆图书馆存有原书，国家图书馆仅存胶片；收入的南大吉诗文，搜自西北大学图书馆藏《周雅续》）。即使晚近的刘光蕡、牛兆濂等人的著述，其流传亦稀世罕见。民国时期曾有宋联奎主持编纂《关中丛书》（邵力子题书名），但该丛书所收书籍涉及关中历史、地理、文学、艺术等诸多方面，内容驳杂，基本上不能算作是关学学术视野的文献整理。20世纪70年代以来，中华书局将《张载集》《蓝田吕氏遗著辑校》《关学编（附续编）》《泾野子内篇》《二曲集》等收入《理学丛书》陆续出版，这些仅是关学文献的很少一部分。全方位系统梳理关学学术文献仍系空白。

关学典籍的收集与整理，是关学学术研究的重要基础，文献整理的严重滞后，直接影响到关学研究的深入和关学精神的弘扬，影响到对历史文化的传承和中国文化精神的发掘。

现在将要出版的《关学文库》由两部分内容组成，共40种，47册，约2300余万字。

一是文献整理类，即对关学史上重要文献进行搜集、抢救和整理（标点、校勘），其中涉及关学重要学人29人，编订文献26部。这些文献分别是：《张子全书》《蓝田吕氏集》《李复集》《元代关学三家集》《王恕集》《薛敬之张舜典集》《马理集》《吕柟集·泾野经学文集》《吕柟集·泾野子内篇》《吕柟集·泾野先生文集》《韩邦奇集》《南大吉集》《杨爵集》《冯从吾集》《王徵集》《王建常集》《王弘撰集》《李颙集》《李柏集》《李因笃集》《王心敬集》《李元春集》《贺瑞麟集》《刘光蕡集》《牛兆濂集》以及《关学史文献辑校》。

二是学术研究类，其中一些以"评传"或年谱的形式，对关学重要学人进行个案研究，主要涉及眉县张载、蓝田吕大临、高陵吕柟、长安冯从吾、朝邑韩邦奇、周至李颙、眉县李柏、富平李因笃、户县王心敬、咸阳刘光蕡等学人，共11部。它们分别是：《张载思想研究》《张载年谱》《吕大临评传》《吕柟评传》

《韩邦奇评传》《冯从吾评传》《李颙评传》《李柏评传》《李因笃评传》《王心敬评传》《刘光蕡评传》等。此外,针对关学的主要理论问题与思想学术演变历程进行研究,共3部。这些著作分别是:《关学精神论》《关学思想史》《关学学术编年》等。

在这两部分内容中,文献整理是文库的重点内容和主体部分。

《关学文库》系"十二五"国家重点图书出版规划项目,国家出版基金项目、陕西出版资金资助项目,得到了中共陕西省委、陕西省人民政府和国家新闻出版广电总局的大力支持。本文库历时五年编撰完成,凝结着全体参与者的智慧和心血。总主编刘学智、方光华教授,项目总负责徐晔、马来同志统筹全书,精心组织,西北大学、陕西师范大学、中国人民大学、华东师范大学、郑州大学等十余所院校的数十位专家学者协力攻关,精益求精,体现出深沉厚重的历史使命感和复兴民族文化的责任感;他们孜孜矻矻,持之以恒,任劳任怨,乐于奉献,以古人为己之学相互勉励,在整理研究古代文献的同时,不断锤炼学识,砥砺德行,努力追求朴实的学风和严谨的学术品格。出版社组织专业编辑、外审专家通力合作,希望尽最大可能提高该文库的学术品质。我谨向大家卓有成效的工作表示衷心的感谢。由于时间紧迫、经验不足等原因,文库书稿中的疏漏差错难以完全避免。希望读者朋友们在阅读使用时加以批评指正,以便日后进一步修订,努力使该文库更加完善。

张岂之

2015年1月8日

于西北大学中国思想文化研究所

自 序

自2004年秋师从陈俊民先生从事关学研究至今,屈指一算已过八个春秋,现在回想当初立志向学,程门立雪的情境宛如昨日,使人顿生白驹过隙之感。

业师陈俊民先生是蜚声海内的关学研究专家,在关学文献的整理和研究方面取得了学界公认的学术成果,他也时时以振兴关学研究为己任,因此在诸多博士弟子进行博士论文的选题过程中无一例外地以关学研究为重心,以期能开拓关学研究的新领域。对我而言,由于本科、硕士阶段的专业背景与关学研究基本无涉,因此初期进入这个领域时感到有点力不从心。陈先生结合我已有的知识结构,经过谨慎的考虑,最终让我研究明清之际"关中三李"之一的李柏诗文。但随着对李柏所著《槲叶集》研读的深入,一个更为完整、丰满的李柏思想体系俨然形成,于是经过数次和先生的讨论,最终决定从文、史、哲等方面对李柏进行全面研究,这就是本书选题的由来。

题目选定之后接踵而来的就是资料的搜集,在这一阶段遇到问题比事先预想要困难得多。"关中三李"中的李颙在世时就已经名震海内,与顾炎武、黄宗羲、孙奇逢齐名;李因笃也由于交游广泛为世人所知;而李柏终生隐居太白山,甘心寂寞,初不为世人所知,后由于李因笃在康熙博学鸿词之招中在京"数称先生贤,始有知之者"。这一境况与当代关于"三李"研究状况有着惊人的一致。"三李"中关于李柏的研究除却韩星先生的《儒家的隐者——李柏思想构成探析》(该文发表于2001年《人文杂志》第1期),宋德成、梅咏二先生的《李柏及其〈槲叶集〉》(该文发表于《咸阳师专学报》1996年第5期)两篇论文外,其他的散见于一些专著和论文中,且数量极为有限,因此论文的写作基本上要另起炉灶。在后来的写作过程中基本上是挤牙膏式的,进度一直很慢,等到论文完成已到2007年的年底。论文的送审和答辩还算顺利,各位专家也给予了较好的评价。论文经过两年多的继续修改和润色,于2010年3月以《李柏思想研究》为书名在陕西人民出版社出版,在该书的《序言》

中，业师陈俊民先生对该书给予了中肯的评价，曰"开创者难为功，本书是李柏整体思想研究的开创之作"。我知道这句话的份量，但我更知道在这份沉甸甸的评价中蕴含着业师的辛劳和更高的期许，在此我仍要对业师献上我的感激之情！

刘学智老师，我在读博士期间就认识，在后来的各种学术会议上也时常谋面，他古道热肠，提携后学，这一点在我和他众多弟子交往中时常被提及，因此他也是我尊敬的一位师长。2010年初秋的一个下午，我接到学智师的来电，言由他和西北大学方光华教授牵头的《关学文库》项目被列为"十二五"国家重点图书出版规划项目，并获得国家出版基金和陕西省出版资金资助，让我承担《李柏评传》的撰写，这是一件让我欣喜的事。作为一位地域文化的研究者，我时常痛感我们关中水深土厚的关学底蕴和研究的现状极不相称，环顾四周，巴蜀文化、荆楚文化、湖湘文化、江浙文化、吴越文化的研究，无论从广度还是深度已经远远地走在了关中文化研究的前面，个中原因除过我们关中学者研究问题的意识之外，更重要的恐怕是经济的支持有限。我也曾经和关中一些民间的学者交谈过，他们所表现出的那份地域文化研究的使命感和学术追求的执着令人钦佩，但同时为他们在研究中所实际面临的经济困难让人深感遗憾。这次国家级、省级两个重点项目对关学研究的支持可能是关学研究的一个新起点。同时我们也欣喜地看到承担项目的大都是一些初出茅庐的学术新秀，他们同我一样都抱有一份从事关学研究的热忱，希望通过这个项目能产生一批在国内有一定学术影响的关学研究成果，推动关学的研究能迈上一个新的台阶。

我们时常把当下物质化的社会境况归结为社会的转型。笔者在最近几年翻阅《明史》及明人的著述中发现，我们社会当前对物质的追逐和明代中后期何等相似：人们奔竞于名利场中，部分从事学术研究的专家学者被名利所裹挟，成为文化活动家，活跃于各种场景中。作为社会一个分子，我也有时在这股激流中心浮气躁，在名利的诱惑下不能安之若素。论文在完成后往往产生一种如释重负的感觉，不再想回头使之更为精致。编辑老师时有论文笔力老道之过誉，但同时也指出论文有急就之嫌，这使我深感自己的学养之浅薄与定力之不足。本书是在《李柏思想研究》的基础上，按照《关学文库》相关体例进行了修改和增补，西北大学出版社的马平老师精心校订了书稿。尽管笔者竭力"打扫"文稿，力求干净少误，但在审稿过程中，马老师仍校出许多讹误,这些讹误好像一面镜子,照出了一个真实的自己,在此我向马平老师献上我真挚的感谢!

本书的传主李柏曾"餐毡啮雪","主于中不动于外","高寄绝俗",他的这一生活境遇和生活态度与我辈相较不啻千里。在物质条件已大为改善的今天,他的淡定和高洁何尝不是我辈在当下所应践行者欤?

是为序。

常　新
2012年夏杪

目　录

总　序 ································· 张岂之（1）
自　序 ··（1）

第一章　"独行君子"的人生追求

第一节　"独行君子" ························（1）
一、生卒考证 ·····························（1）
二、八股取士制度的反叛者 ···············（3）
三、狂狷气象 ·····························（5）
四、不忘沟壑，高寄绝俗 ·················（6）

第二节　处馆志趣 ··························（10）
第三节　南国视野 ··························（12）

第二章　李柏思想的渊源与构成

第一节　关学的渊源与流变 ················（18）
一、关学学者身份的确认 ·················（18）
二、对张载"原儒"方式的继承 ···········（20）
三、对"泥于鬼神"观念的批判 ···········（22）
四、对"孔颜之乐"理想境界的追求 ······（23）
五、"以气节著称"的关学精神 ············（24）
六、"崇礼贵德"的"崇儒"宗旨 ·········（25）
七、对关学"心学"化趋势的顺应 ·········（27）

第二节　李柏与佛教的因缘 ················（30）
一、接受视域中的李柏与憨休 ·············（30）
二、"不立文字"说 ·······················（33）
三、"空"不为空 ·························（34）
四、"水月相涵"的华严思想 ··············（36）

第三节　对道家思想的摄取与自我观照……………………(38)
　　　　一、"贵柔守雌"的自我观照 ………………………(38)
　　　　二、"无用之用" ……………………………………(40)
　　　　三、"齐生死，忘人我" ……………………………(42)
　　第四节　教有三种，道归一致………………………………(44)
　　　　一、以儒为宗，援佛入儒……………………………(45)
　　　　二、道家与儒家在政治哲学方面的共性………………(47)

第三章　易代之际的悲患

　　第一节　对故国的追忆………………………………………(50)
　　　　一、对宗国覆亡的悲恋………………………………(50)
　　　　二、以"游"的形式对故国的凭吊 …………………(53)
　　　　三、沧海桑田与冷眼浮世………………………………(55)
　　第二节　安贫乐道、坚守气节的人格精神…………………(56)
　　　　一、对道德节操、贫富贵贱的考量……………………(56)
　　　　二、孔颜之乐与冰霜玉洁的气象………………………(58)
　　　　三、对失节行为的忧惧…………………………………(61)
　　第三节　入世和遁世的两难处境……………………………(63)
　　　　一、遁世的原则…………………………………………(64)
　　　　二、学而优则仕与穷不失义之间的选择………………(66)
　　　　三、与官员的交往………………………………………(72)

第四章　基于明清易代的历史意识

　　第一节　对人类历史发展问题的探讨………………………(76)
　　　　一、"治、乱"相循的发展史观 ………………………(76)
　　　　二、对"天"在历史发展进程中的作用探讨 …………(79)
　　　　三、"今不如昔"与"退让无为"的发展史观……(80)
　　第二节　多元视角的历史人物评价…………………………(85)
　　　　一、对"乱臣贼子"的贬斥 …………………………(86)
　　　　二、对忠贞之士的褒奖…………………………………(88)
　　　　三、基于人物性格对韩信的评价………………………(93)

第三节　对明代文官制度与宗藩制度的反思…………（97）
　　一、对明代文官制度的批判……………………（97）
　　二、对祸国殃民的宗藩制度的批判 ……………（100）
　　三、基于秦亡对明代官员道德失范的反思………（102）

第五章　续接古今的诗学思想及其美学阐释

第一节　诗文创作理论及对浮华诗风的批判 …………（107）
　　一、"率性而成"创作缘起论 ……………………（108）
　　二、"天机自然"的至文境界 ……………………（109）
　　三、"至精至微"的诗歌功用论 …………………（111）
　　四、"断须镂肝"非诗也 …………………………（112）
第二节　适然相合的诗作情景论 …………………………（115）
　　一、触物起情与"物"之意象 ……………………（116）
　　二、对"山水清音"之"悟" ……………………（119）
　　三、"景语"与"情语" …………………………（121）
　　四、"万化冥合"与"神与物游" ………………（123）
第三节　多元化的诗作创作风格与题材 …………………（125）
　　一、沉郁顿挫、豪气冲霄的忧患诗 ……………（126）
　　二、真醇清淡的山水诗 …………………………（130）
　　三、质朴刚劲的离别诗 …………………………（135）
　　四、悲苦哀怨的闺情诗 …………………………（136）
　　五、凄冷寒寂的悲秋诗 …………………………（138）
　　六、语拙而意工的乡关诗 ………………………（139）

第六章　儒者视域中对传统哲学范畴的探讨

第一节　"天道观"的几个范畴及其逻辑结构………（142）
　　一、"无极"的终极性 ……………………………（143）
　　二、"无极而太极" ………………………………（144）
　　三、有象的"天"与"一" ……………………（147）
　　四、"元气"论及"元气"与"天"的矛盾性 …（149）
　　五、对张载"理""气"关系思想的继承 ………（150）

第二节 践履笃实、成圣成贤的涵养工夫论 …………（151）
    一、对"圣贤气象"的期许 ………………………（152）
    二、"闻见之知"与"德性之知" ………………（154）
    三、"持敬"与"主静"的修养论 ………………（157）
    四、"索道于经" ……………………………………（159）
第三节 "同异之辩"与"万物齐一" ………………（162）
    一、"同异之辩" …………………………………（163）
    二、有物必有对 ……………………………………（166）
    三、"万物齐一" …………………………………（170）

第七章 李柏思想的影响 ……………………………（175）
    一、"关中三李"影响之比较 ……………………（175）
    二、人格的高洁 ……………………………………（177）
    三、理学的影响 ……………………………………（178）
    四、文学影响 ………………………………………（180）

附录一 李柏简谱 ……………………………………（183）
附录二 序、跋、题记等 ……………………………（191）
参考文献 ……………………………………………（202）

第一章 "独行君子"的人生追求

吾秦当有清之初,人文颇盛,隐逸为多,王山史、孙豹人、王复斋、雷伯吁诸贤,其卓卓者,而当时雅重,尤以三李之道为最尊。说者不一,或进河滨,或进岊瞻,而皆退雪木,此特主声气言之,至于泉石烟霞,志同道合,自必以天生"伯中孚而仲雪木"之语为断。二曲抗节不屈,尚矣。天生以母故勉应鸿博征,授职未就,遽乞养归,终身不出,与雪木遵母命应学使试,母没即弃巾服,同一镏尘轩冕,不渝初衷。盖三先生身遭易代,惓念先朝,至今读其遗书,故国旧君之思,油然溢于楮墨。道德文章,均足信今传后,国史列之儒林有以也①。

我们暂把吴怀清在其《关中三李年谱》中的《自序》部分内容作为介绍李柏的引言吧。

第一节 "独行君子"

一、生卒考证

李柏,字雪木,号太白山人,自号白山逸人,陕西郿县(今眉县)人,与盩厔(今陕西周至)李颙(二曲)、富平李因笃(天生)号称"关中三李"。关于李柏的生时和卒时在所见文献中颇有出入。李颙高足王心敬《太白山人雪木李先生墓碣》中曰:"先生以崇祯六年五月乙巳日丁亥时生,以康熙四十年七月二十四日卯时终,康熙四十二年腊月十二日葬。"②钱仪吉在《太白山人传》中记

---

① 吴怀清编著,陈俊民点校:《吴怀清自序》,《关中三李年谱》,西安:陕西师范大学出版社,1992年版,第6页。

② 李柏:《太白山人雪木李先生墓碣》,《槲叶集》附刊,清光绪刻本(以后所引《槲叶集》材料,作者李柏名省略)。

述道:"山人生崇祯庚午……山人卒年七十余。"①而在《关中三李年谱》中王心敬所撰《墓碣》中没有确切纪年,只记"先生以某年月日生,以某年月日卒"②。两个版本的《墓碣》关于此事的记述有较大的差异,这可能是由于吴怀清所撰《关中三李年谱》中《墓碣》所用文献和《槲叶集》中《墓碣》来源不同所致。《国史·儒林传》中也记载:"康熙三十二年卒,年七十一。"③《清史稿》更是记载:"年六十六,卒。"④吴怀清考证发现,崇祯六年为癸酉,康熙四十年为辛巳,其间相距只有六十九年,而《太白山人墓碣》中记述"年七十有一而卒"。《槲叶集》中李柏在给李颙的书信中写道:"忆昔与兄相见于沙河东村,兄年二十二,弟年十九。"⑤李颙的生年在《关中三李年谱》中记载说:"明天启七年正月二十五日未时,先生生。"⑥刘宗洙记述说:"先生盖丁卯年癸卯月癸巳日己未时岳降也。"⑥天启七年是丁卯年,也是后金天聪元年(1627)。天启七年至顺治五年戊子,二曲二十二岁,时年和李柏初识,据此可知李柏当生崇祯三年庚午。另外李因笃称李柏为"二兄处士"⑦之语,考李因笃生"崇祯四年辛未七月初五日丁丑丑时"⑧,李柏应生于崇祯四年之前,不应如所述:"先生以崇祯六年五月乙巳日丁亥生。"若生当崇祯三年,卒应在康熙三十九年,正好享年"七十有一"。

李柏初名为李如泌,《槲叶集·易名说》记道:

　　童试名如泌,学使者田以硃笔改为密,余曰:"非密也,取唐名臣李泌义耳。"学使曰:"唐无李泌,惟《陈情表》有李密则可,若如泌则不通矣!"余不敢辨。即归,思之密《陈情表》斥汉为伪朝,忘君仕仇,而余名如之,言之不顺,故易名曰柏,字雪木⑨。

---

① 《太白山人传》,《槲叶集》附刊,清光绪刻本。
② 吴怀清编著,陈俊民点校:附录《太白山人传》,《关中三李年谱》,第250页。
③ 吴怀清编著,陈俊民点校:附录《国史·儒林传》,《关中三李年谱》,第246页。
④ 赵尔巽:《儒林传一》,《清史稿》卷四八〇,北京:中华书局,1977年版,第13110页。
⑤ 《与家徵君中孚先生书》,《槲叶集》卷三。
⑥ 吴怀清编著,陈俊民点校:《二曲先生年谱》,《关中三李年谱》,第3页。
⑦ 李因笃:《岐山公廨喜晤二兄雪木处士却送归山》,《受祺堂诗集》卷二六,清刊本。
⑧ 吴怀清编著,陈俊民点校:《天生先生年谱》,《关中三李年谱》,第271页。
⑨ 《易名说》,《槲叶集》卷二。(以后所引《槲叶集》材料,作者李柏名省略)

李柏出身寒门,在所能搜集到的资料中,没有发现其家世显赫或有名人的记录,王心敬《太白山人雪木李先生墓碣》中曰:"原籍汉中府褒城人,七世祖某徙郿之曾家寨居焉,遂为郿县人。父可教,母王氏,生三子,先生其仲也。"①褒城始建于秦朝,故址在今汉中市汉台区龙江镇柏花村。褒城驿在(褒城)县南二十五里小柏乡。秦所置,有池、馆、林木之盛,宏丽甲天下。孙樵有文,元稹有诗,明属汉中卫,今属南郑县(即今汉台区,引者注)。其七世祖为何徙郿,无从考证,其父可教史志无载,似乎也属平常人,并且在李柏九岁时去世。李可教颇有文学造诣,喜读西晋陶渊明的诗文,一生未应考出仕,耕读传家。李柏受父亲影响,幼年时,便模仿起五柳先生陶渊明,在书斋前栽了五棵柳树,并题诗道:"茅屋果然如斗大,诗风酒月度年华,客来陋巷不知处,五柳柴门第一家。"②

二、八股取士制度的反叛者

李柏家虽属寒门,但有耕读传统,在他父亲去世后,家庭方面对他影响最深之人应是他的母亲王孺人,她在李柏成长中扮演着重要角色。其母为其"延师入小学"③,并对他寄以厚望。少年时代所受教育对李柏似乎没有产生多大的影响,所习的内容和中国古代儿童启蒙教育内容无大差别,无非是《三字经》《百家姓》《千字文》《千家诗》之类,当时启蒙儿童,不论是私塾还是官学,教师都要先从这几本书教起。但教学时效不一,有的一直教完《四书》并通一经,使学生达到参加童试考秀才的水平,有的则仅教读写算而已。李柏在十七岁时还没有达到"通读《四书》并通一经"的阶段,《关中三李年谱》中记载:

顺治三年丙戌,十七岁。偶阅《小学》,见古人嘉言善行,即取案头时文焚烧一空。塾师大怒,扑挞六七十,令从今人章句、诸生习帖括,取科第,但答以"愿学古人,虽死不悔",一时同人闻之,以为病狂丧心④。

李柏的行止,其实是对明朝八股取士科举制度的反叛。明朝八股取士的

---

① 《太白山人雪木李先生墓碣》,《槲叶集》附刊。
② 《杀蜘蛛说》,《槲叶集》卷二。
③ 《太白山人雪木李先生墓碣》,《槲叶集》附刊。
④ 吴怀清编著,陈俊民点校:《雪木先生年谱》,《关中三李年谱》,第211—212页。

制度,是从宋朝的"经义"考试而来的,内容是以议论文的形式阐释儒学经典义理,但形式上有严格的规定。据《明史》载,它是"略仿宋经义,然代古人语气为之,体用排偶,谓之八股"①。由于八股文从形式到内容的高度程式化,民间的读书人为了达到"学而优则仕"的目标,不再皓首穷经,甚至连经典都不看,只背范文,导致有明一代学术大为衰落。江藩《国朝汉学师承记》中认为,明朝之所以"儒罕通人,学多鄙俗",是由于"元明之际,以制义取士,古学几绝,而有明三百年,四方秀艾困于帖括,以讲章为经学,以类书为博闻,长夜悠悠,视天梦梦,可悲也夫"②。无怪乎顾炎武痛心疾首地说:"愚以为,八股之害等于焚书,而败坏人才,有甚于咸阳之郊所坑者四百六十余人。"③

李柏母亲对李柏通过读书进入仕途抱有期许,同时李柏由于九岁时父亲可教先逝,他是由孀母备历艰辛而抚育成人的,他对母亲十分孝敬,田心耕督学陕西时,很欣赏李柏的才气,"或教母氏命之试,不敢违,遂补博士弟子员"④。未几,岁试,李柏表现不凡,"学使赏其文出性灵,遂拔之。冠一军,食廪饩,而文名藉藉飓邑庠矣,然终非其好"⑤。但李柏对这种窒息人性的启蒙教育方式深恶痛绝,其反抗十分激烈,他"三避童试,西渡洴河,东适晋,南如栈。出而复入不敢长往者,以先妣在堂也"⑥。他志在山林,避不就,或日暮投古庙,坐达旦不寐;或深入眢井三日夜;或潜走旷野,危坐连宵不归;或出亡于外,西渡洴水,南入云栈,东登首阳,拜夷齐墓⑦。这种逃避方式对当时热衷于科举的人来说是不可理喻的。尤其是在和私塾教师的对抗中更显得有点惊世骇俗,据萧震生《太白山人〈槲叶集〉叙》记载:

塾师扑曰:"汝学古人,吾必令汝学今人也!"
先生曰:"愿学古人。"
又扑曰:"汝还欲学古人乎?"
先生曰:"必学古人。"

---

① 张廷玉:《选举志二》,《明史》卷七〇,第1693页。
② 江藩著,钟哲整理:《国朝汉学师承记》卷一,北京:中华书局,1983年版,第4页。
③ 顾炎武著,黄汝成集释,栾保群、吕宗力点校:《拟题》,《日知录集释》,上海:上海古籍出版社,2006年版,第946页。
④ 吴怀清编著,陈俊民点校:《关中三李年谱》,第214页。
⑤ 《太白山人雪木李先生墓碣》,《槲叶集》附刊。
⑥ 《答刘孟长先生》,《槲叶集》卷三。
⑦ 《太白山人传》,《槲叶集》附刊。

数问而辞不变①。

在这段生动的描叙中,世俗势力和李柏特立独行的个性冲突是如此的激烈和有趣,读后令人忍俊不禁,同时我们对李柏能有如此敢于反抗传统的胆魄,不能不怀有敬意。斗争虽以李柏不改初衷而结束,但李柏也受到时人尖刻的指责:"远近之人,见其踪迹大奇,语言汗漫,或曰鬼物凭胸,或曰病狂丧心,或曰愚駃下贱,禄命不丰。讪笑百出,先生皆不顾也。"②由于对习制举文的厌恶,李柏把学习的兴趣集中到其他方面,《太白山人雪木李先生墓碣》记载:

> 常日率置制举文于其案,而所私读,则经世之书与陶冶性情之诗。一日,负锄出耘,家人馈之食,则见其依陇树而诵《汉书》。又一日,驱羊出牧,则背日朗读《晋处士集》,亡羊而不知③。

李柏所读之书都是经世之书,是陶冶性情之诗,这些书和科举应试之书大相径庭。母亲去世后再没有人能阻挡他对时文与科举的厌恶,他不在乎时人对他的评头论足,"愤然弃冠服,服法服,结庐太白山,读书学道,粗粝食,蓝缕衣,山僧蒲馔,道人箨冠,人以为陋,而先生安之如也"④。李柏的这种反叛精神是当时部分开明士人反叛八股取士科举制度的一个缩影,可知这种制度已到穷途末路之时。

三、狂狷气象

李柏的《槲叶集》虽在乾隆年间作为禁书不被世人所闻见,但作为郿县一邑的名人,本地人肯定会津津乐道的,况且我们在《槲叶集》中可以看出李柏虽高隐,但他和外界有一定联系,并且部分人对他的评价甚高,但同时,也有人对李柏进行了大为不恭的评价,甚至在郿县的县志中也这样记载:

> 时往来山中,或雪后独上高峰看月,熊黑虎豹叫啸前后。性潦郁孤愤,与世龃龉不可合,亦好大言,奇服诡行,以耀于时。于河东买大牛,高八尺,颈尾一丈二尺,骑牛入城市中,儿童噪且随之。牛归,卧场圃,柏便坐牛髀肋间,击岳披发,歌呼乌乌⑤。

---

① 《太白山人〈槲叶集〉叙》,《槲叶集》卷首。
② 《太白山人〈槲叶集〉叙》,《槲叶集》卷首。
③ 《太白山人雪木李先生墓碣》,《槲叶集》附刊。
④ 《太白山人〈槲叶集〉叙》,《槲叶集》卷首。
⑤ 吴怀清编著,陈俊民点校:《郿县志》,《关中三李年谱》,第252页。

从这段记载中,我们可以清楚地看到,修县志者对李柏是带有个人成见的,对李柏的记叙含有强烈的个人色彩。因此我们若单从《郿县志》了解李柏的性格和形象,则歪曲的成分大增。甚幸后人有纠县志之谬者曰:"吾郿乾隆间《县志》称雪木先生'奇服诡行,任情放诞',余则跋岐山武敬亭广文所藏《淡园》《亦山园》墨迹卷,已纠正其妄。顷阅《钱衍石文集》,尚不失其真,特录一通寄归,以备他日修改《县志》之资。先生为国之逸老,入本朝不肯随俗俯仰,宜人以为怪诞,然其皎然自立,志在圣贤,则人罕有识者。"①李柏的举止言行正是儒家所讲的狂狷气象。自孔子以后的儒家对这种狂狷气象、这一行为并未彻底否定,孔子尝叹:"不得中行而与之,必也狂狷乎!狂者进取,狷者有所不为也。"②孔子认为,如果找不到"中行"的人为友,就与狂狷者交往。狂者敢作敢为,大有所为;狷者清高自守,有所不为。李柏生当明季,他"不投时好处,或不能无至其心,事之光明磊落。若时下之齷齪委琐之态,二三巧诈之恣,则毫厘不以淘其素定之天。而如遇美酒、逢故人,开怀放意于上下古今,无所不语,语之又靡不慷慨淋漓,使人欲歌欲泣而不能已。盖既老之年,依然不减少壮也。又先生气甚胜而高,遇意所不可,虽贵人前,必伸其意之欲。言而如其心,则心甚虚又甚固。见善辄不难屈己以从"③。李柏不为时好,清高自守,不掩其行,这正是孔子所言"不得中行而与之,必也狂狷乎"的狂狷气象。

在晚明思想激荡的年代,"乡愿"的世俗之风成为多数士人追求的时尚,在这种社会风气下,李柏"独行君子"的行为,确实难能可贵,故世称:"雪木之学似子张,圣门之狂也。"④

四、不忘沟壑,高寄绝俗

李柏"独行君子"的人生追求还表现在艰难困苦之时,不改其志。李柏一生大多数时间是在贫困中度过的。九岁丧父后,"先妣孀居以来,门户衰弱,

---

① 吴怀清编著,陈俊民点校:《王仙洲太白山人传跋》,《关中三李年谱》,第265页。
② 朱熹撰:《论语集注·子路》,《四书章句集注》,北京:中华书局,1983年版,第147页。
③ 王心敬:《太白山人雪木李先生墓碣》,《槲叶集》附刊。
④ 吴怀清编著,陈俊民点校:《王树枏序》,《关中三李年谱》,第7页。

更兼赤贫,受尽乡曲武断之苦"①。再后来由于天灾人祸,生活起居极不稳定,一直处于颠沛流离的境况中。在可供选择的诸"业"上,李柏大多数时间躬耕自给,"母卒,遂弃冠服入太白山中,率家人力耕,刻苦为学"②。在后来数次避难之时,李柏也往往躬耕自给,如康熙三十年(1691),郿县大旱,时年李柏已六十二岁,他所耕种的百亩麦田,仅收五石,"百姓逃走者、饿死者、病死者、自缢死、自药死者大约十去七八,伤心酸目,言之泪下"③。是年秋天,李柏携家十五口离开郿县,迁至凤翔西房村,侨居亢氏书室,至第二年三月二十四日。在这次迁徙中,又祸不单行,由于家里无粮,李柏托以前的故交程名世五十金去秦州籴麦,程名世见利忘义,名为代劳,实际私吞了这笔救命钱。无奈之际,李柏又遣人回到郿县播种小麦一百三十亩,由于冬季无雪,小麦没有长成。在冬天他所喜爱的大牛也由于天旱无草,李柏没有能力喂养,最后羸瘦骨立,活活饿死。康熙三十一年(1692),李柏离开凤翔又开始了流离的生活。"三月,南迁汉上,旱魃又来作怪,千里赤土,不异关中,举家嗷嗷,如何可活",他离开凤翔,入云栈,出褒斜,至沔县,逗留一个月,于五月,抵达洋县;六月,侨居洋城东南隅秦太学德英精舍;十月,经城固到南郑。在这段近似流浪的迁徙中,他感受到人间的冷暖。在《耕难》中李柏曾说:"耕非难,贫而耕难。贫而耕异乡难。予在郿太白山麓,尝将亚旅,耕薄田二百五十亩,有童仆牛马,不知其难也。"④耕地不难并不意味其生计不难,其实他在山中"布衣蔬食,极人所不堪"⑤,他曾"日食粥或半月食无盐,意夷然不屑也。尝言:'古之人有七日不火食者,有三旬九日餐者,有食木子橡栗者,有屑榆者,有一日长坐者,有十九年餐毡啮雪者。盖有主于中不动于外,所谓不忘沟壑也',其高寄绝俗类此。"⑥在食不果腹之时,李柏也以圣人的行迹为期许。在《绝粮》中写道:"孔孟亦绝粮,在邹薛陈蔡。圣贤大宗师,贫岂我之害,天道有剥复,人道尽否泰。"⑦这里李柏以孔孟绝粮邹薛陈蔡自励,体现了他不忘沟壑,高寄绝俗气概。

---

① 《答刘孟长先生》,《槲叶集》卷三。
② 吴怀清编著,陈俊民点校:《衍石记事稿》,《关中三李年谱》,第7页。
③ 《复张子余内翰书》,《槲叶集》卷三。
④ 《耕难》,《槲叶集》,卷三。
⑤ 吴怀清编著,陈俊民点校:附《国史·儒林传》,《关中三李年谱》,第246页。
⑥ 《国朝先正事略》,《槲叶集》附刊。
⑦ 《绝粮》,《槲叶集》卷四。

李柏"独行君子"之风还体现在对自然独特的体悟之上。屏弃尘世的山居生活,自然是十分艰苦的,但就在这种艰苦的生活中,李柏追求一种人生的体验:

> 我有浩然气,寥寥结石林。
> 辞赋空怀古,牧樵半友今。
> 愧乏补天手,且安避地心。
> 无人知此意,松月在高岑①。

显然李柏追求的是一种超尘离俗的生活环境,追求的是一种宁静和孤寂,追求的是一种萧散和闲适,从而在这样的情景中去感受一种冲淡、悠远,去体验周遭的自然和世界,去思考宇宙和人生。

太白山是李柏生命的一部分,他在太白山度过了一生中大部分时间,留下了许多吟咏太白山之作,通过这些诗作一方面可以看出李柏对时俗的激愤,另一方面也反映了李柏心灵的枯寂和高洁。李柏始登太白山是在顺治八年(1651),时年二十二岁,他说:

> 我年廿二入雪岑,老母倚门戒山客。
> 是儿健步心胆粗,勿教险岩攀松柏。
> 我随山客入深山,深入深山路二百。
> 白昼披裘六月寒,夜来燃火冰雪宅②。

假如初次登太白山只是对李柏的一次自然环境的洗礼,那么,在日后每年登临山顶,对他无疑又是一次次心灵的涤荡,王心敬在《太白山人雪木李先生墓碣》说:

> 太白山者,终南万里间第一险峻寒远之山也,先生(李柏)必一年一游。至山巅,对天池,必徘徊浩歌,久而后去。或问:"山路山气如此之险寒,一游得其概足矣,岁岁必登也,何故?"先生曰:"登山之颠,为之尘眼空;对池之清,为之尘虑净。生平快事,孰过于是?"听者为之掩口而笑,先生不屑也③。

他每年登山的目的就是"为之尘眼空","为之尘虑净"。他所谓的"尘眼",不外乎故国的灭亡、市朝的腐浊、生命的危险、生活的困苦与流离带来的痛楚和

---

① 《浩然之气》,《槲叶集》卷五。
② 《太白山月歌》,《槲叶集》卷四。
③ 《太白山人雪木李先生墓碣》,《槲叶集》附刊。

烦恼,他对此别无选择,只能寄情于山水,且生发散逸开来,直接形成与"现实"的疏离。在徜徉山水的过程中,李柏的精神生活得到了完善,他把远隔尘嚣的大自然当成心灵的栖息地,由追求独立人格而走向悦山乐水,在山水世界中却体认到自我的存在。

后人曾对李柏"独行君子"的人格与"关中三李"中其他二人进行过比较,井岳秀在《关中三李》序中曰:

> 关中学者,清首三李。而二曲最为儒宗,实践躬行,守死不贰。晚年独营垩庐,屏绝妻子,终其身在家国之丧,可谓醇乎醇者矣。天生以文学名海内,而慷慨有豪侠气。同时诸老,尤与顾亭林、傅青主善。天性醇挚,《陈情》一疏,世以比李令伯。虽出处与二曲小异,而二曲引为宗弟。惜《受祺堂集》今佚一卷,家国之际,微言遂绝,其憾事也。雪木行事,颇少概见,要其艰苦卓绝,为二曲一辈人。观其展转太白山中,餐冰饮雪,而意气浩然,不改其素。读《槲叶集》,识议精辟,如见其人,盖不羁之才而独行君子也①。

与李因笃相比,李柏一生自有不同之处,他的的确确做了一辈子的隐士。李因笃由于热衷于交游,在当时的士大夫当中有着广泛的影响,在学术方面他涉猎广泛,他深于经学,著《诗学》,顾炎武赞道:"毛郑有嗣音矣!"又著《春秋说》,"汪琬亦折服焉"②。顾炎武和汪琬作为当时的硕儒能对李因笃的经学造诣如此称道,足见其在经学方面的成就。李颙也喜好交游,其大半生都是离家在外度过,"自是交游日广,家无升斗蓄,而宾朋满座,往往贷豪右供酒肴,甚至撤户扉、楼梯为应,意豁如也"③。李柏作为儒家的隐者,他既不热衷于讲学授徒,也不热衷于交游,因此他的声名在当时远不及"关中三李"其他二李显赫,贺瑞麟《创修李雪木先生祠堂记》中记载:

> 盖生平慕诸葛孔明、陶元亮之为人,遁迹太白山中大雪崖洞十余年。《易》所谓"不事王侯,高尚其事",先生有焉。然或者谓后之知先生者,似未若二曲、天生之盛,不知二曲征荐,至为九重所知,天生亦名重阙廷。先生终生一韦布耳,抑二曲、天生著书久显于世,先生《槲叶集》往往求之不得,是以二曲、天生,后生犹多能举其名姓,

---

① 吴怀清编著,陈俊民点校:《井岳秀序》,《关中三李年谱》,第3页。
② 吴怀清编著,陈俊民点校:《李文孝先生行状》,《关中三李年谱》,第414页。
③ 吴怀清编著,陈俊民点校:《李文孝先生行状》,《关中三李年谱》,第415页。

至先生则知者少矣。虽然实之至者,久亦必彰①。和李颙、李因笃二人相较,李柏是一个"独行的君子"。

第二节　处馆志趣

李柏在漂泊不定的生活中也曾经以坐馆教书为生。坐馆是士人较为普遍的职业选择,但一生真正从事此业的并不多。因为做塾师一般情况下收入非常低,很难维持生计,如以坐馆为生的张履祥,将此业的屈辱表达得淋漓尽致。他在《处馆说》说道:

> 世之读书而贫者,为人教子弟,资其直以给衣食,约有二种:一曰经学,则治科举之业者也;一曰训蒙,则教蒙童记诵者也。不知始自何代,流极于今,至不忍言。窃尝推之,或者本于《论语》"自行束修以上",《孟子》"通功易事",及"易子而教,子弟从之,则孝弟忠信之义由是以言"。束修者,子弟执之以见于师,委质而退。非今人计较多寡,及关出等于券契之类也。……予也与此,盖二十有余年,几为羞之、恶之,思欲去之,则以童而习之,唯此一技,尤能守其师之传。辗转去就之际,终不得不岁从事于馆谷。孟子所谓"弓人耻为弓,矢人耻为矢"予之谓已②。

李柏虽终生不以坐馆为生,但他对坐馆生活的状况应该了解,他也只是在不得已的情况下去坐馆,并且我们在所读的资料中可以看出李柏在坐馆的过程中没有遇到如张履祥所言的不幸。通过梳理《关中三李年谱》和《槲叶集》,发现李柏以坐馆为生见于记述的有三处:

一是盩厔赵氏家,时年李柏三十九岁,李柏在《瞽驴说》中说:"康熙七年,余馆于恒州。"③(作者按:《郿志》曰金人曾升周至为恒州)在恒州坐馆于赵一家,赵一名待考,是年有诗《戊申客终南赵一书楼值春雪》曰:

> 别业南山下,出如玄冥居。
> 灯寒千嶂雪,人醉一楼书。

---

① 《创修李雪木先生祠堂记》,《槲叶集》附刊。
② 张履祥:《处馆说》,《杨园先生全集》卷一八,北京:中华书局,2002年版,第545页。
③ 《瞽驴说》,《槲叶集》卷二。

>　　风动松微偃,冰消竹半舒。
>　　愿言学董仲,聊以乐三余①。

从李柏的情绪来看,李柏在赵一的坐馆生活还算惬意。在另外一首诗《客赵氏中南别墅》中也表达了同样的意绪:

>　　空斋多古意,清旷似桃源。
>　　松菊分三径,渔樵合一村。
>　　山横窗外枕,竹掩涧边门。
>　　客有舌耕者,聊云代素飧②。

李柏在赵一家坐馆至康熙八年八月辞归。在赵一家坐馆虽较为惬意,但李柏对这种寄人篱下的生活不甚留恋,对昔日独居太白山的生活时有回忆:

>　　少年耽隐逸,终岁在山阿。
>　　日月白双眼,乾坤老一螺。
>　　奕开星斗阵,酒饮汉湘波。
>　　不识蒲团上,何缘见雪峨③。

于是他萌发了去意:

>　　春归雁过,锦苕雁已归。
>　　侬又来,塞北雪消春草深,终南书慵兔毛颖。
>　　徒将海日屈屈歌,一歌屈屈一徘徊。
>　　尔方归,侬方来,侬来侬来,胡为乎来哉!④

在辞赵一家之后,李柏又重新耕读,他在《寄牛商山》中写道:"久客岐阳,两歌鼓盆,一感西河,自非太上忘情,何以堪此? 去岁(按:康熙八年,据《关中三李年谱》)辞舌耕而就躬耕,菜羹米汁,差可消遣。"⑤在李柏心目中,耕田比坐馆有尊严,他更愿意以耕田糊口,尽量避免人格的屈辱和物质的贫困对他的双重压力,这也是在当时士人中普遍存在的一种现象。

李柏第二次坐馆是南迁时在洋县张仲贞太守家,时年65岁。时间近两年。王心敬在《墓碣》记曰:"西凤大旱,先生乃携家就塾汉南洋县,东道故太

---

①　《戊申客终南赵一书楼值春雪》,《槲叶集》卷五。
②　《客赵氏中南别墅》,《槲叶集》卷五。
③　《夏日客恒州偶忆昔年卧雪太白悠然有感》,《槲叶集》卷五。
④　《寓恒州闻归雁有感》,《槲叶集》卷五。
⑤　《寄牛商山》,《槲叶集》卷三。

守仲贞张公款留,乃托足焉。"①在张仲贞太守家坐馆待遇颇好:"洎令叔自南归,一见如生耳故旧,凡事所需,皆先意绸缪。"②李柏对张仲贞太守的盛情也一再表示致谢:"皋伯通之于梁鸿,孙宾硕之于赵岐,刘荆州之于仲宣,严郑公之于子美,古有其四,今见其一也"③;"我本终南采药人,与君长醉贊筼竹"④。除此之外,李柏还撰了《仲贞张先生像赞》,《赞》中虽没有直接提及对张仲贞的感激之情,但对李柏而言,能为别人写赞就说明他和其人关系甚笃,因为他不轻易写应酬性的东西,李柏不惜笔墨写了数篇和张仲贞相关的文章,足见他在张仲贞家坐馆是有别于当时传统士人坐馆,他们是知心朋友之间的一种无私的帮助。

李柏第三次坐馆是在耀州李穆庵刺史家,时年69岁。王心敬《墓碣》云:"先生仍为耀州守穆庵李公延之,课子于耀州山孙真人洞。"⑤(《耀州志》记载:"知州李铨,正黄旗汉军,康熙三十年至。又州东三里为五台山,有唐孙真人隐居石洞。")《墓碣》没有说明李柏何年到耀州,据《铁墨吟叙》记载:"戊寅夏,晤张少文于五台山。"⑥据此推断,李柏到耀应是是年。在李穆庵家坐馆之事,李柏记叙不多。《墓碣》称其在耀州"一日以酒醉,坠床而疾,病中仍归于郿,曰:'是吾邱首之宜也!'"李柏返郿后一年,即康熙三十九年卒,享年七十一岁。

第三节 南国视野

在李柏的一生中,还值得一提的是南游衡岳,此次南游,属凭吊观光之旅。据记载,康熙二十九年,曾任岐山知县的好友茹紫庭邀请他南游衡山,此时茹紫庭已任衡州司马。李柏于当年九月"挟一驷奴篚书"出函谷关,"过汉阳,涉江夏,泛洞庭,渡潇湘;发江北之云,宿江南之梦;哀屈原于湘郢,哭贾谊于长沙;谒武侯于隆中,瞻岣嵝于衡岳;酹帝子于苍梧,吊湘君于南浦;怀子房

---

① 《太白山人雪木李先生墓碣》,《槲叶集》附刊。
② 《与张大将军幼南书》,《槲叶集》卷三。
③ 《与张大将军幼南书》,《槲叶集》卷三。
④ 《筼筜行寿仲贞张翁》,《槲叶集》卷四。
⑤ 《太白山人雪木李先生墓碣》,《槲叶集》附刊。
⑥ 《铁墨吟叙》,《槲叶集》卷二。

于下邳,想黄绮于商山;讲韬略于襄阳,议战守于函谷。此一游也,收尽东南之胜"①。此次南游也许是李柏一生中在历史时空中的一次行走,对一个很有历史感的人而言,此次游历使他深沉的历史感更加深刻,他在历史的时空中对他所尊崇的历史人物进行凭吊,更加凸显出在易代之际一个普通士人的心路历程。

此次南游对李柏而言,也是一次开阔视野的机会。对于一个隐匿山林的隐者,这种经历不是很多,李柏在隐居期间所云游的古迹名山除此次南游之外,还未曾出陕西之界,因此李柏在南游之际的《自述》中写道:

结发之年学隐客,爱看家山雪太白。
一卧巉岩四十年,肩背崚嶒风霜迫。
只道西北千山雄,未见东南万重水。
六十老去出函关,坐泛沧浪三千里。
汉江乘槎到潇湘,双目炯炯射水里。
爱水爱山意错落,只缘我心有所著。
要使吾心无所爱,直待名山大川不在天之内②。

李柏以六十一岁的高龄坐视"千山雄""万重水""泛沧浪三千里",这是何等的豪迈!这里他在历尽沧桑后对自然风光的体味和把玩,是一种建立在文化素养和生命敏感之上的生活情趣。

李柏处于明清之际战乱频繁的时代,在明末社会政治如此黑暗和腐败的情况下,他对军事也非常留意并有自己的见解,"自十七八至二十二自负其气,喜谈兵家,不肯俯首习制举文,自是别去同学"③。在七律《江上》有"蚤岁谈兵鬓雪繁"④之句,当然在这里李柏作为一个历史人物,他还不能清醒地认识到,决定战争胜负的根本性因素不在外在的兵力、地形等因素,而是人心的向背。纵使有天才的军事家出现,也无法挽救明亡的结局,这是历史发展的必然趋势。他南游衡岳时,特意在襄阳进行实地考察,并发现襄阳被张献忠攻破的主要原因是由于当时明朝阁臣督师杨嗣昌的军事指挥失误造成的。当他站在汉江南岸,登高远眺襄阳城,看固若金汤的城池和江水绕城的险要

---

① 《太白山人〈槲叶集〉叙》,《槲叶集》卷首。
② 《自述》,《南游草》卷一。
③ 吴怀清编著,陈俊民点校:《关中三李年谱》,第212页。
④ 《江上》,《槲叶集》卷五。

时无限感慨：

> 当献忠将入境时,若襄王有方略,嗣昌通兵法,无论全楚,即襄阳一郡,提封千里,操练民兵,可得精甲十万,兼嗣昌麾下本兵,再提各镇戍兵,数十万剽悍精甲可立致也。……吾观襄阳地形,乃知城破之故,非献忠之足智多谋也。襄王昏昏,嗣昌闷闷,兵将蠢蠢,百姓茧茧,如群燕巢于焚栋,欲求免祸难矣①。

从军事学的角度来讲,他认为杨嗣昌不懂战争动员的巨大力量,不能在有效的时间里迅速地集结军队,这是兵家的大忌。在同篇,他还对该场战役的排兵布阵等策略进行了详细的假设性安排。李柏虽无法实现自己的军事抱负,但他雄心不已,他在其诗《六十四》七古中抒发了自己这种情怀：

> 壮士老矣六十四,嗜酒不知老将至。
> 匣中铁龙吼霹雳,宝气腾作牛斗瑞。
> 一十八岁号健儿,岂有白头反自弃。
> 君不见,夷门老监年七十,风辉犹动魏公子。
> 市井交游鼓刀人,铁锤出袖杀晋鄙,
> 谈笑立解邯郸围。
> 战国侯生尚尔尔,吾之家世陇西李②。

屈原悲剧性的性格在李柏的内心留有很深的烙印,此次南游,屈原也是他凭吊的主要对象,在《长沙吊屈子》中李柏写道：

> 李柏五日哭屈子,年年滴泪吊以诗。
> 今日南至长沙地,高声呼君君不知。
> 呼君劝君君勿怨,吴国大江流鸱夷。
> 越国范蠡不去越,应与先生共水湄。
> 万载汨罗江水寒,令我至今怨上官③。

诗中借范蠡去越的故事说明统治者在功成事就之后往往对功高盖主之人会施以手段铲除他们,以免在日后威胁到自己,他借此安慰屈原不要产生哀怨之情,但到最后他又"怨上官",他在此借屈原的不幸遭遇,抒发自己心中之悲愤,表面上是在安慰屈原,实际上是在为自我没有参与事功诉说自己心中的

---

① 《流贼张献忠破襄阳说》,《南游草》卷一。
② 《六十四》,《槲叶集》卷四。
③ 《长沙吊屈子》,《南游草》卷一。

抑郁苦闷。但他毕竟不是屈原,就其人格结构而论,他缺少屈原那种"亦余心之所善兮,虽九死其犹未悔"①的坚定不移的处世态度。此次南游诸如此类的诗作还有《祭屈贾两先生文》《过洞庭思岳武穆战功》《谒屈三闾贾太傅祠》《过函谷关论》《过韩城》《南阳卧龙冈谒武侯庙》《光武故里》等。

把李柏寄情山水、历史凭吊之南游和李二曲之南行"招魂""讲学"作一比较,更能体现出李柏"独行君子"之人生追求。李二曲之父李可从,"为明材官,崇祯十五年,张献忠寇郧西,巡抚汪乔年总三边军务,可从随军讨贼","兵败,死之"②。由于尸骨未还故里,李二曲于康熙九年冬十月,赴襄城为父招魂,"十二日,先生为位于太翁原寓,致祭招魂。以太翁出征时尚未命名,自呼乳名以告,闻者莫不泣下,哀动阖邑"③。适逢二曲好友骆锺麟知府常州,遣使迎二曲到常州讲学。他在常州、无锡、江阴、靖江、宜兴等地的讲学,轰动异常,"绅士见其冠服不时,相顾眙愕,既而知为先生,渐就问学,至者日众,憧憧往来,其门如市。一时巨绅名儒,远近骈集。答问汪洋,不开先见门牖,不堕语言蹊径,各随根器,直指要津。自是争相请益,所寓至不能容,郡人诧为江左百年来未有之盛事",耆儒吴野翁叹息道:"斯道晦塞久矣。今日之盛,殆天意矣。"④毗陵宿儒郑珏赋诗:"斯文幸未丧,绝学起关西。邈矣李夫子,南游震群迷。"⑤二曲这次盛况空前的讲学,是基于其用学术挽救世道人心的认知基础之上。在经世关怀无法实现的情况下,二曲开始致力于"有用道学"的探讨。"有用道学"就是传统的儒学,就是能够康济时艰的道学。他并且认为讲学是实现这一目的的有效手段,他说:"学之所以为学,只是修德;德若不修,则学非其学。'讲学',正讲明修德之方也,不讲则入德无由。"又说:"自己不知学,不可不寻人讲,讲则自心赖以维持;自己知学,不可不与人共讲,讲则人心赖以维持。所在讲学,学术愈明,则世道赖以维持。"⑥又说:"今日急务,莫先于讲明学术,以提醒天下人心。严义利,振纲常,戒空谈,敦实行,一

---

① 洪兴祖撰,白化文等点校:《离骚》,《楚辞补注》,北京:中华书局,1983年版,第14页。
② 李颙著,陈俊民点校:《附录二·志传》,《二曲集》,北京:中华书局,1996年版,第602页。
③ 李颙著,陈俊民点校:《历年纪略》,《二曲集》,第572页。
④ 李颙著,陈俊民点校:《历年纪略》,《二曲集》,第527页。
⑤ 李颙著,陈俊民点校:《历年纪略》,《二曲集》,第573页。
⑥ 李颙著,陈俊民点校:《四书反身录》,《二曲集》,第455页。

人如是,则身心平康;人人如此,则世可虞唐。此拨乱反治、匡时定世之大根本大肯綮也,全在有立人达人之志者,刻意倡率,随处觉导。"①

李柏和李二曲南游之旨趣之所以有差异,同二人对当时社会的认知有直接关系。李柏较二曲,有着更为强烈的历史意识,他对明亡的原因所进行的历史思考无论在广度还是深度都超过二曲,他认为要解决当前的社会矛盾,必须从政治、经济、人的思想观念等方面同时着手,他的南游在一定程度上是在对这些问题进行深入思考的背景下进行的。他对历史的冷静思考,不需轰动效应,南游伴随他的只有"一驮奴箧书"。李二曲将讲学视为"阐明学术""救正人心"的经世之事,是其"外王"事业,即"事功"的主要表现,他"守先王之道而讲明之,使知之者众,行之者广,既有裨于当时,正人一脉,绳绳不断,又有裨后世",他认为"'为天地立心,为生民立命,为往圣继绝学,为万世开太平',事功之大,孰大于此"②。他的"救正人心"的使命意识,使"其教大行于三辅,秦绅贵显者,多忘年执弟子礼,北面师事焉。而宦游其地,如临安骆公,皆造庐折节,敦缁衣之好"③。二曲此次南行讲学,是其"救正人心"之志的践行。

李柏作为"独行君子"曾自我定位:"柏也,今人而学古者"④;"柏也,山林而儒服者。"⑤作为一个儒者,李柏践行着自己的诺言,他不与时好,拒斥科举。他贫贱不改初志,甘于"箪瓢陋巷",寻求"孔颜之乐"。虽然生活困顿,他没有逢迎、干谒权贵,因而保持了一定程度上的人格独立。作为一个"儒家的隐者",李柏虽信奉儒家学说,但由于诸多原因,不出仕,不参与社会政治活动,他隐以求志,坚守儒道。综观李柏的一生,他是一个"独行君子",是一个"儒家隐者"。

---

① 李颙著,陈俊民点校:《四书反身录》,《二曲集》,第456页。
② 李颙著,陈俊民点校:《四书反身录·孟子上》,《二曲集》,第518页。
③ 李颙著,陈俊民点校:《周至李隐君家传》,《二曲集》,第329页。
④ 《寄杭君德》,《槲叶集》卷三。
⑤ 《重修大兴善寺大佛殿碑记》,《槲叶集》卷二。

第二章　李柏思想的渊源与构成

在中国传统社会中,文人士大夫往往代表了一个时代的文化主流,他们无法摆脱时代的局限,但同时对社会发展趋向起到了引导作用,这便是一些学者经常谈到的学风。学风也就是时代的风气,或者说是上层文化的风气,它推动着整个社会文化风气的发展。明清之际,儒、释、道融合出现了一个高潮,士人出入佛老成为一种时风众势,这也是明清文化发展过程中一个主要特征。身处明清之际的李柏正是以儒为主,通过融通三教来构建其思想体系。

学无师承这一传统是关学学者为学之道的主要特征之一。从张载到关学的殿军人物李二曲,关学学者中"坚苦力学,无师而成"的学者比比皆是,他们遍览群书,不守门户,善于吸收各家之长。李柏继承了关学学者这一传统,他在年轻时厌恶科举,焚烧应试帖括,坚苦力学,他的读书经历为其以后融通三教,以儒为宗奠定了基础,沈杏卿《重刊〈槲叶集〉序》中说:"生平手不释卷,于书无所不读,贯穿百家而惟守关闽之学为宗旨。"①

李柏也在诗中表达过自己涉猎广泛,他在《幽居》中写道:

数间茅屋倚枯槎,钓水樵云只一家。
箧有藏书两三卷,《黄庭》《周易》与《南华》②。

在幽居生活中,《周易》《黄庭经》与《南华经》成为李柏生命的一部分,它们无疑是李柏建构"三教圆融"思想的理论依据,李柏用儒家入世、道家避世、佛家超世的思想,构建自己卓然独立、充满积极意义的文化人格,从而达到了后人很少达到的"天地境界"。他研习诸子百家,并能博采贯通,遂成为关中大儒,这正如李因笃所说:"学业文章,诚足羽翼六经,发蒙振聩。"③

---

① 吴怀清编著,陈俊民点校:《沈杏卿重刊〈槲叶集〉序》,《关中三李年谱》,第263页。
② 《幽居》,《槲叶集》卷四。
③ 《〈槲叶集〉叙》,《槲叶集》卷首。

第一节　关学的渊源与流变

一、关学学者身份的确认

李柏作为一个"独行君子",他是否是一个理学家,在当时颇有争议。个别时人由于李柏放浪形骸的举止,对其儒家的身份质疑,甚至批评李柏对儒学的背叛,其原因是李柏没有严守程朱理学的矩矱,高熙亭在《重刊〈槲叶集〉叙》中写道:

> 而世之论者,若谓其不专习程朱之书,刻程朱之集,袭程朱之语录,而为书攻其稍异于程朱者,以张吾道之门户,遂不许为名儒,而屏之关学之外,盖有不可解者矣①。

李柏"不专习程朱之书,刻程朱之集,袭程朱之语录",一方面是出于对当时已僵化的程朱理学的批判,另一方面也同李柏研习诸子百家,博采贯通的为学之道有关,因此未能编入《关学续编》之中。光绪时,宁河人高庚恩对李柏未能编入《关学续编》之中深为不满,他指出:"以张吾道门之户,不许为名儒而屏之关学之外","天下名集鲜不著录,而独停于关学之编,欲起先儒而问之,亦不可得矣。"②我们考察李柏未能编入《关学续编》的原因,发现由于李柏的行止不合于《关学续编》的编纂要求,故未能入编。万历年间关中学者张舜典在《关学编后序》中写道:"故此编(《关学编》)惟列孔子弟子四人、横渠先生而至今,无不考而述焉。故不载独行,不载文词,不载节气,不载隐逸,而独载理学诸先生,炳炳尔尔也;不论升沉,不计崇卑,而学洙、泗,祖羲、文者,无不载焉。"③李柏"独行君子"的人格,不符《关学编》编撰中"不载独行,不载文词,不载节气,不载隐逸,而独载理学诸先生"的选择标准。但从学术旨趣看,李柏仍是一个传统的儒者,他尊奉韩愈的"道统"论,他在《重修周公庙募缘

---

① 吴怀清编著,陈俊民点校:《高熙亭重刊〈槲叶集〉叙》,《关中三李年谱》,第261页。

② 《重刻雪木李先生〈槲叶集〉序》,《槲叶集》,民国二十一年刊本。(本论文只在此引用该版本,其他均为光绪年重刻本)

③ 冯从吾撰,陈俊民、徐兴海点校:《关学编(附续编)》,北京:中华书局,1987年版,第62页。

疏》中写道：

> 道生天，天生尧舜。尧舜以所得于天之道，传之禹、汤、文、武，禹、汤、文、武传之周公，周公传之孔子，则是周公之道，上承尧舜而下启孔子者也。……孔子无师而公其师，即回也，复而参也，宗伋也，述而轲也，亚亦在中也。……无周公，则天可无日月星汉，而地可无江河山岳也①。

在此，李柏完全继承了儒家的"道统"论，把周公看作儒学创立过程中承上启下的关键人物。尤为重要的是，他把关学中坚人物也完全视为儒家道统中的一个组成部分，他说："生乎公之后者如横渠、容思、小泉、默斋、泾野、少墟，诸所闻之道统孰启之，公启之也。"②在李柏看来，关中理学自张载起，遥接洙泗。光绪十九年（1893），郿县知县毛鸿仪创修"雪木祠"，亲自为祠堂题写了"道继横渠"的匾额，以昭贤名，载留史册。李柏的思想以崇儒为宗，《洋县志·流寓》中也记道：

> 垂髫时，即志追先贤。隐居太白山，潜心理学，典坟邱索，诸子百家，博采贯通③。

宣统年间，陕西学宪余子厚在批复知县请刊《槲叶集》的批文中付予重托："关中元气酝厚，代有绝学，典型不坠，端在斯人。"④所著《槲叶集》被高熙亭称为"皆大为表章正学缺微之日，此关学再起之一机也"⑤。贺瑞麟在《创修李雪木先生祠堂记》中也说："先生修道立言，亦自有其理学，亦自有其文学，大与二曲、天生性情气谊深相契合者也。故当时如太华三峰，鼎立天外。"⑥沈锡荣在《邑侯沈公上书学宪请刊〈槲叶集〉启》中也说："雪木先生髫龄就傅，即有志于古人，援笔为文，不投时好，溯渊源于洙泗，学守关闽。"⑦因此李柏恪守了自张载以来的关学传统，是明清之际关中理学的杰出代表。

---

① 《重修周公庙募缘疏》，《槲叶集》卷三。
② 《重修周公庙募缘疏》，《槲叶集》卷三。
③ 吴怀清编著，陈俊民点校：《洋县志》，《关中三李年谱》，第252页。
④ 吴怀清编著，陈俊民点校：《余子厚批答请刊〈槲叶集〉文》，《关中三李年谱》，第265页。
⑤ 吴怀清编著，陈俊民点校：《高熙亭重刊〈槲叶集〉叙》，《关中三李年谱》，第261页。
⑥ 《创修李雪木先生祠堂记》，《槲叶集》附刊。
⑦ 《邑侯沈公上书学宪请刊〈槲叶集〉启》，《槲叶集》附刊。

二、对张载"原儒"方式的继承

推原儒家的历史起源,古人称"原儒",近人称"说儒"。"北宋五子"作为宋明新儒学的开创者,恢复并发展了先秦以后儒学传统,使儒家强调道德修养与天人关系的思考重新进入一般中国人的生活中。但张载纠正了周敦颐以《图》傅《易》之弊端,用"原儒"《易》理的方法,来演新儒学之义的。但张载的"原儒"方式,不是将宋初陈抟—周敦颐的道教《图》说,还原为汉唐章句之儒的传注《易》说,而是直接反原于孔孟《六经》,尤其是先秦《易传》"立天、立地、立人"的"三才之道"①。在《西铭》中,张载把儒家的"天人合一"理论发展到新高度,他说:"乾称父,坤称母;予兹藐焉,乃混然中处。故天地之塞,吾其体;天地之帅,吾其性。民,吾同胞;物,吾与也。大君者,吾父母宗子;其大臣,宗子之家相也。尊高年,所以长其长;慈孤弱,所以幼吾幼。圣其合德,贤其秀也。"②张载《西铭》中的这一思想表达的是一种"天道"论的唯物世界观和人生观,他用"藐"字表示对作为主体人的看法,明确把人视为乾父坤母的产物。显然,《西铭》此句本意是教人立足"天道"。在立足"天道"的同时,张载又提出"天地之帅,吾其性",强调了人的能动性,这是包括了人类伦理与自然生态伦理在内的天人观和伦理观。张载把天地人三个系统分别化约在先秦儒家的哲学体系中,其《西铭》的思维逻辑和语言逻辑是中国哲学的精髓。李柏继承了张载这一"原儒"方式,并有所发展,他在《说"天"字》中说道:

> 《说文》曰:"一大为天。"此不知天者也,以其离人而说天也。谈天不说人,则天不全;说人不说天,则人不生。苍圣作字,取义至精至深,后人以粗浅释之,不知圣人之心也,是谓迷天而亡道。迷天则人不注天,亡道则人不入教,臣作乱而子为贼,三纲解而五伦斁。职此,故耳圣人忧天下后世,即一字亦寓明道立教之义,故作"天"字,即以"人"字结构,谓无人则非天,无天则非人。"无极而太极,太极动而生阳"。阳,乾道也。乾为天,故乾卦三画,皆一天之上画,即乾之一画也。"天"字之二画,即乾之中画也,"天"字中涵"人"

---

① 陈俊民:《张载哲学思想及关学学派》,北京:人民出版社,1986年版,第61—62页。

② 张载著:《张载集》,北京:中华书局,1978年版,第62页。

字,即乾立下一画,左右对待而分立者也,且《河图》"天一地二",天字上横二画,地教也,一字而蕴三才之义者也。故曰:"天得一以清,地得一以宁,王侯得一以为天下宗。"《易》卦六爻,初二曰:"地,三四曰人,五六曰天。"亦三才类聚之义也。推三才而广其名曰天皇、地皇、人皇,曰天统、地统,曰天极、地极、人极。人原不离乎天地。……以天合人者,以天合天者也;以人合天者,以人合人者也。以人合人则至易,以天合天则至简。易简而天道全矣,地道尽矣,人道备矣。故《易》曰:"圣人与天地合其德,先天而天弗违,后天而奉天时。"又曰:"与天地相似,范围天地而不过。"此万世之通义也①。

李柏的天、地、人三才之说和先秦《易传》的一样,认为三者都是在阴阳的运动中产生。李柏"'无极而太极,太极动而生阳'。阳,乾道也。乾为天"之语亦即《系辞上》所说:"是故易有太极,是生两仪,两仪生四象、四象生八卦。"②两仪,就其性质来说,称阴阳;就其法象来说,称天地;就《周易》的语言来说,称乾坤。李柏又说:"以天合人者,以天合天者也;以人合天者,以人合人者也。以人合人则至易,以天合天则至简。易简而天道全矣,地道尽矣,人道备矣。"这句话就是反映了《易传》中的和合思想。《易传》认为天、地、人三才是一个统一的整体。人是天地所生,既与天地统一,又有别于天地。人所以与天地万物统一,因为人是万物之一种。《序卦传》曰:"有天地,然后万物生焉,盈天地之间者唯万物。"③讲的就是这种统一性。人所以有别于天地,因为天地间唯人有灵,人可以认识三极之道,是天地间一切活动的主体。《易》卦六爻,初二为地,三四为人,五六上为天,就是用来表现天地人三才之道的。天道虽刚,亦含柔德;地道虽柔,亦含刚德。人禀受天地二气而生,自然也含刚柔二体,即"《易》简而天道全矣,地道尽矣,人道备矣"。李柏认为天、地、人三者不可或离,同时也赋予人崇高的地位,由于天、地、人三者相通,人在仰观俯察中取法天地之道,具有了道德的属性,若不明白这一点,就会导致"迷天则人不注天,亡道则不入教,臣作乱而子为贼,三纲解而五伦斁"。在这里既强调天道对人的行为的规范作用,又强调人对天道理解和遵循的主观能动性,仍

---

① 《说"天"字》,《槲叶集》卷二。
② 李道平撰,潘雨廷点校:《系辞上》,《周易集解纂疏》,北京:中华书局,1994年版,第600—602页。
③ 李道平撰,潘雨廷点校:《序卦》,《周易集解纂疏》,第719页。

然是高扬了人的主体性。李柏这种"原儒"方式,继承了张载破"天人二本"的思想,和自北宋关学确立"天人一气""万物一体"的主题相一致,是一种对先秦儒学的"回归"。

三、对"泥于鬼神"观念的批判

李柏在天人关系问题上高扬了人的主体性,因此在对待鬼神问题方面保持了张载以来的关学无神论思想。宋明理学中,不论是气本论,或理本论,或心本论,都不承认灵魂不灭,不承认鬼神存在,都高度肯定精神生活的价值。气本论以天地之间气的统一性来论证道德的根据。张载认为:"鬼神者,二气之良能也。圣者,至诚得天之谓;神者,太虚妙应之目,凡天地法象,皆神化之糟粕尔。天道不穷,寒暑已也;众动不穷,屈伸已也;鬼神之实,不越二端而已矣。"①由于张载只在作用特征上讲"神化",因此连带地对于"鬼神"的存在性问题,他也转化为阴阳二气的作用所致,亦即"鬼神"只是如同阴阳、屈伸、往来之一对作用原理而已,因而民俗义的"鬼神"观并不存在于张载的哲学系统中。李柏同张载一样,否认精神性"鬼神"的存在,他主张人们应关注现实生活,寄希望于个人的现实实践,对鬼神问题不能太执迷,他在《为秦人太白山求福解中》告诫山民说:

> 故我愿世人见此土木菩萨,猛然省曰:"此固槁焉之木,块然之土,一着人力修为,便可立成菩萨。"人俱眼、耳、鼻、舌,如何堕落,反让此槁木块土耶?缘是即妄以寻真,即有以寻无,亦觉世意也②。

在此,李柏虽没有把鬼神若张载视为"二气之良能",但他认为鬼神是"槁焉之木""块然之土",超验神灵是不存在的。人若着力修为,"便可立为菩萨",这就又回到了张载的圣人用心治世的理路。

> 秦人登太白者何多也,率泥于鬼神而惑于福果也。诗曰:"永言配命,自求多福。"夫福不自求而求诸神,则异端误之也。予卧太白山有年矣,多福之求,惟取诸物。……《诗》曰"自求多福",盖言福在我,而不在彼也③。

"永言配命""自求多福"意谓只要顺天命而行,则福禄自来,李柏从一个儒者

---

① 张载著:《张载集》,第9页。
② 《重修凤泉山菩萨殿募缘疏》,《槲叶集》卷三。
③ 《为秦人太白山求福解》,《槲叶集》卷三。

的立场出发,要求人们通过自身的努力去改变命运,而不要寄希望于鬼神,"求诸神"是"异端误之也",他希望人们知道对偶像的崇拜是一件于事无补的事,人们要改变自己的命运,必须依靠自身的努力。

四、对"孔颜之乐"理想境界的追求

"崇儒""明道"是关学学者始终不渝的宗旨,"孔颜乐处"是他们追求的最高理想境界,所以,从自然科学中提炼出的哲学内容,同时被强制地套在传注《六经》《四书》的理学形式之中,产生出像《西铭》那样"穷神知化""存心养性"的理学本体论,被历代理学家所同尊共奉①。李柏崇尚儒家的"志于道""据于德""依于仁"的生活理想。李柏生活几乎一直处于贫困状态中,作为一名传统的儒者,安贫乐道是他一贯遵循的价值取向。他说:

> 人能自得,贫也,而富在其中;贱也,而贵在其中。方蛟峰曰:"富,莫富于蓄道德;贵,莫贵于为圣贤。"能为圣贤,则无位而贵矣;能蓄道德,则无财而富矣。贫,莫贫于不闻道;贱,莫贱于不知耻。与其有位而不知耻,何如无位而为圣贤;与其有财而不闻道,何如无财而蓄道德②。

在物质和精神价值的取向上,李柏选择了后者。要为圣为贤,个人行为必须要符合一种合乎道义的原则,要把人的精神、道德需要放在第一位,把追求充实高尚的精神生活作为人生的最高目标,即使在物质生活条件非常恶劣的情况下,李柏也遵循"饭疏食饮水,曲肱而枕之"之原则,在"一箪食、一瓢饮,人不堪其忧"的情况下,也能"安贫乐道""不改其乐",突出了其思想体系中自我意识。自由、幸福总是与群体意识、道德义务、社会责任连在一起的,这本身是儒家所追求的最高目标之一,是成圣成贤的标志,它涵盖了包括仁义礼智信等道德在内的"合一",是圣贤境界与常人境界的本质区别之所在。李柏在日常的生活中也践行这一原则,他在给友人萧柳菴的信中写道:

> 久客三载,虽咬菜食核亦足自遣。春风童冠,得浴沂之旷怀。敲针钓鱼,追濠梁之逸致,即穷死亦不戚戚也③。

李柏即使在"咬菜食核"的困境中也追求"浴沂之旷怀""濠梁之逸致",这种

---

① 陈俊民:《张载哲学思想及关学学派》,第51页。
② 《书冯海鲲先生》,《槲叶集》卷三。
③ 《答萧柳庵孝廉》,《槲叶集》卷三。

"优悠""心闲"的"至乐"不是现实生活中得以受用的人生快乐,而是一种来自生命体验的内心之乐,是"心"与"道"完全合一境界时在精神上所产生的一种愉悦感。李柏所追求的这种道德生活也是关学"崇礼贵德"为学行事的主要体现,也是张载所说的"太和之道"崇高理想的体现。

五、"以气节著称"的关学精神

黄宗羲在《明儒学案》中曾说:"关学大概宗薛氏,三原又其别派也。其门下多以气节著,风气之厚,而又加之学问也。"①关中学者大都富有高尚的气节和德操,往往超脱于政治党争之外,不同腐朽势力同流共处,结果,使关学思想的鲜明政治倾向,竟蕴含在关学学者非常温和的政治态度之中②。他们在砥砺节操、锻铸人格方面,为后学树立了崇高的榜样。关学崇尚节操的精神,也是由张载开风气之先。张载崇尚节操,不依权贵,在变法过程中,他由于和王安石之政见不合,为了不卷入新旧党派之争,毅然辞官归里,"以素位隐居"于穷乡僻壤,"有田数百亩以供岁计,约而能足,人不堪其忧,而先生处之益安"③。其高尚气节,为时人称道。吕柟"正德戊辰,举南宫第六人,廷封擢第一,授翰林修撰","时阉瑾窃政,以枌榆故致贺,先生却之,瑾衔甚"④。吕柟不逢迎刘瑾,招致刘瑾嫉恨"已请上还宫中,御经筵,亲政事,益不为瑾所容,遂引去"⑤。明万历皇帝中年"倦于朝讲,酒后数毙左右给侍",冯从吾"斋心草疏,有'困糪蘖而豵饮长夜,娱窈窕而宴眠终日'等语。神庙震怒,传旨廷杖,会长秋节,以辅臣赵志皋救免,一时直身震天下。命巡抚宣大,不拜,请告归"⑥。这些人都因不愿同黑暗势力同流合污,辞官归田,是关学学者崇高节操的突出表现。明清易代,关学学者持节操益严,李颙"起自孤根,上接关学六百年之统,寒饥清苦之中,守道愈严,而耿光四出,无所凭藉,拔地倚天,尤

---

① 黄宗羲撰,沈之盈点校:《三原学案》,《明儒学案》,北京:中华书局,1958年版,第158页。
② 陈俊民:《张载哲学思想及关学学派》,第29页。
③ 张载著:《吕大临横渠先生行状》,《张载集》,第383页。
④ 冯从吾撰,陈俊民、徐兴海点校:《关学编(附续编)》,第42页。
⑤ 黄宗羲撰,沈之盈点校:《河东学案·文简吕泾野先生柟》,《明儒学案》,第137页。
⑥ 冯从吾撰,陈俊民、徐兴海点校:《关学编(附续编)》,第72页。

为莫及"①。他"操志高洁",以隐逸居,志效巢、许,自甘清苦,心口如一。李柏在易代之际,隐居太白山,躬耕田亩,持操存甚严,他说:

> 操存舍亡,即生死人鬼关。操存虽一夕死,犹万年生。天理存,轻清阳气,天之生机也。生机萃,虽死不死,天长在也。舍亡虽万年生,犹一夕死。物欲肆,浊欲贪,妄人之死趣也,死趣凝,虽生不生,天早灭也②。

李柏在这里谈到了人的肉体的生死和精神(非指神学上的超验的精神)的生死,作为儒家知识分子,他是重生的,和佛教的对生命的轻视是大异其趣。李柏认为,人若受到了物欲的诱惑而放弃了对儒家所奉行的价值的遵循,那么这种生是毫无意义,是"虽生不生",但若其死是为了践行某种高尚的道德,那么他"其死不死",其精神是永存,李柏在这里主张在事关生死操存的关键时刻,要以死亡为代价去彰显人格力量的崇高,而不能为了委身求全而放弃对道德的践行,只有达到了这一点,才能算大丈夫,他在《康孝子焦烈妇传》中说:

> 孔子以杀身成仁为美;曾子以大节不夺为君子;孟子以独行其道为丈夫男子,读书至此,以义气自许者多矣。及大故当前,"主辱而臣不死,是且夜抱琵琶过他船矣③。

这是儒家所奉行的"杀身成仁""舍生取义"观念的很好脚注,若惜生畏死,而使传统的人道有所亏损,则是对"义"的背叛,儒家的道义观已成为君子人格的最高境界。在国家与民族处于危难之际,"义"尤其显示出独特的人格魅力,"义"在此时也往往表现出为公、为天下之意,"虽九死其犹未悔","慷慨赴国难"之忠介、勇气在此完全融合,若大敌当前,"主辱而臣不死",则是对这一价值系统的否定,这是为儒家所不齿,其行止如娼伶"犹抱琵琶而过他船"。

六、"崇礼贵德"的"崇儒"宗旨

儒家文化从社会现实关系着手,把人放在一定的人际关系中来定位,如君臣、父子、夫妇、兄弟、朋友等,并注重相互间的责任、义务,即君仁臣忠,父

---

① 李颙著,陈俊民点校:《二曲先生窆石文》,《二曲集》,第614页。
② 《语录》,《槲叶集》卷二。
③ 《康孝子焦烈妇传》,《槲叶集》卷二。

慈子孝，夫教妇从，兄友弟恭，朋亲友信，把社会整体秩序放在首位，努力实现经夫妇、成孝敬、厚人伦、美教化、移风俗，个体则在这样一种人伦关系中寻找自己合适的位置。关学世代"以躬行礼教为本"，这就决定了关学学者从张载、三吕，到冯从吾、李颙，都把推行井田、制定乡约、改革社会风气等当作己任①。张载平生用心于"复三代之礼"，认为推行"三代"的井田制可以实现"均平"的理想。在德教上，张载认为"知礼以成性，性乃存，然后道义从此出"②。这就把"礼"和"德"贯通了，由"崇礼"引申到"贵德"。在以天下为己任的历史责任中，实现自己作为群体一员的社会价值，这其实也是一个道德自我修养、人格自我完善的过程。李柏把这种关系看作一个如同自然物产生一样的社会行为，他说：

> 《易》曰："有天地，然后有万物；有万物然后有男女；有男女然后有夫妇；有夫妇然后有君臣。"舜使契教人以人伦、君臣、夫妇、长幼、朋友，此所谓天经地义也③。

在李柏看来，"夫妇""君臣""长幼"之礼是天地万物大化的结果："有天地，然后有万物；有万物然后有男女，有男女然后有夫妇，有夫妇然后有君臣"，这同原始儒学体系中将"礼"置于仁义礼"三者皆通"不同，李柏这一思想是对张载关于"礼"的思想完全继承。张载沿着荀子"制礼反本成末，然后礼也"④的思想，把"礼"放在"性与天道合一"的理学结构里，从"礼"与"性""理"的关系上，重新加以规定，他认为"礼不必皆出于人，至如无人，天地之礼自然而有，何假于人？天之生物便有尊卑大小之象，人顺之而已，此所以为礼也"⑤。他进而指出"礼天生自有分别，人须推原其自然"，然后才"推本为之节文"⑥。这就是李柏所谓的"舜使契教人以人伦、君臣、夫妇、长幼、朋友"等关系是"天经地义""自然而有"的。李柏依此思想，具体谈到了"孝"，他在《鬼孝子传》中说：

> 孝，人道也、经也、常也。……《孝经》曰："立身扬名以显其

---

① 陈俊民：《张载哲学思想及关学学派》，第51页。
② 张载著：《横渠易说》，《张载集》，第192页。
③ 《康孝子焦烈妇传》，《槲叶集》卷二。
④ 王先谦撰，沈啸寰、王星贤点校：《大略篇》，《荀子集解》，北京：中华书局，1988年版，第492页。
⑤ 张载：《经学理窟·礼乐》，《张载集》，第264页。
⑥ 张载著：《经学理窟·礼乐》，《张载集》，第261页。

亲。"子生而事亲则然也,死则已矣。至孝之人,天性纯粹,蕴结不散,寒烟冷魄,总难磨灭①。

李柏认为"孝"是一种天然情感的流露,是永恒的,它首先呈示了父慈子孝式的天然情感。对个人而言,最大的恩情莫过于给予自己生命。《孝经》之《开宗明义章第一》说:"身体发肤,受之父母,不敢毁伤,孝之始也。立身行道,扬名于后世,以显父母,孝之终也。"②从爱惜身体发肤到扬名天下,都是为报父母之恩。孝敬父母并不局限于生前,而且包括死后:"生,事之以礼;死,葬之以礼,祭之以礼。"③孔子从孝悌入手建构人伦秩序,"其为人也孝悌,而好犯上者,鲜矣。不好犯上而好作乱者,未之有也"④。孝悌既是个人天然的情感行为,同时也是通向他人与社会乃至整个社会领域,它是可社会化的、可交往性的感情与行动。班固在《汉书·艺文志》中也说:"夫孝,天之经,地之义,民之行也。"⑤李柏还认为作为人道的"孝"在人的诸多德行中是最为根本的,是一种普世性的美德,认为"天下之本在国,国之本在家,家之本在身"⑥。由家庭而家族,这种家国同构,父是家君,君是国父,家国一体的观念渗透到中国古代社会生活的最深层,相应的家庭生活中的孝道信念也延伸到社会组织中,衍生出"君为臣纲",孝道也转化成治国之道,使君臣如父子,对君王的无条件效忠成了伦理要求和道德命令。

七、对关学"心学"化趋势的顺应

明清出入佛、老的士人,由程朱理学到陆王心学的嬗变成为一种不可逆转的潮流,不管他们承认与否,他们学术思想或多或少地留有心学的烙印,这一时期的关学学者从吕柟到李颙,一百多年间,都是以"恪守程朱"标帜的。但实际上他们从来不反王学,而是尊崇王学,顺应着王学思潮,关学趋向"心学"化。吕柟把"致良知"变换为"仁心",这个"仁心"也同良知一样,不只是

---

① 《鬼孝子传》,《槲叶集》补遗。
② 胡平生译著:《开宗明义章第一》,《孝经译注》,北京:中华书局,1996年版,第1页。
③ 朱熹撰:《论语集注·为政》,《四书章句集注》,第55页。
④ 朱熹撰:《论语集注·学而》,《四书章句集注》,第47页。
⑤ 班固:《艺文志》,《汉书》卷三〇,北京:中华书局,1973年版,第1719页。
⑥ 焦循撰,沈文倬点校:《离娄上》,《孟子正义》,第493页。

一种道德规范,也是一种精神本体①。冯从吾沿着这一理路继续前行,他尝谓学者曰:"'至良知'三字,洩千载圣学之秘,有功吾道甚大。"②他们对王阳明心学所进行的选择性的吸收,使关学顺应学术发展的潮流,注入新的"血液"。到清初,关学心学化的趋势更加明显,像李颙学术思想也并非骑墙于朱、王之间,而是有着明确的学术立场,其实质仍为阳明心学。李颙的代表作《学髓》《悔过自新说》《观感录》《四书反身录》中的思想充分说明了这一点。李柏顺应时代学术潮流,摄取了王阳明的"心学"思想。在李柏的诗文中关于"心"的描述是屡见不鲜,均具有明显的心学意味。李柏把日、心同喻。他在《松窗琐言·日喻》中说道:

> 日在天上,以升以沉,不着一物,不息分阴,虚明广大,万象以森。呜呼!天之日,人之心③。

这跟陆象山所说的"万物森然于方寸之间,满心而发,充塞宇宙,无非此理"④之意没有二致,"方寸"(心)是根本的,而万物则为方寸所派生,万物只不过是森然于方寸之间"我固有之"的东西。陆象山就是以这种说法注解孟子"万物皆备于我"的说教。日在天上,普照万物,使万物的形象得以显现,而人之心,也能如日一样,观照事事物物,它是本然的,或是先验的,不许外假于物。这和王阳明在《传习录》中所讲的"心"是很相似的,阳明说:"盖天地万物与人原是一体,其发窍之最精处,是人心一点灵明。"⑤王阳明在此虽强调"气"的作用,但同时也强调了"心"的能动性,此"灵明"可以体认万物。"人心与天地一体,故'上下与天地同流'"。

陈献章"天地我立,万化我出"的心学观念对李柏的诗文创作也影响颇大,李柏的文学情感论中也屡有"会心"之论,他在《见山堂说》中写道:

> 盖有山见山,见山以眼;无山见山,见山以心。古人图山水于壁间,见南山于篱下,皆以心见山者也。况一启户,开眼举步,所见无非山者乎?题曰"见山",谁云不宜?虽然山以眼见,眼有尽而山亦

---

① 陈俊民:《张载哲学思想及关学学派》,第22页。
② 冯从吾撰,陈俊民、徐兴海点校:《关学编(附续编)》,第73页。
③ 《松窗琐言》,《槲叶集》卷三。
④ 陆九渊著,钟哲点校:《语录》,《陆九渊集》卷三十四,北京:中华书局,1980年版,第423页。
⑤ 王阳明著,吴光等编校:《传习录》,《阳明全书》,第107页。

有尽;山以心见,心无穷而山亦无穷①。

"有山见山,见山以眼;无山见山,见山以心"是一种禅意的表达方式,在这里没有"市井气""头巾气",而是一个天机活泼、独立自如的场景。李柏把人生的拘束、短暂、无奈、无常的情状都解构在一片融融禅意之中,提纯了在当下生命中寻求适意的精神生活。李柏在此强调"以心见山"也是审美过程的一种体认方式,李柏在《仲贞张公淡园跋》中也同样写道:"园以淡名何?淡乎而味淡也。味何淡乎?而人淡也;人何淡乎,而心淡也。"②这虽不是系统的心学理论,但所谓"山以心见,心无穷而山亦无穷"。他主张情景契于心,也可以透示出其学术风尚变化时期的某些信息。李柏也极重视人对自己主体心的把握,以确立人的坚强自信心。他在《五台》中写道:

　　人道五台高,我道五台低。
　　人心才方寸,其高与天齐③。

对万物的体认决定于"我"的方寸之"心",而这"心"广大无边,"其高与天齐"。在这里李柏强调心在体认万物中的绝对主导性,这其实是"吾心便是宇宙,宇宙便是吾心"的一个很好的脚注,是和禅宗"心是道,心是理,则同心外无理,理外无心"的思想一脉相传,王阳明《传习录》一段记载表达了同样的思想:

　　先生(王阳明)游南镇,一友指岩中花树问曰:"天下无心外之物,如此花树,在深山中自开自落,于我心亦何相关?"
　　先生曰:"你未看此花时,此花与汝心同归于寂;你来看此花时,则此花颜色一时明白起来,便知此花不在你心外。"④

这一友所说的"此花树,在深山中自开自落,于我心亦何相关"之意是从常识出发的,认为"花"的自开自落并不依赖于人的"意识"而独立存在。与此相反,王阳明否认有独立于人的意识之外的客观存在,而认为一切都在"心"中,"我"不见"此花"时,它是死灭的,只是当"我"看它时,它才呈现出颜色。李柏与王阳明一样,认为"心"是体认万物的本体和依据,"方寸之心""其高与天齐"。世人常言夸父逐日而渴死的传说,认为人是无法体认天道的,李柏对

---

① 《见山堂说》,《槲叶集》卷二。
② 《仲贞张公淡园跋》,《槲叶集》卷二。
③ 《五台》,《槲叶集》卷五。
④ 王阳明著,吴光等编校:《传习录》,《阳明全书》,第107—108页。

此提出批评,他认为夸父逐日并非无心,其过失在于"不以心逐而以身逐",故其"身未死而心已先死,心之大非身之可比"。而"天之日,天之心也;天之心,人之心也。以人心逐天心,以心逐心。以心逐心,何不及之有？万古此天心,万古此人心也。是一非二,无须离"①。李柏在此强调"天日"与"人心"有某种"共通性":"人心"是"天日"在地上的"再现",二者"是一非二","人心"像"天日"一样能观照万物,人若要体认万物,只需在"人心"内着手便可,另外"人心"体认万物超越时空,可以达到对"天心"的体认,二者是"无须离"的。李柏在这里以心为本体,同时也是主体,并且正因为它是主体,才能起到主体的作用。作为主体的"心"并非是单纯的物质性器官,而更重要的是一种精神的存在。同时,李柏在这里还突出了心在体认万物时对时空的超越性,可以逐"天心",可以"以心逐心"。当然我们在此讲李柏的"心学"思想,不能把它过分夸大,因为李柏和同时代"心学"家相比还是有差别的,从他的持敬修持功夫论来看,似乎更像朱子之学,在"心"与"理"的关系问题上李柏也没有像典型"心学"那样明确提出"心即理"的主张,我们只能说他的思想受到"心学"的影响,有"心学"的因素,但不能把他看作一个"心学"家看待,他持守更多的仍是传统的程朱理学。

第二节　李柏与佛教的因缘

一、接受视域中的李柏与憨休

李柏与佛、道的关系在很大程度上是明朝儒、佛、道三教共同兴盛的结果。明朝中后期,由于政治、经济、文化原因,士人出入佛、老是一种文化时尚,尤其是明清之际,这一趋势更为明显。明初朱元璋由于自身经历,他对佛教颇为重视。"帝自践阼后,颇好释氏教,诏征东南戒德僧,数建法会于蒋山,应对称旨者辄赐金襕袈裟衣,召入禁中,赐座与讲论"②。不难看出朱元璋对佛教是至隆极重,佛教各派在明初都获得一定的发展。虽然成化间方士李孜省、邓常恩(此二人为道士)等被朝廷重用,但佛教仍然十分兴盛。从宣宗至

---

① 《夸父逐日论》,《槲叶集》卷一。
② 张廷玉:《李仕鲁列传》,《明史》卷一百三十九,第3988页。

穆宗(1426—1572)一百多年间,佛教出现了衰退迹象,这一局面至神宗万历期间就被扭转过来,佛教又出现了复兴的迹象,出现了云栖袾宏、紫柏真可、憨山德清、藕益智旭等明末四大高僧。另一方面则是晚明的居士佛教极为盛行,文士们出入佛禅而成为时风众势,这不仅仅是因为个人的性情所致,无疑还潜隐着必然的原因,其中一个原因就是晚明的文人受王学的浸润,另一个原因就是明清的易代所出现的遗民逃禅,二者使这一时风更炽。

李柏与佛、道关系问题并非是一个难题,其儒家的身份在上节我们已做了详细的考证,但李柏受佛、道思想影响也有迹可循。从接受学的视域来看,他虽受到佛、道思想影响,但他并非是完全赞同、积极接受佛教、道教的思想。反面的激发及同佛教徒、道教徒的交往都可以看作是影响,不管这影响是积极的接受,还是消极的审视,都是来自儒家知识分子面对一个不可回避的参照物而做的自身调整。李柏的思想不是单一的,他对佛教做出了自己的回应,他与佛教有着多种缘分,但对李柏佛教思想的接受不能估计过高,他的那些与佛教思想相似相合的玄思在很大程度上不是完全地接受了佛教思想,而是传统儒家文化在同佛教冲突和融合过程中相互汲取对方思想而已。

李柏与佛教的关系在很大程度上就是他与僧人及居士的关系。笔者通过对《槲叶集》的梳理,归纳出同李柏有交往的僧人,他们是:憨休和尚(见《憨休和尚语录叙》《送憨休和尚叙》《憨休禅师敲空遗响叙》《重修大兴善寺大佛殿碑记》《与憨休和尚书》《次憨和尚韵》)、普安和尚(见《重修凤泉山菩萨殿募缘疏》)、实法和尚(见《创建梦海寺募缘疏》)。和李柏交往的居士有赵居士(见《秋日送赵居士游陇西》)。李柏应邀所撰写的庙记、碑文有《重修太白庙碑记》《重修大兴善寺大佛殿碑记》《重修周公庙募缘疏》《重修岐山文庙疏》《重修凤泉山菩萨殿募缘疏》《创建梦海寺募缘疏》。李柏以佛寺为题的诗作有《登兴善寺太师阁》《梵刹钟月》《登大雁塔绝顶》《仙游寺》《九垗寺》《凤山刹》等。当然,在这里不能说李柏在信仰上有背离其儒家之正统,清末贺瑞麟所撰《清麓文集·祠堂记》说:"至集(《槲叶集》)中疏、启,诸篇未能严绝二氏,亦一时应酬之作,不足为先生累,而实非有佞佛之意也。"[①]贺瑞麟在此只说对了一半,李柏对佛教的义理,诸如生死、现世和彼世的思想确实是用儒家的思想进行过批判,但其和憨休和尚之间的交往及憨休和尚所宣讲

[①] 吴怀清编著,陈俊民点校:《清麓文集祠堂记》,《关中三李年谱》,第259页。

的部分佛教哲学思想对李柏的影响是有据可查的,这就是接受史的角度。下面就以李柏与憨休和尚的交往为例,来说明李柏佛学的因缘。

关于憨休的来历,李柏曾有两处交代,其一是在《重修大兴善寺大佛殿碑记》,其中说:

> 长安城南大兴善寺,即晋武帝所建"遵善寺"也。隋开皇初,有梵僧居寺,译经数百卷,诏名"大兴善寺"。……顺治十三年丙申,乃有云峨禅师飞锡关中,西安太守杨公家祯迎主此刹,大阐宗门西来大义,称中兴焉。师寂灭四十年,其徒憨休和尚,演法中州新蔡县金粟禅林。西安当道士庶好善者,具书币迎请主此刹,以续云峨一灯,于甲子仲春,入刹主持。西安太守董公绍孔过访,见佛殿栋楹天人三灌,倡始修葺,爰捐清俸若干金为陶梓费,而一时文武宰官诸长者,咸乐输无倦,工兴于戊辰季春十三日,落成于孟秋二十五日。越明年己巳冬十月,师西入至藋池,访予太白山房,来言勒文记石之事①。

己巳年即康熙二十八年,李柏时年六十岁。我们从这段记叙中可以看出憨休和尚当时在禅林已很有名气,他在中州修行,扬名于西安,并被"西安当道好善者具书币迎请"。

其二是在《送憨休和尚叙》,其中说道:

> 师生长蚕丛,参禅金粟,飞锡五陵。戊午,予访师于敦煌禅院②。
> (按:《长安志》敦煌寺在城北十八里,晋时有敦煌菩萨曾译《法华经》于此。金大定二年,赐额"胜严禅院")

戊午年是康熙十七年,时年李柏四十九岁。据以上两条可以看出憨休禅师在主持兴善寺之前已在西安附近常驻。李柏和禅师的初交应是戊午年,因为李柏在《送憨休和尚叙》接着"访师于敦煌禅院"写道:

> (憨休)双目炯炯,声如洪钟,与之谈儒学,则源溯象山,派分东越;谈经济,则石补青天,渊浴白日;谈文章,则水倾三峡,星焕一天;谈禅则舌分广长之辩,口吐青莲之香,予不觉爽然曰:"自栖遁山林四十年来,所接方外飘笠高朋,未有英雄若此者也。"

---

① 《重修大兴善寺大佛殿碑记》,《槲叶集》卷二。
② 《送憨休和尚叙》,《槲叶集》卷二。

这完全是两个互为陌生者初次见面之后关于对方形象的描写,李柏对憨休的评价甚高。此外,从李柏和僧、道徒的深厚交情来看,李柏对他们"高尚其事,不事王侯"的高洁节操或是钦佩或是共鸣。他在《送憨休和尚叙》中开篇写道:

> 《语》云"英雄回首",即神仙天生,英雄岂轻回首。回首云者,此必英雄不得于时者之所为也。……于是后世怀抱英雄器略者,托而逃禅,或宰官而披缁学佛,或将军而沿门持钵,此盖不得已而回首作诸佛眷属者也。以予所见,憨休上人者,殆所谓英雄托而逃禅者乎①。

李柏之所以对憨休禅师产生钦佩之情,主要是二人有相同的历史遭遇和坚贞的气节,憨休出入儒、佛,谈论经济和那些彻底忘怀世事、沉寂禅林的寺僧是完全不同的两种人生境界。李柏和憨休和尚论学,使他并未真正地浸淫于佛教的形式束缚,同时他也不愿受佛教义理的左右,他只是把佛教的部分义理援入儒学之中。据此我们可以看出李柏对佛教的态度既非一概抹杀,也非完全倾倒,而是有所扬弃。他吸收的是世俗人生终要归于虚无的观念,但又不因此而否定世俗的人生。同时,他自然也不会不假思索地把自己对人生的理解完全交给佛教,也不会舍弃实实在在的诗意生活方式而进入纯粹的精神苦旅,他更愿意生活在现世的生活中去体验、品尝、追求和构建真实自然的人生。

二、"不立文字"说

台湾罗光教授主编的《哲学大辞典》"不立文字"辞条中曰:

> 禅宗所标志的不立文字,往往为人所误解,以为不立文字是指屏去文字,不用文字,其实原义,但指开悟本身是不假经论的;诸经论是指导开悟的,如以指指月,指终不是月②。

这一解释说明了"不立文字"的含义及其思想实质。李柏南游路过熊耳山空相寺时和寺僧有一段对话,在对话中李柏有"不立文字"的记述。当空相寺僧人告知李柏"空相寺的僧房、佛龛、经书经历盗贼的破坏后存者不及一半,其

---

① 《送憨休和尚叙》,《槲叶集》卷二。
② 罗光:《哲学大辞书》第1册,新北市:辅仁大学出版社,1993年,第475页。

师补之、葺之"时,李柏说:

> 东海行复扬尘,山河大地,终归劫火,阁何必葺?佛说经八万四千,不出《四十二章》,《四十二章》不出《般若心经》,《般若心经》不出无字,经何必补?[①]

李柏在此主要强调人们应该跳出对文字过分依赖的窠臼,不能拘泥于语言文字等外在的、形式性东西。李柏在《憨休和尚语录叙》中对禅宗的"不立文字"之说进行了较为详细的阐明,他说:

> 白云端禅师《蝇子透窗偈》:"为爱寻光纸上钻,不能透出几多难。忽然撞着来时路,始觉平生被眼瞒。"太阳玄禅师《典客偈》:"一兔横身挡古路,苍鹰才见便生擒。后来猎犬无灵性,又向枯桩旧处寻。"此足证西来大义,不立文字。后世学者从语言文字求无生消息,皆纸光瞒眼,枯桩寻兔者。既无文字,然宗门代有语录,则又何也?盖不见洞口桃花,难逢源上秦人;不升空中桥仗,难见广寒嫦娥;不持牧妇书信,难入洞庭龙宫;不因引路火光,难得阿婆焦衣。初学之士,屏弃文字,因断缘绝,回顾彷徨,何路可适耶?若止难逢、难见、难入、难得,其害犹浅若乎了,一错未免。……故曰:"一失足成千古恨,再回首是百年身。"诚可悯也,诚可惕也[②]。

此憨休禅师所以忧后世子孙失脚、迷路,不能顿悟西来大义而权以语言说无字法也。李柏在这里引经据典阐述"不立文字"的本义,意告诫学人不能执迷于此"求生无消息",若其被文字表面的东西迷失自我而不能顿悟,则会犯猎犬撞枯桩而待兔的事情,文字仅仅是一个辅助性的手段,它是学者窥堂奥的前提条件,若没文字,对初学者来说会陷入一种无所适从,最终导致失脚。因此对文字的正确态度就是既依靠它,又不执迷于它,这样才能达到般若的境界。

三、"空"不为空

李柏对佛教义理的取舍还表现在其与憨休和尚论"空"的问题上。憨休和尚深得《心经》"五蕴皆空"之意。佛陀出世的情怀就是要使人认清宇宙人

---

① 《过熊耳山空相寺》,《南游草》卷一。
② 《憨休和尚语录叙》,《槲叶集》卷二。

生的真相,解除身心的束缚,明心见性,获得自在。佛教宣称人人皆有佛性,只因无始以来其根为无明所遮蔽,以至于不能彰显。而这覆蔽真如佛性的就是五蕴,即构成我们身心乃至一切有为法的五种要素:色、受、想、行、识。其中色是一切物质现象,受、想、行、识是精神现象。因五蕴皆因缘所生法,而凡是因缘所生法,均没有实体,所以叫作"空"。佛教中的观照般若就是将世俗现象的一切事物看"空",实相般若则是将佛教所谓的"实相"即"空"本身也看成"空"。故李柏说:"佛说经八万四千,不出四十二章,四十二章不出《般若心经》"。

李柏认为般若思想中的"五蕴皆空"和现实中的有些现象不符,他说:

> 孔子讲《六经》,说《鲁论》;老子说《道德》,皆因敲有响,响绝即空,执以为空,空能生响,空不空也。以为不空,敲罢响绝,不空空也。不空空,空不空,是一是二孰辨之耶?……凡天地间有形之物有坏,无形之物无坏。阴阳风飚,无形者也,无形即空。阴阳敲雷霆,风飚敲木窍,是以空敲空。空生响,空无尽,响亦无尽,空无坏,响亦无坏。故历恒河沙劫以来,打空无棒,割空无刀,烧空无火,溺空无水,故三教圣人把柄在空,或曰"无知空空",或曰"空无所空",或曰"万法归空",空之时义大矣哉!①

李柏在此以有形与无形来喻空与不空,其立足点与佛教的立足点大异其趣,故在"空"的理解上和佛教也就出现了分歧,他对佛教般若五蕴皆空的思想持有异议。他在《过熊耳山空相寺》中也表达了同样的思想:

> 空空空相寺,相空万法通。不空不是法,是法空不空②。

佛教主张"实相无相"。"是诸法空相,不生不灭,不垢不净,不增不减。是故空中、无色、无受、无相行识;无眼、耳、鼻、舌、身、意,无色、香、味、触、法;无眼界,乃至无意识界;无无明亦无无明尽,乃至无老死,亦无老死尽;无苦、集、灭、道;无智亦无得"③。总之理绝众相,这是佛家拟构出来的宇宙万象的本体,他们竭尽智慧,从现象世界中把所能观察、意识到的具有普遍性、规律性的相状抽象出来,采用全方位排斥现象的否定方式,抽象地排除一切客观规

---

① 《憨休和尚敲空遗响叙》,《槲叶集》卷二。
② 《过熊耳山空相寺》,《南游草》卷一。
③ [日]《般若波罗蜜多心经》,《大正藏》,东京:日本大藏出版株式会社,1933年,第8册,第849.3页。

定性,而又成为规定一切客观现象的、本体的"实相无相",即"空相"。李柏在此除过阐述佛家之空相义外,又提出"是法空不空"之说,这与佛家全方位排斥现象的否定相左,显示出其在佛教义理方面同佛教的本质差异,凸现其儒家的身份。李柏的"是法佛理"互不妨害的思想,摒弃了佛义万法皆空的旨意,吸取了佛学空灵观的意味之妙,又结合入世的积极态度和社会审美哲学,显示出其高超的学术综合能力。

四、"水月相涵"的华严思想

李柏除过受般若思想的影响外,其思想中还可以看到华严宗思想的影子。他在《游凤郡东湖序》中写道:

> 世界万丈淤泥也,湖水空中湛露也,湖莲不染道心也。作吉梦者,觉而快乐,作凶梦者,觉而疑惧。吾欲挹彼空中露,洗我莲花心,不使染于淤泥①。

华严宗强调人的自性清净,"显一体者,谓自性清净圆明体,然此即是如来藏中法性之体,从本以来,性自满足"②。佛性,本觉智慧,自性清净圆明体,处染而不垢,始终是清静的、善的,佛性的本性遍照一切,无不光明。《华严经》常以净莲不染形容澄明的悟心,"云何修习佛功德,犹如莲花不著水"。"最极清净如虚空,不染世法如莲花"。"善知识不染世法,譬如莲花不着于水"。"所法所不染,如莲花在水"。受《华严经》等大乘经论的影响,莲花不染尘垢的意象,成为儒家知识分子表达自己意境的一种常用的手法③。李柏以华严宗的莲花自处染而不垢为自勉,使自己的身心能保持一种高洁的状态,他在《与萧柳菴及苍二弟书》中写道:

> 自今以往,酒破愁城,水灭火宅,凡一切吉凶悔吝,视如太虚浮云,任其升沉往来,而我之天光湛然,天体泰然。及风静云散,依旧是万里碧霄清似水,一轮皎月挂松峰,何乐如之④。

现实世界中的一切烦恼对于个人自我清净的心是不会造成影响的,清净的本性是不会改变的,众生因受无明的障蔽,看不到自性清净的内在特质,而为烦

---

① 《游凤郡东湖序》,《槲叶集》卷二。
② 《修华严奥旨妄尽还源观》,《大正藏》第45册,第637.2页。
③ 吴言生:《禅宗思想渊源》,北京:中华书局,2001年版,第236—238页。
④ 《与萧柳菴及苍二弟书》,《槲叶集》卷三。

恼所困,若一旦觉悟,清除无明和烦恼,心则又回到本来的状况,依旧是"碧霄清似水"。

李柏诗作中吟咏雪月、水月关系之作颇多,如:

> 湖在凤城东,月在湖水中。
> 水能涵月相,月能印水空。
> 水月两不碍,人天如是同①。
> 夜坐山中月,月光复映雪。
> 雪因月更白,月以雪增洁。
> 月如雪之夫,雪如月之妾。
> 雪月两不碍,一体无分别②。

这些诗作在营造一个物象的审美意象的同时也涵有华严宗的"法界缘起"的思想。

华严宗用来解释宇宙发生和人生现象的基本理论是"法界缘起"说,由"法界缘起说"说明宇宙万物,世间、出世间的圆融无碍。澄观说:

> 此经以法界缘起,理实因果不思义为宗也。法界者,是总相也,包事包理,及无障碍,皆可轨持,具于性分;缘起者,称体之大用也;理实者,别语理也;因果者,别明事也。此经宗明,修六位之圆因,契十身之满果,一一皆同理,皆是法界大缘起门③。

"性"指体性,本体实质,"相"指现象状态,两者绝对通融,没有任何碍滞、没有任何差别。矛盾、绝对的同一的对立面是不存在的,只是人们在内心直观,另起他名。这表达了真如法性为宇宙的本原,众生成佛的根源,理事无碍,体用相即。华严宗中有关这方面的诗歌数量是非常多的。晋译《华严经》卷14有形容理事关系曾有水月之喻:

> 譬如净满月,普现一切水。
> 影像虽无量,水月未曾二④。

佛家尤喜用譬喻表述法,于是有理体和喻体之分,他们在表述圆融理体时,灵活机智,沿用的喻体倒是颇多合理的成分和耐人玩味的意趣。华严宗多用水

---

① 《东湖》,《槲叶集》卷四。
② 《太白山雪月》,《槲叶集》卷四。
③ 《大华经略策》,《大正藏》第36册,第702.1页。
④ 《大方广佛华严经》,《大正藏》第9册,第486.3页。

月的关系喻示事理圆融:事事融通、理理融通、事理融通。上首诗的水月比喻,到了《证道歌》中被提炼为形象精警的诗句,成为华严宗理事圆融思想的名言:

    一性圆通一切性,一法遍含一切法。
    一月普现一切水,一切水月一切摄①。

李柏诗中的"水月两不碍,人天如是同","雪月两不碍,一体无分别",正是华严宗所谓的"一一皆同理""水月未曾二"思想的体现,这也说明了李柏对佛教思想的成功吸收。

第三节 对道家思想的摄取与自我观照

一、"贵柔守雌"的自我观照

  中国文化以儒家精神为主导,以道家思想为补充。儒家的思想是入世的、功利的,道家思想则是出世的、超然的;儒家主张阳刚,道家主张阴柔,二者互补互融,对铸就民族的文化心态和民族文化精神产生了很大的影响。一般来讲,封建士人处于顺境,则往往意气奋发,这时儒家的入世精神往往成为其思想的主旨;处于逆境,士人们往往从佛道处寻求慰藉心灵的精神食粮,道家的贵柔守雌学说往往成为儒家刚毅进取精神的一种补充。老子及道家学说既迎合或助长了隐逸遁世的消极情趣,又为士阶层提供了一种实现精神慰藉的工具和人生的终极关怀。

  道家和道教对明清的哲学产生了深远的影响。道家的基本范畴"道""虚""静""心""性""命"等成为明代哲学的基本范畴。道教的内在思维方式为明代许多哲学家所借鉴,道教的基本观念如虚静观念、自我观照等普遍为明代哲学家所接纳。当然明清思想家对道教的态度并不只是吸收,而是有所批判。例如郝敬、胡居仁、黄绾、刘玑、钱一本等一批思想家批判佛道的玄虚之道以及重内遗外的倾向,王夫之还提出了"三害"论,视老庄、黄老、申韩为中国文化的三大祸害,但实际上,王夫之在批老批庄的同时,同其他许多思想家一样,其思想也深受道家影响。道家思想对李柏的影响也非常大,从哲

---

① 《永嘉证道歌》,《大正藏》第48册,第413.2页。

学思想、艺术风格、历史观等方面都可看出这一点,在这里笔者的论述只限于道家齐生死和贵柔守雌的思想。

当政治暴力发展到可以随意地摧残个人生命的时候,个人的抗争变得微不足道,形同尘芥,这时便只有被迫转入个人的内在的精神世界,以求得精神世界的舒展与张扬。李柏生处易代之际,在这样的时代,容易让人产生对政治的厌恶,乃至对生命变幻、人生无常的绝望感。李柏的无为适己的思想同这样的政治局面直接相关。李柏作为前代遗民,其锐意进取、谋求复国的热情随着清朝统治的稳固而逐渐消退,他转而寻求一种忘却生死之别和贵柔守雌的思想。李柏在《寿夭解》中说:

> 郿东师氏同母兄弟四人,伯、仲、季刚,早死。叔柔,年七十余矣尚健。萧氏同母兄弟四人,仲、叔、季刚,早死。伯柔,年八十余矣尚健。李子曰:"舌柔而寿,齿刚而夭。"①

李柏贵柔守雌的思想来自老子。老子思想的重要特色就是贵柔守雌,他从"弱者道之用"的思想出发,强调"天下之至以柔,驰骋天下之至坚"②,他所崇尚的无为而不为的"道",就是以柔弱顺自然为主要特征的。《吕氏春秋·不二》说:"老聃贵柔。"③知雄守雌,以退为进是老子对待事物,掌握主动的策略原则,也是其治国之术的一个重要原则,按老子的理解,"反者道之动,弱者道之用"④。处于柔弱卑下地位的一方,其实往往拥有最强大的力量:"天下柔弱莫过于水,而攻坚,强莫之能先"⑤。与之相反,一切刚强的东西实际上都蕴含着衰败死亡的危机,即所谓"人生之柔弱,其死坚强,万物草木生之柔脆,其死枯槁,故坚强者死之徒,柔弱者生之徒"⑥。"物壮则老"乃是普遍的规律,基于这样的感悟,老子主张贵柔守雌。李柏在这里虽表达一种"柔弱胜刚强"之意,但我们把李柏所处的社会环境因素考虑在内,李柏身上所体现出老子那种"守柔""不争""知白""守黑","知雄""守雌"的态度及其消极倾向是十分明显的。

---

① 《寿夭解》,《槲叶集》卷三。
② 朱谦之撰:《老子校释》四十三章,北京:中华书局,1984年版,第177页。
③ 高诱注,毕沅校,余翔标点:《不二》,《吕氏春秋》,上海:上海古籍出版社,1996年版,第308页。
④ 朱谦之撰:《老子校释》四十章,第165页。
⑤ 朱谦之撰:《老子校释》七十八章,第301页。
⑥ 朱谦之撰:《老子校释》七十六章,第294—295页。

李柏在道家的贵柔守雌思想中还吸收了功成名遂身退的思想。韩信是李柏推崇的历史人物。李柏在壬申年四月于云栈樊河见石碑书"萧相国追淮阴侯韩信至此"时,他感慨韩信功勋卓著,最终却落了个谋反罪,被汉高祖处死,其原因是韩信没有读《老子》,李柏曰:

> (信)有罪,罪不在读《老子》也。老子曰:"功成名遂身退,天之道。"信之功成矣,名遂也,而身不退,反天道也。当项王死后,信若上书告退田里,辞其王爵,归其兵柄,亦如子房从赤松子,高帝必不畏恶其能。高帝不畏恶,则嬖不得谗,雉不得杀,故曰:"信死,罪在不读《老子》也。"①

在中国历史上能和臣下共同开疆拓土的有为君王为数不少,但在夺取政权后,统治者顾忌臣下的不忠或谋反,往往采取一些非常手段,使大多数曾经的功臣皆成为阶下囚,只有明事理的少数功臣如张良才能保全身命,这类事例在中国历史上不胜枚举。按李柏的看法,以韩信为代表的这类功臣由于过分迷恋权利而丧失了一定的警惕之心,最终落个身首异处,实为可悲可叹。

老子主张"人法地,地法天,天法道,道法自然"②。在政治上老子主张"绝圣弃智",他说:"持而盈之,不若其以。揣而锐之,不可长保。金玉满堂,莫之能守。富贵而骄,自遗其咎。功成、名遂、身退,天之道。"③这对世俗世界功成名遂者来说如果能够及时退身于富贵名利之外,心不挂碍功名利禄场,将身心复归于其无为的道境中,则可全身,这也是李柏对这问题主旨之所在。

二、"无用之用"

庄子思想中的"无用之用"的思想是以形体上的无用来追求不为外物所累,钱锺书先生曾指出:

> 然庄子无用之用两义……此一义也,乃偷活苟全之大幸耳……此另一义,即洪氏本诸老子耳。洪氏即明人洪迈,洪迈挖掘庄子"无用之用"的说法渊源,称庄子论无用之用,本老子三十辐,共一毂,当

---

① 《过樊河论》,《槲叶集》卷一。
② 朱谦之撰:《老子校释》二十五章,第103页。
③ 朱谦之撰:《老子校释》九章,第33—35页。

其无,有车之用①。
可是天生万物,必有其才用,必有其器用,所以庄子追求心灵的契合大道,"乘道德而浮游",不拘泥于有用和无用之间,正如老子思想中守朴见素,不肯固执一种器用之中。日常生活中人们皆努力成为有用之材,而避免被人讥为无用之材。但是情况却常常是这样:恰恰是有用之材的人容易招来杀身之祸,而其他人则因为其无用而保全自身,由此便有"无用之用"的说法。

李柏在南游时触景生情,又重复了庄子的说法:

> 乙亥十二月初三日午,过柴关。关前后多漆树,满身刀痕,其余杂木万本,无一斧斤创。庄子曰:"物以不材而得享天年。"漆之割以其材,可黏器也。李子曰:"桂以香伐,桐以声斩,翡翠以毛罗,鹦鹉以舌笼,麝以脐灾,猩以血擒,自古然矣,岂徒漆林哉。"②

李柏所处的时代不为君主效力并非易事。除非你与世隔绝,隐居深山,而李柏作为一名传统的儒家知识分子使其无法做到"伏其身而弗见"的遁世作法。如何做到毁无用于君主而保持自己的节气,而又能保全自身;既混迹于世俗之中,又不被世俗所累,他把目光转向了庄子的"人皆知有用之用,而莫知无用之用"的思想:要使君主不用你,最好的办法就是"不材",无所可用。这样你才能从无用中所求大用。但这个"无用之用"并非简单地以"无用"求苟活,并非是消极避世的颓废主义和极端个人主义。它真正意义要求人们通过对现实生活的体悟,而获得一种平静的心境,它有更高层次的追求独立、高洁人格的意义和内涵。从而能不求为世所用,不为世俗所扭曲、损害。

李柏生活在一个动荡的年代,许多权臣卿相在经历了一次次的政治动乱后都身首异处,这使得李柏萌发了通过内敛才华而安命的思想,他试图通过这种方式使自己能在险恶的政治风浪中安然无恙。他在《安分》中写道:

> 一身寓四海,蟻螺附鹏雕。
> 露颖终须折,先花必早凋。
> 蜗牛宜在壳,尺蠖莫伸腰。
> 吾舌与吾齿,寿夭是所招③。

李柏奉劝人们,当自身势单力薄之时,要尽量使自己的能耐藏而不露,应该像

---

① 钱锺书:《管锥编》第2册,北京:中华书局,1979年版,第425—426页。
② 《柴关》,《槲叶集》卷三。
③ 《安分》,《槲叶集》卷五。

"蜗牛"那样待在壳里,像"尺蠖"那样不要伸腰。如果炫耀己能,常会象"露颖""先花"那样招致祸害。他在《无才》中写道:

> 翡翠罗以文章之身,;鹦鹉笼以能言直舌;神龟灼以前知之壳;鹰雕绁以搏击之力,此以才灾其身者也。君子处世,露才不如敛才,有用不如无用,故瞽者鲜坑长平之土,躄者不焚赤壁之火①。

李柏这一思想是对道家无为守朴思想的发挥。李柏在这里把人的力量看得比较弱小,人已没有在《说天》中作为三才之一那样的强大,只能作为寄寓之物依附在其他事物之上,在依附的同时须时时小心谨慎,不宜出头,不宜张扬,祸从口出,在严酷的社会条件下,口舌稍有不慎就会招来杀身之祸,许多历史人物敛才者保身,露才者早死。他借用自然说明这道理:"蔗不甘不恝,荷不秀不折,兰不馨不焚。"②在保全性命方面,"无用"胜"有用"。这一思想也是李柏在其所处时代观照自我生命的一种手段和方法,这也是世道日丧,文人为自保其身的一种无奈选择。

三、"齐生死,忘人我"

李柏在其《语录》中提出了"齐生死,忘人我,泯得失,一瘖瘝"③的思想。这一思想受庄子"齐生死""同人我""消事非""无成毁""空醒梦""道通为一"思想影响的痕迹非常明显。在《齐物论》中,庄子对世界的认识是"齐万物",万物平等,他在人生态度的问题上是"齐生死"。"齐生死"是庄子人生态度的根本出发点。一旦死生被视为无悲无欢、无恸无喜,整个人生便产生了根本性的转换。庄子说:

> 人之生,气之聚也;聚则为生,散则为死。若死生为徒,吾又有何患,故万物一也④。

这样,生死大事,被泯灭于"无何有之乡"⑤这一精神空间的气聚气散之中,一切都顺其自然。庄子对生死的看法,最深刻的是在庄周梦蝶的寓言中:

> 昔者庄周梦为胡蝶,栩栩然胡蝶也。自喻适志与!不知周也。

---

① 《无才》,《槲叶集》卷三。
② 《语录》,《槲叶集》卷二。
③ 《语录》:《槲叶集》卷二。
④ 郭庆藩撰,王孝鱼点校:《知北游》,《庄子集释》,第733页。
⑤ 郭庆藩撰,王孝鱼点校:《逍遥游》,《庄子集释》,第40页。

俄然觉,则蘧蘧然周也。不知周之梦蝶与,胡蝶之梦为周与? 周与胡蝶则必有分矣。此之谓物化①。

庄子以一种审美心理审视生死变幻,"生"与"死"在庄子这里不再是两种绝对的状态,而是两种自然支配下相对的、自适的、对等的状态。生与死,就像梦与醒,都是自然状态的转换,都没有意义,生亦无乐,死亦无悲。李柏一生困顿不得志,他对下层劳动者的艰辛困苦深有体悟。一方面,民生如草芥,另一方面,政治险恶使社会出现异化。李柏希冀幸福,但他又不愿出卖灵魂;他希冀获得个体自由伸张,但又难于与社会道德均衡协调。他拒不出仕,宁愿归于隐,也不愿坠入名缰利锁的束缚之中。为了在政治权力结构的笼罩下保持自身人格的独立,保持无欲则刚的心灵纯洁和头脑清醒,他努力寻求精神的完满与自足,他的"生死齐一"的思想又何尝不是视人之生死无喜无怨,他又何尝不是以审美的心理看待生死。在李柏看来,"忘人我""泯得失"才能达到"齐生死",才能达到"一寤寐"的境界。"忘人我"就是庄子所讲的"丧我"或"丧耦"。庄子在《齐物论》开篇就有一个"吾丧我"的故事。

> 南郭子綦隐机而坐,仰天而嘘,荅焉似丧其耦。颜成子游立侍乎前,曰:"何居乎? 形固可使如槁木,而心固可使如死灰乎? 今之隐机者,非昔之隐机者也。"子綦曰:"偃,不亦善乎而问之也! 今者吾丧我,汝知之乎? 女闻人籁而未闻地籁,女闻地籁而未闻天籁夫!"
>
> 子游曰:"敢问其方。"子綦曰:"夫大块噫气,其名为风。是唯无作,作则万窍怒呺,而独不闻之翏翏乎? 山林之畏佳,大木百围之窍穴,似鼻、似口、似耳、似枅、似圈、似臼、似洼者、似污者。激者、謞者、叱者、叫者、譹者、宎者、咬者,前者唱于而随者唱喁,泠风则小和,飘风则大和,厉风济则众窍为虚。而独不见之调调之刁刁乎?"②

所谓"丧我"或"丧耦",即去掉系于身心之上的负累。形如槁木,心如死灰,不要自以为"是",人就像物,就要这物的效果。这效果就如"天籁",可以万窍怒号而相互激荡。然"吹万不同""成其自取"是自然的表现,它不是刻意

---

① 郭庆藩撰,王孝鱼点校:《齐物论》,《庄子集释》,第113页。
② 郭庆藩撰,王孝鱼点校:《齐物论》,《庄子集释》,第43—46页。

造作的结果,故也不必认定"我"是"谁",关键的问题是颜成子游所提的"形固可使如槁木,而心固可使如死灰乎"。哀莫大于心死,在这里问题的焦点又集中在一"心"上。要齐物,从根本上讲就是要"齐我",即无心,人世间的是是非非,不在于物,而在于心。物之不齐,是其自然状态,只要你不用势利的眼光来打量它们,就没有彼此的问题。李柏的"泯得失",就是要求放弃一切得失的计较,入手处是"我",即庄子所谓的"天下莫大于秋毫之末,而大山为小;莫寿于殇子,而彭祖为夭。天地与我并生,而万物与我为一"①。在李柏看来,人生最大的利害莫过于生死一关,只要"齐生死",还有什么东西能拖累人心呢?

第四节 教有三种,道归一致

儒、释、道三教是中国传统文化的三大支柱,在长期的发展过程中,三教之间呈现出较为复杂的关系,它们在相互的斗争中共存和融合。从唐代"三教论争"到宋代"三教归一"而酿成新儒学,已是中国古代理论思维发展的必然趋势,关学正是这一新儒学运动的产物②。在终结"三教论争"的过程中,张载和其他北宋诸子所走的道路不完全一致。周敦颐、邵雍、二程及后来的朱熹都是采取援佛道入儒经的方法,而张载则在道教、禅宗盛行的关中地区坚决批判佛道,将当时自然科学的最高成果消融于传统的《易传》思想中,创立了"太虚无形"的"气本论",使儒学由伦理说教进入本体论证,奠定了理学基础。遗憾的是关学后学对张载这一传统没有很好地继承,这一传统在王廷相和王夫之那里反而发扬光大。关学后学走上了周敦颐、二程的"援佛道入儒"的老路,这一现象在李颙身上具有代表性。李颙本人对佛书、道藏无所不读,他本人对此有一番解释:"尝言学者格物穷理,只为一己之进修,肆业须醇,勿读非圣之书。若欲折衷道术,析邪正是非之归,则不容不知所以然之实。"③这一解释若从学术的角度看,是可以理解的,但从明清之际的学术氛围来考察,可以看出这一时期的儒者对佛道的思想既有事实上的融合,又有心理上的焦虑。李柏在这一点上和李颙没有二致,他们都采取了以儒学为核

---

① 郭庆藩撰,王孝鱼点校:《齐物论》,《庄子集释》,第79页。
② 陈俊民:《张载哲学思想与关学学派》,第38页。
③ 李颙撰,陈俊民点校:《历年纪略》,《二曲集》,第560—561页。

心,融合佛道的方法。

一、以儒为宗,援佛入儒

李柏三教圣人思想受憨休和尚的启发颇多,并对其意有了深刻的认识和了解。他在《重修大兴善寺大佛殿碑记》中写道:"天有三光,治有三统,教有三种。"①李柏认为"三教"的存在如同"三光""三统"一样也是天经地义、不容怀疑的,这在一定程度上为佛、道二教在儒家传统根深蒂固的社会里寻找到了一个合理存在的依据,这也是李柏所在时代知识分子的一种较为常见的看法。

李柏认为"三教"并存是天经地义,但至于其如何共存,或说儒、佛之间有何共同性,他似乎没有给予太多的关注,因为他"山林而儒者也,若夜棹扁舟渡过他溪,未免越俎治庖"②。作为一个儒者,他似乎还想恪守儒家传统,对于佛教思想他不愿或没有思想准备去越雷池一步。但经憨休和尚的启悟,李柏"豁然有解",他在《重修大兴善寺大佛殿碑记》中说:

> 师(憨休)曰:"不然,请与子观天,苍苍万里同色也;与子观水,灏灏九江同源也;与子观山,南条、北条、中条,万里东行而同祖昆仑也。故教有三而天则一。阳明记《月潭寺碑》,龙溪记《教堂报恩寺卧佛碑》,何所埋碍?王者中天下而立,必要服荒服,重译而来。或驰驱道路三十年,铁车刚轮,轹海而至,始称谓大一统。若曰东不过江黄,西不过氐羌,南不过蛮荆,北不过朔方,一切远宾闭关不通,无外之谓,何其忍绝之耶?"③

憨休和尚的儒佛互通,代表了当时佛教阶层对这一问题的普遍看法。当李柏问及西来遗教时,憨休告之说:

> 义不二也。白沙与太虚诗曰:"年来虽阐莲花教,只与无言是一般。"故孔曰:"欲无言。"佛曰:"无一字。"既曰无言,复删修《六经》,不知其千万言也。其几千万言,不过言其无言而已;既曰无一字,何为说经八万四千,其说经八万四千,不过说其无一字而已,其存心也,儒曰爱人,佛曰慈悲;儒曰慎恐惧,毋自欺,佛念起即是觉,以智

---

① 《重修大兴善寺大佛殿碑记》,《槲叶集》卷二。
② 《重修大兴善寺大佛殿碑记》,《槲叶集》卷二。
③ 《重修大兴善寺大佛殿碑记》,《槲叶集》卷二。

慧剑斩断葛藤。其成功也,儒曰不勉而中,不思而得,佛曰出有入无,法轮常转,自在无边。所谓教有三种,道归一致也①。

在这里憨休和尚从四个方面对儒佛进行比较:第一点,从传"经"的方面来讲,儒佛皆摒弃过多地应用文字,都讲"不立文字",儒学,尤其是心学更多地吸收了佛教的"心传"方法。新儒家的程子,也就毫不含糊地说《中庸》"乃孔门传授心法"②。第二点,憨休把佛家的"慈悲为怀"等同于儒家的"爱人"。"仁"是儒家的核心内容,"爱人"是"仁"的基本出发点,从爱人的心怀出发,必然导致博施济众的行为。"慈悲"精神是佛教教义的核心。在处理人际关系时,佛教道德是以利他平等为旨趣的,这种利他主义的道德观,在佛教中称为"慈悲"。《佛说观无量寿经》上称:"佛心者大慈悲是。"③即是说佛教以慈悲为本。儒家之"爱"与佛教之"慈悲"在利他这一点是共通的。第三,儒家的"慎恐惧毋自欺"与佛家的"起念即觉,以智慧剑斩断葛藤",其实质就是要告诫人们防止各种欲望对人洁净心灵的侵蚀。第四,儒家的"不勉而中,不思而得"与佛家的"出入有无,法轮常转,自在无边"都强调修持过程的自得,而不过分假借外部力量。

憨休所谈以上四点,也是儒佛在千余年来既斗争又共融的主要基石,是儒佛能互相摄取的重要保证。故李柏听了憨休之说后"豁然有解"。

憨休和尚对李柏"三教归一"的思想的影响是实质性的,在后来憨休和尚邀李柏为其《敲空遗响》作叙时,李柏完全地承袭了憨休的理路,他说:

三教圣人皆以空为把柄者,是故孔子曰"空空如也。"空无知也;老子曰"空无所空。"空无物也;佛曰"无法归空。"空无法也。无法与诸大菩萨、阿罗汉,一切比丘比丘尼千二百人,或说《四十二章》,或说《圆觉》,或说《妙法莲花》,所说法也,有说即不空也。然因问有说,说已即空,亦犹有敲即响,响绝即空。孔子讲《六经》,说《鲁论》,老子说《道德》皆因敲有响,响绝即空,执以为空,空能生响,空不空也④。

李柏在这里传递了两个信息:其一是儒、佛、道在有些问题上是共通的;其二,

---

① 《重修大兴善寺大佛殿碑记》,《槲叶集》卷二。
② 朱熹撰:《中庸章句》,《四书章句集注》,北京:中华书局,1983年版,第17页。
③ 《佛说观无量寿佛经》,《大正藏》第12册,第343.3页。
④ 《憨休憨师敲空遗响叙》卷二。

李柏是在保留其儒家的身份前提上讲儒、释、道三教共通的。以上两点共同说明一个问题就是在明清之际儒、佛、道三家的"合一"思想中从儒家的视角看来,儒家应处于一种优越的地位。

作为本土宗教的道教,在李柏"三教合一"思想中其地位似乎高于佛教,李柏对其认同度更高。他说:

> 孔子为天下万世师,以予观于老子,则亦天下万世师也。孔子尝赞尧、舜、禹、汤、文、武、周公为圣人,犹未离乎人也,及见老子,退而叹曰:"其犹龙乎!"①

作为道家学派的创始人的老庄哲学是中国哲学思想中唯一能与儒家和后来的佛教分庭抗礼的学说。它在中国思想发展史占有的地位绝不低于儒家和佛家,在中国传统的知识分子心目中,老庄的哲学是最为适应创造力需要的,最贴合他们内心深处隐微的部分,它在儒家的规矩严整与佛家的禁欲之间,给中国知识分子提供了一块可以自由呼吸的空间。它是率性的,是顺应自然的,反对对人的束缚,它在保全自由"生命"的过程中,竭尽了最大的心力。

二、道家与儒家在政治哲学方面的共性

儒家始祖孔子曾师事老子。这在《庄子》《礼记》《曾子问》《孔子家语》《史记》等书中都有明确记载。据《史记》所载孔子曾问礼于老子,老子语孔子曰:"子所言者,其人与骨皆朽也,独其言在耳。"②孔子见老子归来后,三日不谈,弟子问之,孔子乃赞老子"其犹龙乎"。不过这一史实被道家所夸大,随之而引起了儒家的不满。李柏在此提出这一问题,是要说明其对老子是比较推崇,他把二人置于同样的地位,都是"万世师"。

李柏在肯定老子的同时,他从儒家入世的角度,对后来道家所倡的"长生清虚"的观点提出了批评,他说:

> 道流徒以长生清虚学老子,见其一节而遗其全体也。老子之道,三皇五帝修身、治国、平天下之道。孔子之道,二帝三王修身、治国、平天下之道,圣人因时变化,道非有二也③。

李柏对道家的批评,集中在道家的虚诞方面,而对其治国之术则给予了充分

---

① 《重修吾老洞庙碑》,《槲叶集》卷二。
② 司马迁:《老子韩非列传》,《史记》卷六三,北京:中华书局,2006年版,第394页。
③ 《重修吾老洞庙碑》,《槲叶集》卷二。

肯定,这是儒家和道家在长期的融合、斗争的主要焦点之一,是儒、道在对个体的生命观照方面的主要分歧。孔子出于对生命的珍重而主张"危邦不入,乱邦不居"①。孟子也认为生命的产生与消亡都有其必然性,由必然法则所决定的生命既已产生,就要善自珍重,故说:"知命者不立乎危墙之下。"②王夫之也指出:"人者动物,得天下之最秀者也,其体愈灵,其用愈广。"③他还明确提出了"珍生"的主张:"圣人者人之徒,人者生之徒。既已有是人矣,则不得不珍其生。"④王夫之之所以主张珍生,是因为在他看来,只有珍惜生命,才能珍惜仁义;相反,如果贱视生命,则必然贱视仁义,而贱视仁义,人就失去了人的生命特质。显然儒家这种重视个体生命价值是以道德为本的,主张生以载义,认为只有践行仁义道德,体现道德理性的生命才是有价值的生命,他们将道德融入了生命之中,变成了人的生命的一部分。

从入世有为方面讲,李柏认为道家有些思想与世有补,尤其在乱世。他说:"老子之道,三皇五帝修身、治国、平天下之道。"⑤道教以老子之道为教,在道教的历史人物中,以老子之道入世可以修齐治平,以老子之道出世,可以超凡入圣。李柏说:"老子曰:'君子得时则驾,不得时则蓬藟而修';孔子用之为有道则见,无道则隐矣。"⑥

道家的尊道而贵德,不争而善应。学道修道,以道为事。道顺则从,悖道则否。在社会人伦方面,奉行社会公认的道德准则,众善奉行,诸恶不作,事过境迁,心不著物。出世入世,随缘而定,老子的修、齐、治、平思想虽然与儒家在具体的治国方法上有很大的分歧,但他和儒家的目的没有本质的区别,也就是说,他们都属于政治思想家,关注的焦点在政治。李柏对黄老思想在汉初的成功应用大加赞赏:

  老子曰:"法令滋彰贼多有。"汉高用之为法三章,与民休息也。
  老子曰:"圣人欲上,人则以其言下之。"汉文用之致南越王称臣矣⑦。

---

① 朱熹撰:《论语集注·泰伯》,《四书章句集注》,第106页。
② 焦循撰,沈文倬点校:《尽心上》,《孟子正义》,第880页。
③ 王夫之著:《动物篇》,《张子正蒙注》,第86页。
④ 王夫之著:《临》,《周易外传》卷二,北京:中华书局,1977年版,第44页。
⑤ 《重修吾老洞庙碑》,《槲叶集》卷二。
⑥ 《重修吾老洞庙碑》,《槲叶集》卷二。
⑦ 《重修吾老洞庙碑》,《槲叶集》卷二。

李柏认为道家的政治哲学在汉初取得了很大的成功,其对老百姓安居乐业、国家的统一等方面都有一定的贡献,这方面正是儒家所要汲取的。同时佛、道对文人的影响在精神领域里,主要是淡泊世事名利,使文人具有更多的灵活性和自由性,这对儒家的思想的确起到了补充作用。文人对三教的思想运用得好,就能进退自如,但运用得不好,就会进退维谷,使他们的生活态度变得极为复杂和矛盾,李柏在《重修吾老洞庙碑》中曰:

> 老子曰:"功成名遂身退,天之道。"子房用之兴刘亡秦灭楚,卒从赤松子游矣;老子曰:"知足不辱,知止不殆。"二疏用之,辞位荣归,渊明用之,不为五斗折腰矣;老子曰:"坚强者死之徒。"智伯、项羽刚强贪得,则亡国杀身矣。曹参,汉之贤相也,用盖公清静之言相齐,齐治,相汉,汉治。张释之,汉之贤廷尉也,即天子之令,有所反,独为王生老人结鞲于公廷。王生盖公善言黄老者也,能使为公卿尊礼如此,而况老子?自三川竭而度流沙,其遗波剩沥,能使后世王侯将相用其道,则身可修,国可治,天下可平。违其道则杀身亡国。故曰孔子为万世师,老子亦天下万世师也①。

历史上的许多文人都得益于道家思想,张良由于深知"功成名遂身退"之道,故而进退有余,得以保身,他淡泊名利,进而避免了像韩信悲剧的发生。陶渊明淡泊名利,辞官归隐,获得了心灵的平静,保全了自己的节操,以张良和陶渊明为代表的文人都在淡泊名利的心境中获得了真正的自由。因为有了儒释道,中国的文人是幸运的,三教为他们开拓了极为广阔的现实和精神的生存空间,使他们既有现实的家园,又有精神的家园,于是他们的生活就有了较大的回旋余地。

---

① 《重修吾老洞庙碑》,《槲叶集》卷二。

第三章　易代之际的悲患

清朝入主中原,是在腥风血雨中完成的。晚明政府已腐败不堪,其文化也因过于精美成熟而至糜烂,在农民起义军和满清铁骑的双重打击下很快灭亡。对于部分汉族士人来说,易代不仅意味着民族政权的移易,而且象征着汉文化面临着严重挑战,甚至有中断之虞。明遗民以各种形式在民族危亡之际零星抵抗竟持续了近四十年时间。这些拒绝与清朝统治者合作的人,民族气节不改,终以遗民自命。《清史稿·遗逸传》对此写道:"天命即定,遗臣逸士犹不惜九死一生,以图再造。及事不成,虽浮海入山而回天之志终不少衰。迄于国亡已数十年,呼号奔走,逐坠日以终其身,至老死不复。何其壮欤！今为《遗逸传》……虽寥寥数十人,皆大节凛然,足风后世者也。"[①]遗民情结和遗民思想成为易代之际一个非常具有代表性的文化符号。

第一节　对故国的追忆

一、对宗国覆亡的悲恋

明末清初的士人经历了易代之变,经历了艰难孤危而又倔强挺立的心路历程,他们有一部分人虽自觉或被迫参与到新政权的建设中,但这些人时时刻刻忍受着传统价值标准对他们的评判,内心经历着煎熬,尤其是那些屈从于清朝政治重压而仕清的人。也有相当多的士人耳闻目睹了国亡君死、异族入侵,亲身经历了剃发、易服、圈地等民族歧视和民族压迫,创痛巨深,激发了他们强烈的民族意识。

李柏生当明末,亲眼看到明王朝走向灭亡,满洲人入主中原。强烈的正统观念和夏夷意识使其像许多遗民一样,不愿与清王朝合作,便走上了放浪

---

① 赵尔巽:《遗逸传一》,《清史稿》卷五○○,北京:中华书局,1977年版,第13815—13816页。

山水,隐居求志的道路。高熙亭《重刊〈槲叶集〉叙》即云:"其事君也,虽死不二,未尝仕胜国而终为胜国之遗民,荐牍在廷,橡栗在野,奇矣,而仍常也。"①邓之诚先生亦云:"清初遗逸多矣,如柏者实罕。"②袁行云先生更写道:"其人大节无可疵,诗亦高人逸轨。明代遗民,有诗集传世者,约二百余家。试举决传不朽者,似为顾炎武、邢昉、阎尔梅、黄宗羲、杜濬、方文、王夫之、钱澄之、吴嘉纪、李柏、屈大均、陈恭尹。此十二家,即所谓'不废江河万古流'者也。"③在这里袁行云先生是从这些人的气节来谈的,而从诗歌的创作来说这些人并非是清初诗坛的翘楚。李柏诗作中表现出的亡国之痛无疑构成了一部清初遗民的完整心史,其中心内容始终贯穿着对故国和民族的忠贞不渝,李柏在《忆旧》中表达了这一思想:

> 落落荒村耳,侬生初在此。
> 五岁能记忆,百家丛一里。
> 贼盗时窃发,走避似奔兕。
> 闻人说太平,如在梦寐里。
> 生来不曾见,向前细问彼。
> 父老为我言,一齐都提起。
> 伊昔宗与祖,种成桑与梓。
> 风俗淳而朴,依稀华胥氏。
> 栏阱豚鸭肥,阡陌禾麻美。
> 讴歌填街巷,门外无公使。
> 儿童皆读书,间以出佳士。
> 治极还生乱,兵燹从此始。
> 鸠粪五岳石,鲸簸四海水。
> 天下事可知,祸乱不遽已。
> 而今忆其言,句句关治理。
> 而今过其地,步步牵棘枳。
> 不知何王世,乃得复旧只。

---

① 吴怀清编著,陈俊民点校:《重刊〈槲叶集〉叙》,《关中三李年谱》,第260页。
② 邓之诚:《清诗纪事初编》,上海:上海古籍出版社,1984年版,第171页。
③ 转引张兵:《清初关中遗民诗群的构成与王弘撰李柏的诗歌创作》,《兰州大学学报(社科版)》,2000年第3期,第138页。

> 仰面看青天,云何其吁矣①。

李柏的这首《忆旧》诗的文体是清初遗民中普遍存在的"梦忆体"。谢国桢先生的《晚明史籍》中有许多此类作品,这些作品都反映了当时遗民的一种追忆故国的情思。这种文体的特色是追思太平往事,如《忆旧》中所云:"伊昔宗与祖,种成桑与梓。风俗淳而朴,依稀华胥氏。栏阱豚鸭肥,阡陌禾麻美。讴歌填街巷,门外无公使。儿童皆读书,间以出佳士。"诗中虽然没有营造胡尘烽火的意境,但无论是市隐或农隐的遗民都仍然沉哀茹痛,自有让人骨惊的内涵。这种写长歌之哀甚于哭,实际上是他在明末个人生活的追忆,既表现了他对往日繁华生活的无限神往,又时时流露出一个遗民在国破家亡之后的隐痛。

"陵夷之变"悲患意识在李柏历史发展观表现得尤为明显。在《长安》中写道:

> 长安自古帝王州,故国风萃逐水流。
> 蒿栋何年巢紫燕,旄头无地伏青牛。
> 汉秦天地俄隋晋,苻赵河山忽魏周。
> 泛酒曲江春一望,杨花落尽使人愁②。

在《洋州黄氏园林》中写道:

> 旧时乌衣王谢堂,西风草木半凋伤。
> 树连城外江云动,鸟和塔边梵韵长。
> 绛帐灯传山月影,青缃蠹化草萤光。
> 长安闻说争战后,鹊观凤池麦秀香③。

江山更替,朝代兴衰,人事沧桑,该让诗人产生多少感慨和唶叹。在字里行间无不透露出对故国的追忆和感怀,这追忆岁月感怀往事的深沉情感,正是一个对历史有着敏感体验的士人特有的一种心灵结构与生命方式。作为十三朝古都的长安,在历史的岁月流逝中,"城头变幻大王旗",秦、汉、隋、唐、苻、赵、魏、周如过往的烟云;鹊观凤池也成为麦秀之田,大江东去,历史长河奔腾不息,创造伟业的所谓英雄人物如今早已作古,正可谓人生如梦。

---

① 《忆旧》,《槲叶集》卷四。
② 《长安》,《槲叶集》卷五。
③ 《洋州黄氏园林》,《槲叶集》卷五。

二、以"游"的形式对故国的凭吊

汉民族丰厚的历史文化资源为遗民们提供了丰厚的凭借之资,历代遗民义士成为明遗民的心理原型。由于孔子表彰遗民之首伯夷和叔齐,因此"首阳采薇"和"义不食周粟"在遗民那里具有示范意义,成为一种身份像喻和符号象征。以"游"为凭吊之旅是隐藏于遗民式的漂泊云游背后的动机与幽怀之一。遗民们的故国旧物之游微意颇可玩味。表面看去,遗民们遍历山川名胜、明陵圣庙,似无特别作为,然而,看似悠游生活形态的背后所遭遇的矛盾挣扎和心路历程却别有意味。异质文化冲突的紧张,使深浸儒家"夷夏之防"观念的遗民们深感"认同"的威胁,于是激发起对汉民族认同的深挚情感,故国之思、亡国之戚遂成"遗民之悲"的核心元素。体现于行游,遗民之游俨然属凭吊之旅,拜谒明陵也近乎成为一种神圣仪式,甚至是人生价值和身份认同的完成。

李柏的活动范围除康熙二十九年庚午(1690)应茹紫庭之邀南游衡岳之外,其余活动均在陕西境内,故不能像其他遗民一样拜谒象征明王朝的陵墓,只能在"意义的世界"中自我寻求。李元度《国朝先正事略》中记:

家人强之应试,遂出走,西踰汧,南入栈道,东登首阳,拜夷齐墓①。

伯夷、叔齐是商末周初孤竹国国君之子,相让嗣君,相偕至周,后闻武王伐纣,叩马谏伐。因武王不听劝告,遂愤而不食周粟,西行至首阳山,采薇而食,后饿死。伯夷、叔齐贤德为重、礼仪为先的品德和不食周粟的气节,被后人称为"孤竹遗风""夷齐清风"。李柏基于对易代的历史记忆与联想,使得与易代相联系的许多事象与物象有了象征意味,即如此处所论"首阳""夷齐墓",在李柏眼里,俨然是故国旧君的化身,他借凭吊伯夷和叔齐,抒发自己怀念故国之情。"商山四皓"在遗民社会亦享有相当的美誉,商山四皓,指的是秦末汉初的东园公、角里先生、绮里季和夏黄公四位著名学者,他们不愿意当官,长期隐藏在商山,出山时都八十有余,眉皓发白,故被称为"商山四皓"。这些具有象征意义的人物都是李柏拜谒的对象:

(康熙二十九年庚午南游)先生挟一驼奴篚书,过汉阳,涉江夏;

---

① 《国朝先正事略》,《槲叶集》附刊。

泛洞庭,渡潇湘;发江北之云,宿江南之梦;哀屈原于湘郢,哭贾谊于长沙;谒武侯于隆中,瞻岣嵝于衡岳;酹帝子于苍梧,吊湘君于南浦;怀子房于下邳,想黄绮于商山;讲韬略于襄阳,议战守于函谷。此一游也,收尽东南之胜①。

表面看去,李柏遍历东南名胜似无特别作为,然而看似悠游生活形态的背后实际包含着一个遗民在历史时空行走时所遭遇的内心矛盾的挣扎和其对故国追忆的心路历程。

李柏作为在野文人,无论在新朝还是旧朝,他未入仕途,始终游离于帝阙之外。虽是被放逐的文人,但他并没有以局外人的冷漠对待明清易代,在他的身上反而有着比在朝文人更纯正、浓郁的悼亡情绪,他虽没有直接受恩于明王朝,但他对崇祯帝的追慕与哀悼丝毫不逊于直接受恩于明王朝的士人。"其事君也,虽死不二,未尝仕胜国,而终为胜国之遗民,荐绂在廷,橡栗在野,奇矣!"②他在《题刘侍御安刘先生表忠录后》就表达了这份情感:

先皇本是神明主,洞晰时势不可为。
苍黄披发上煤山,龙去鼎湖弓髯垂。
先朝养士三百年,摧朽拉枯多披靡。
岂知輶轩採风人,乃是死义报国君。
君死社稷臣死君,阿咸死叔节嶙峋。
君恩家训两得矣,大忠大孝一门真。
他年君臣同閟宫,烝尝俎豆秋复春③。

在诸多遗民的眼中,崇祯帝是一个有作为的皇帝。崇祯一改明朝中期以来皇帝怠政作风,事必躬亲,忧勤不怠,甚至臣民凡欲奏紧急事,都能立即寻求对策。后来局势越发严重时,崇祯一而再,再而三地向天下发出了"罪己诏"进行自我反思,当他发现时势不可为时,他只能哀叹:"朕非亡国之君,事事皆亡国之象。"④作为明朝最后一任皇帝,崇祯是一个既可恨又可泣的悲剧人物,可恨的是他狭隘猜疑的性格,可泣的是他励精图治十数年,最后以死殉社稷的骨气。明朝弊病自明初就有酝酿,只不过到崇祯时代已糜烂到无法医治而

---

① 《太白山人〈槲叶集〉叙》,《槲叶集》卷首。
② 《重刊〈槲叶集〉叙》,《槲叶集》卷首。
③ 《题刘侍御安刘先生表忠录后》,《槲叶集》卷四。
④ 张廷玉:《李建泰传》,《明史》卷二五三,第6549页。

最终导致覆亡。在这里,作为一个传统的士人,"主忧臣辱,主辱臣死"的道德律令,使李柏同所有遗民一样,对崇祯皇帝之死深表哀痛。

三、沧海桑田与冷眼浮世

沧海桑田是历史变迁的见证,物是人非更是文人永远伤感的话题。川陵大地沦陷,触目悲凉迷茫,使李柏泣血断肠。易代之际,生死离别,人间沧桑,李柏笔下有意无意间有一种世事如烟的感喟,这种感喟蕴含着无限的悼亡情绪:"赤精衰歇已多年,尽瘁报刘那问天。曹马封疆何处是,此原犹属汉山川"①。从整体看,李柏深切的悼亡之情蕴含着一种巨大的失落感。由于李柏经历了明清鼎革,因此他对故国天崩的记忆是清晰的。明末山海关外的后金首领努尔哈赤小时曾被明将李成梁抚养,还被封为建州都督。他于万历四十四年(1616)建立"后金",势力日益膨胀,并趁明朝的腐败,不断南下攻城略地,在万历四十六年,他借口报"七大恨"而大举侵略抚顺,烧杀抢掠。公元1636年皇太极称帝,改国号为"清",他先后出兵攻至北京。1644年5月,清军打败李自成占领北京,以后经过十余年的残酷征服,至康熙时逐渐统一中国,这一征服的过程就是"犹属汉山川"的明疆域逐渐被清军蚕食的过程,也就是在这块土地上,明朝的子民们展开了前仆后继、可歌可泣的反抗斗争,但在历史的血雨腥风中故国终于离李柏而去,故国只能在梦中出现:

一入深山抱月眠,华胥国里梦年年。

觉来白眼看浮世,枫化老人海变田②。

面对内乱平定,天下太平的局面,李柏深知复国无望,他只能在梦中追寻远逝的故国,沧海桑田之感油然而生。这里固然有国仇家恨,但更多的却是人生的悲伤。不仅仅繁华的旧世在天崩地裂的时刻坍塌,而且李柏心中所有的希望与寄托在现实世界中消失了,历史的价值在兴衰循环中失落,而新的支点并没有在历史文化的追忆中寻到,这只能使他感到孤独、幻灭。

出于对故国的怀念,逃禅学道成为李柏的一种生存方式,在母亲去世后,他"愤然弃冠服,服法服,结庐太白山,读书学道,粗粝食,蓝缕衣,山僧蒲馔,道人箨冠,人以为陋,而先生安之如也"③。李柏的这种逃禅行为难掩其伤心

---

① 《望五丈原有感》,《槲叶集》卷五。
② 《避世》,《槲叶集》卷四。
③ 《太白山人〈槲叶集〉叙》,《槲叶集》卷首。

故国的情怀,寄托着他对故国的追忆。而这种逃禅在明遗民中十分普遍,邵廷采《明遗民传》曰:"僧之中多遗民,自明季始也。"①归庄《冬日感怀和渊公韵,兼贻山中诸同志》,有"良友飘零何处边,近闻结伴已逃禅"②句。

第二节 安贫乐道、坚守气节的人格精神

从一般意义上看,儒家文化培养的君子人格是礼义道德的化身。凡是能称作君子者,必然是肩负着儒家的诸种道德规范,在儒家文化设定的"内圣外王"的金光大道上恂恂而行。他们是修身的典范、忠臣的楷模和维护社会与政治秩序的中坚。

一、对道德节操、贫富贵贱的考量

明清之际的士大夫的忧国、孤愤,使他们走上了隐逸之路。李柏虽属高隐逸士之流,然负才之志未尝磨灭,他认为高尚其道者,必须有坚贞的节操。这主要体现在道德修养方面。他说:"夫人立身,特患德不足以合天地。"③李柏作为遁迹山林的隐逸,经常面临饥饿和物质的匮乏,生计一向十分艰难。但在心灵上他与孔颜之乐相通。对节操道德与贫富贵贱的关系,李柏有自己深刻而独到的见解:

> 普天下万世人,皆知富之为富,而不知富而不能蓄德者之大贫也。皆知贵之为贵,而不知贵而不能为圣贤者之大贱也。皆知贫之为贫,而不知贫而蓄道德者之大富也。皆知贱之为贱,而不知贱而知耻能为圣贤者之大贵也④。

李柏通过辩证的方法对贫富贵贱与道德操守的关系进行说明,他认为物质方面的富有并不能代替道德操守的富有,而要使个人的道德操守符合儒家的标准,有时要放弃对物质的追逐,他对此提出了"不知富而不能蓄德者之大贫也"的价值判断。李柏之所以有这样的观点,是对晚明物欲横流社会风气反思的结果。这是因为在明中晚期,随着经济的发展、市场的繁荣,刺激了人们

---

① 邵廷采:《思复堂文集》,杭州:浙江古籍出版社,1987年版,第212页。
② 归庄:《归庄集》,上海:上海古籍出版社,1984年版,第48页。
③ 《虞仲翔知己说》,《槲叶集》卷二。
④ 《与冯海鲲先生书》,《槲叶集》卷三。

的消费水平的提高,影响了人们社会生活的各个方面,社会风尚也随着发生变化。嘉靖、隆庆、万历时期,正是明代社会生活和社会风尚发生激剧变化的时期,所谓"嘉靖以来,浮华渐盛,竞相夸羽"①。社会风尚的变化不仅可以表现在衣食住行等日常生活这些外在的变化上,更重要的是动摇了人们传统的行为规范和价值取向。传统的重农轻商观念受到了严重挑战,商人的地位越来越高,苏州地区"昔日逐末之人尚少,今去农而改业为工商者,三倍于前矣"②。连士大夫也不以经商为耻,纷纷加入到从事商业的行列中来,而徽州地区"即阀阅之家,不惮为贾"③。这时甚至出现了弃学从商、弃官从商的现象,整个社会的人伦道德逐渐被物欲所吞噬,李柏对这一点有清醒的认识,他甚至把物质的作用进行了贬损。杂文《说蜂》中有这样的话:

  大凡物之无欲者,不可得而致也。龙虎,人之所畏也。龙有欲而刘累豢之,虎有欲而梁鸳养之④。

龙虎作为勇猛的象征,由于有欲,而最终失去了自己威猛的形象象征,而沦为人们随意豢养的动物。李柏还认为人若过分贪念名利,则就失去了生命的意义。他在《语录》中说:

  物欲肆、浊欲贪,妄人之死,趣也。死趣凝,虽生不死,天早灭也⑤。

物欲横流,使社会陷入了金钱崇拜,导致世道日丧。那些在物欲面前失去"道"的人,没有任何道德价值,他们虽生犹死。李柏这一思想,反映出他对晚明以来骄奢淫逸的社会风气的厌恶和痛恨,对此他告诫人们说:

  圣人之道,损而益,翕而昌,谦而尊,柔而刚,淡而浓,弱而强,隐而见,圆而方,微而显,暗而章,简而繁,伏而翔,约而博,晦而光。至贫而富不可量,至贱而贵不可当,至无而万有张皇⑥。

求富贵,去贫贱,是每个人对自身利益的正当追求,但求富贵,去贫贱必须符合"圣人之道"。李柏进而认为,一个人即使物质贫乏,但他如果道德高尚,那

---

① 沈朝阳:《皇明嘉隆两朝闻见记》卷六,台北:台湾学生书局影印本。
② 何良俊:《史九》,《四友斋丛说》卷一三,影印文渊阁四库全书本。
③ 唐顺之:《程少君行状》,《荆川先生文集》卷一五,四部丛刊初编本。
④ 《说蜂》,《槲叶集》卷二。
⑤ 《语录》,《槲叶集》卷三。
⑥ 《语录》,《槲叶集》卷三。

么他也会"至贫而富不可量,至贱而贵不可当,至无而万有张皇"。"圣人之道"是辩证的,它"损而益,禽而昌,谦而尊,柔而刚,淡而浓,弱而强,隐而见,圆而方,微而显,暗而章,简而繁,伏而翔,约而博,晦而光"。一个人若遵循"圣人之道",则可达到一种淡泊、清白、高洁的孔颜境界,这是李柏对物欲横流的社会环境的一个冷静的思考。

二、孔颜之乐与冰霜玉洁的气象

李柏安贫乐道,他所追求的孔颜之乐在一定程度上是对当时遗民反思明代骄奢淫逸社会风气的一种回应。他曾写道:"布衣蔬食,极人之所不堪。时自诵曰:'贫贱在我,实有其门,出我门死,入我门存。'又曰:'牛被绣,鸾刀就。'又曰:'古之人有七日不火食者,有三旬九餐者,有食木子橡栗者,有屑榆者,有一日长坐者,有餐毡啮雪十九年者。'盖有主于中,不动于外,所谓不忘沟壑也。"①李柏曾每天只喝两餐玉米粥,但他以孔子绝粮于陈蔡、孟子绝粮于邹薛,子思居卫三旬九餐,陶潜归里叩门乞食为例,说明"大圣大贤犹有此厄"。他在《山房咏怀》中写道:

贫贱休嗟隐者骨,山家富贵世无如。
茹毛口御三皇膳,结草身安帝王居。
浩荡天地舆盖共,广长江汉瑟琴舒。
客来如论玄薰事,笑指飞鸿过太虚②。

在《可以集叙》中写道:

人当六极之时,不惟宾朋疏绝,亦且骨肉弃置;不惟颜色渐沮,亦且神情怳悴。惟天性超旷之士,历穷愁而著书,遭厄抑而高歌。盖境愈逆,情愈旷;时益艰,操益固也。故曰疏水曲肱,乐在其中。箪食瓢饮,不改其乐③。

"孔颜之乐"是一种情感之乐,它是与道德联系在一起的,当一个人的道德达到某种境界时感到精神舒畅,身心和悦。作为一名隐者,李柏高尚其志,在追求孔颜之乐的同时又追求一种淡泊、清白、高洁的人格理想。他在《淡园记》中阐发"淡"之大义:

---

① 吴怀清编著,陈俊民点校:《国史·儒林传》,《关中三李年谱》,第246页。
② 《山房咏怀》,《槲叶集》卷五。
③ 《可以集叙》,《槲叶集》卷二。

> 子思曰:"君子之道,淡而不厌。"诸葛孔明曰:"淡泊足以明志。"邵康节曰:"元酒味方淡。"庄子曰:"虚静怡淡。"又曰:"游心于淡。"淡之义大矣哉①。

"淡泊"作为人生态度,表现了一种超凡脱俗的心境,拥有"淡泊",也就拥有坚毅和大度。"游心于淡",就是以淡定从容的态度面对人生,冷眼看繁华,平淡对得失,怡淡不争。恬淡在于摒弃外在的物欲追求,而建立内在"致虚""守静"的精神,以"虚静怡淡"的精神去对待物欲横流的社会。李柏对这种"淡泊"生活的追求,其实是对自中、晚明以来社会风气颓变的一种反抗。

中国人在一花一草、一石一木中负载了自己的一片真情,从而使花木草石脱离或拓展了原来的意义,成为人格品质的象征和隐喻。梅高洁傲岸,兰幽雅空灵,竹虚心有节,菊冷艳清贞,这四者一直为历代文人所钟爱。李柏在其诗文中对梅花、莲花、牡丹的生性多有描述,并把它们和古代圣贤相比较,其中对梅花情有独钟,他认为"梅,花之圣人者也"。梅花在"天下之名园胜圃,万花烂漫,逞艳斗媚,一旦时移运走,夏日烈,斯凋残矣;秋风起,斯摇落矣。惟梅也,万国飞霜而独傲霜,四海雨雪而独凌雪,将向之所谓烨烨灼灼、欣欣向荣者,即一叶不保,而梅独喷香舒英于冰霰凛冽之际,骨何劲而质何刚"②。他把志士、节妇比作梅花,以喻其志之高洁。在《为秦人太白山求福解》中他说:

> 故欲人心洁,则取诸冰雪;欲人心清,则取诸湫池;欲人心刚,则取诸岩石;欲人心贞,则取诸松柏。贞可以矫天下之淫,清可以励天下之浊,洁可以愧天下之污,刚可以振天下之懦。能刚、能洁、能清、能贞,举凡松柏、岩石、湫池、冰雪之类,皆吾胸中之物,而太白山不能独有此清福也,抑多福也③。

李柏隐于山林,寄意于雪月以明其志,在《太白山雪月》中写道:

> 我爱月下雪,我爱雪上月。
> 月光荡雪花,乾坤胥白彻。
> 高士怀素心,宁与雪月别。

---

① 《淡园记》,《槲叶集》卷二。
② 《花之圣人》,《槲叶集》卷一。
③ 《为秦人太白山求福解》,《槲叶集》卷三。

　　　　一滴饮贪泉,雪残月亦缺①。

李柏通过松柏、岩石、湫池、冰雪等物象的类比来追求一种理想的、高洁的人格。松柏象征坚贞,松枝傲骨峥嵘,柏树庄重肃穆,且二者四季常青,历严冬而不衰。冰雪可涤荡自己的心灵,岩石可锻炼自己的阳刚之气,湫池可使自己的心灵更加清澈,洗净物欲的污染。在这里冰雪、松柏、岩石、湫池都被李柏赋予了精神价值:这些是同世俗的功名利禄、倾轧权谋、醉生梦死的生活相决然对立的,它是看破红尘后的士人心灵的避难所,成全了他们独立不羁的性格、清高孤傲的心性、豪放旷达的襟怀,是他们潇洒自由的生活方式的唯一去处。而这一切的首要前提就是要有一种安贫乐道的超然心态,有一种追求、沉浸并体味着淡泊、宁静、悠远的内在世界和外在世界的心态,他在其五律《十月见梅花》中抒发了自己超凡绝俗的心境:

　　　　十月梅花发,先天赋性刚。岁寒方见色,雪朴始闻香。鹤子依仙侣,竹孙友异芳。华林千万树,逊此不凋伤。

　　　　又:曾借孤山种,仍移处士家。傲分松柏骨,清吐雪霜花。淡月偏怜影,劲风不动槎。广平初作赋,芳誉满天涯。

　　　　又:太素逍遥馆,梅英发早冬。红尘将一染,白雪护千重。傲骨难容世,清心可友松。山灵如有意,长使野云封。

　　　　又:空山种片玉,寒谷少知音。骨带冰霜性,香传天地心。黄鹂何处宿,粉蝶不相侵。惟有林和靖,湖山日咏吟②。

李柏通过吟咏梅的独特性状,讽喻人事或表达其情怀。梅不仅不畏严寒,而且被认为有孤高洁傲的品格。李柏通过对梅花精细入微的体味和把玩,建立起一种在文化素养和生命敏感之上的生活情趣,抒发了他卓然独立、不畏世俗所讽的情怀。李柏并且认为,人的一生,应该像岁寒三友,风霜坚冰日至,方显其高洁的品节,他在《三友咏》中曰:

　　　　天下岁寒时,乔松贞晚节。

　　　　郁郁南涧滨,满身是冰雪。

　　　　天下岁寒时,幽篁植劲节。

　　　　万物尽凋零,此君乃傲雪。

---

① 《太白山雪月》其二,《槲叶集》,《槲叶集》卷四。
② 《十月见梅花》,《槲叶集》卷五。

> 天下岁寒时,梅花芳菲节。
> 草木正寂寥,玉骨偏宜雪①。

作为一个君子,李柏强调在时事艰难之时应该有乔松般的"晚节",应该有幽篁般的"劲节",应该有梅花般的"芳菲节"。士虽处艰难困苦的境地,高尚的情操应该弥坚,应该像山上的乔木一样挺拔不俗。李柏对气节的重视,正是明清之际士人对晚明的各种思潮进行反思和清初遗民思想进行凝炼的基础上所产生的。晚明士人士气的颓废,对物欲的过分追逐,使中国传统士人的气节受到了重创,尤其明王朝在席卷全国的农民起义和满清铁蹄双重打击下文臣武将所表现出的束手无策的情状和屈膝投降的行为更加剧了部分士人对传统气节观念的焦虑,他们一方面自身在艰难困苦之境中保持着个人的独立与尊严,另一方面他们又对传统文化中的具有高洁品德象征的梅、竹、菊、兰等意义符号,不断地进行吟咏,互相之间进行砥砺,尤其是在清初清王朝对士人威逼利诱更加深了士人的这种焦虑。他们之间互以志节相推崇,对自己群体中的气节之士表现出十分仰慕的心情。在李柏身上所体现出这一特质,对此后人赞不绝口,"先生抱不可一世之概,志洁行芳,皎然绝俗"②;"盖有主于中,不动于外,抱节死义,不忘沟壑也"③;"终其身,布衣蔬食,或有极人之不堪,而襟度洒然,略无怨天尤人之意介"④;"其志定者,其言简以重;其志俭者,其言质以实;其志刚者,其言果以断;其志直且廉者,其言易以扬厉"⑤。

三、对失节行为的忧惧

崇祯十七年,李自成农民起义军以摧枯拉朽之势攻占北京,明朝中央政府宣告覆灭。接着清军入关,定都北京。明遗民们的故国黍离之悲、家园丘墟之叹、旧友殉国之痛常常萦绕心怀,明清之际关于士人风节的苛论也出之于明遗民之口。在后来的清初诸史学家的文字中,不仕贰姓的风节之论史不绝册。在清代初年以来曾是士人精神支柱的民族主义感情,在时间无情地流逝和权力严厉地批判中,已基本上瓦解了,偏激的民族主义已失去了他的合

---

① 《三友咏》,《槲叶集》卷五。
② 吴怀清编著,陈俊民点校:《关中三李年谱》,第262页。
③ 《太白山人传》,《槲叶集》附刊。
④ 《太白山人雪木李先生墓碣》,《槲叶集》附刊。
⑤ 《太白山人〈槲叶集〉叙》,《槲叶集》卷首。

理性,但不仕两朝的节义"自唐虞以来未有盛于此者"。① 当然在政权更迭之时,也有许许多多的士人并非如遗民所希望的那样"不济,以死继之"②。这些事实也是让遗民们痛心疾首的,在他们的著述中对失节之事、失节之人进行无情的鞭挞,同时对守节之士不厌其烦地进行褒奖。

清初康熙亲政后,平定"三藩"之乱,所谓海晏河清的局面已经形成,社会基本稳定,于是决策以文理治国,加强文制,推行保举制度,招揽社会上有声望、有地位的名儒学者和社会贤达到各级政权中。康熙这一政策也是为了笼络汉族知识分子,以高官厚禄消除明朝遗民的反抗意识。其中不少遗民被中央大官和地方官列入被举荐的名单。坚持了三十多年遗民身份的人,又重新面临着"出"与"入"的选择,遗民队伍中发生了清朝入关以来的又一次分化,一部分不改初衷的遗民,坚辞举荐。顾炎武在《答李紫澜书》中说:"李中孚遂为上官逼迫,舁至近郊,至卧操白刃欲自裁。关中诸君,有以巨游故事言之当事,得以谢病放归。然后国家无杀之名,草泽有容身地,真所谓威武不屈。此《梓潼篇》之所由作欤。"③也有部分士人被康熙博学鸿儒所争取。朱彝尊是明朝万历时期户部尚书兼武英殿大学士朱国祚的曾孙,清兵入关后,他积极参加秘密抗清活动,后客游大江南北,成为著名文学家。在应试之前,他还赋诗要求"释此归飞鸟",意谓放他归乡。但被录取并列入一等,授予翰林院检讨之职。进入《明史》馆后,他以此为荣。此后又出典江南乡试,入值南书房,同样对康熙帝感激不尽,写了许多诗歌都是歌功颂德的"纪恩"之作。

遗民的这种"变节"行为,使李柏大失所望,他认为当世有些所谓的隐者其实走的是"终南捷径",他在《后题牵饮上流图》中讽刺曰:

尧若腊,舜若腒,后世隐者肥嵩车。尧鹿裘,禹恶服,后世隐者衣罗縠。尧柳茨,禹卑宫,后世隐者第如公④。

尧、舜作为人君,生活起居简朴,后世隐者"衣罗縠""第如公",这些人不是真正的隐者,而是一些沽名钓誉者。李柏终生不仕,坚定不移,他曾把隐志比作

---

① 邱维屏:《蔡公防河奏疏后序》,《邱邦士文钞》卷一,《易堂九子文钞》,道光丙申刊本。

② 黄宗羲著,沈善洪主编:《黄宗羲全集》第10册,杭州:浙江古籍出版社,1985年版,第557页。

③ 顾炎武著,华枕之点校:《答李紫澜书》,《顾亭林诗文集》,北京:中华书局,1983年版,第64页。

④ 《松窗琐言·有为》,《槲叶集》卷三。

钢铁:"时不可为则存铁心,养铁膝,蓄铁胆,坚铁骨,以铁老汉可也,慎无捷径于终南。"①在《后题牵饮上流图》中说:"士固有志,志在丘壑,无论生帝代,即生皇代亦隐也。"②

李柏对"失节"行为的忧惧,还体现在他对"以身殉难"妇女的褒奖上。在清初,不惟男性世界,对女性世界守节者也以各种方式进行激励。在北京陷落的时候以及随后的艰难岁月里,妇女常常易于做出为忠贞而自杀的榜样,妇女英勇献身的事例充满了社会的各个阶层,这也许是关键时期形形色色的行为中妇女提高自己在男人眼中的地位的方法。我们翻开清初士人著述,其中有关贞妇烈女的传记比比皆是,在这些传记中士人们对这些贞妇烈女都表达了他们崇高的敬意。李柏诗《卓烈妇》小序曰:"前指挥卓焕妻钱氏,乙酉扬州郡城陷,先一日投水死,从死者长幼七人,哀而赋之。"诗曰:

　　黑云压城城欲摧,北风吹折琼花飞。
　　扬州乙酉遭屠戮,卓氏贞魂至今哭。
　　将军已降丞相死,一家八口齐赴水。
　　池中土作殷红色,血渍波痕转逾碧。
　　曾闻精卫能填海,一勺之池想易改③。

这首诗已不是单纯的表彰烈妇的诗作,作者通过沉痛的笔触对在扬州屠城中的一个具有代表性的殉国女性的描写,寄托了作者的一种哀思,这些女性的殉国在遗民心中产生了一种情结,即对失节者的不屑、忧惧与对殉国者的敬意两种情感交织。

第三节　入世和遁世的两难处境

在明清易代之际,李柏像许多士人一样,在入世和遁世方面面临进退两难的选择,这种状况同士人在社会中所担负的社会职责及社会环境的现实状况直接相关联,也同儒家入世和遁世的哲学依据相关联。

---

① 《〈铁墨吟〉序》,《槲叶集》卷二。
② 《后题牵饮上流图》,《槲叶集》卷三。
③ 卓尔堪辑:《卓烈妇》,《遗民诗》卷一一,北京:中华书局,1960年版,第445页。

一、遁世的原则

"贤者辟世,其次辟地,其次辟色,其次辟言"①。乱世要避,无道之邦要避,统治者态度要避,恶意的攻击要避,而士人的使命在于"修身、齐家、治国、平天下",是要有所作为的,他们按传统来说应该是入世的,但是现实告诉他们,他们入世的机会实在是不多,有些士人强行而为之,最后只落个"邦无道,谷,耻也"②的下场,摆在士人面前入世和遁世的选择实在是太难了。入世和遁世的两难,实际上是士人在其政治理想和现实生活中的挣扎,是其在人生追求和仕途窘困间的无奈。身处易代之际的李柏,其入世和遁世自然面临着进退维谷的境地。李柏选择隐居之路,是基于"六则":

> 天下有道则见,天下无道则隐。邦有道,则仕,邦无道,则可卷怀之。用之则行,舍之则藏③。

这"六则"出自《论语》,是孔子思想,也是儒家的传统思想。李柏认为"六则"的大义是"因乎时者也"。他并且用历史上帝尧、许由、诸葛武侯来说明"因乎时"的重要性,他在《六则箴》中曰:

> 或曰:"尧治天下,而洗其耳。汉之季,天下大乱,出隆中而许人驰驱,其亦不知时矣乎?"曰:"否。有许由之志,则可,无许由之志,则不可也。有武侯之才,则可,无武侯之才,则不可也。为可为于不可为之时,则辱也。为不可为于可为之时,则固也。不辱不固是谓知时,故六则,因乎时者也。时者,无可无不可也。"④

李柏在这里说明"志""时""才"在入世和遁世所发挥的作用,只有具备怀志、识时、有才三个条件,士人才能在入世和遁世的两难处境中做出正确的选择。李柏提出,天下大乱也可以有为,有为的条件是"有许由之志","有武侯之才"。士人若有才,在乱世之时不拯救民于水火,则是固陋。《易》中也有这样的表达:

> 诎信相感而利生焉。尺蠖之诎,以求信也;龙蛇之蛰,以存身

---

① 朱熹撰:《论语集注·宪问》,《四书章句集注》,第158页。
② 朱熹撰:《论语集注·宪问》,《四书章句集注》,第148页。
③ 《六则箴》,《槲叶集》卷五。
④ 《六则箴》,《槲叶集》卷五。

也;精义入神,以致用也。利用安身,以崇德也①。
回缩和伸展交相感应而利益长生。尺蠖毛虫回缩身体是为了求得伸展;龙蛇冬眠潜伏,是为了保存自身。学者精研道义而潜心神理,是为了谋求施用;利于施用安处其身,是为了增崇美德。《周易》在此处有一个潜台词,即屈是为了更好地伸,遁世是为了更好地入世。当他们放弃了那种兼济天下,泽惠苍生的宏愿,他们面对自己价值的失落、经历着自己人生理想、生活目标的失落和重建的巨大转折,他们既使遁世,其内心由于事业失意而带来的苦楚时时使他们心里隐隐作痛,士人面对入世和遁世的两难抉择,他们有时只能遁世保身,加强个人的道德修养,他们佯装不顾世事,但时时眼观六路,耳听八方,对世事人情的了解远比一般常人深刻。张养浩对此大为感慨,他在一首套曲里写道:

> 功名事一笔都勾,千里归来,两鬓惊秋。我自无能,谁言有道,勇退中流。柴门外春风五柳,竹篱边野水孤舟。绿蚁新篘,瓦钵磁瓯,直共青山,醉倒方休。功名百尺竿头,自古及今,有几个干休?一个悬首城门,一个和衣东市,一个抱恨湘流。一个十大功亲戚不留,一个万言策贬窜忠州。一个无罪监收,一个自抹咽喉。仔细寻思,都不如一叶扁舟②。

张养浩感叹时不济之时忠臣义士怀抱济世之志而遭到不平的待遇,他们是在不可为而为之的情况只落个"悬首城门""抱恨湘流"的下场,他们虽遭贬谪,仍怀忠君报国之志,在国家、民族危难之时,挺身而出,从容赴国难,视死如归,"无求生以害仁,有杀身以成仁"③,充分体现了士人中优秀分子的高度社会责任感和英勇献身精神。

李柏在天崩地裂之时,其归隐山林与"不事王侯""不求仕进"的气节更加紧密地联结起来。在隐逸的问题上,李柏并非从明亡才萌发这念头并付诸行动,其实在他年轻时,就已绝意功名利禄,而萌发归隐之意。李柏在《驳王维与魏居士书》中引用严子陵的话说:"士故有志,去山林,去廊庙,因乎时

---

① 李道平撰,潘雨廷点校:《系辞下》,《周易集解纂疏》,北京:中华书局,1994年版,第637—640页。
② 张养浩著,王佩增笺:《双调·折桂令》,《云庄休居自适小乐府笺》,济南:齐鲁书社,1988年版,第89—90页。
③ 朱熹撰:《卫灵公》,《四书章句集注》,第163页。

也。时可利见,辞烟霞而依日月;时可潜隐,弃轩冕而友鹿豕。"①在李柏看来,隐居山林是士人隐遁的一种选择,真正的隐者绝不是以隐居作为追求高官厚禄的"终南捷径",他在《后题牵饮上流图》中说:"士固有志,志在丘壑,无论生帝代,即生皇代亦隐也。"②这其间有对命运的顺受,也有基于反思的主动选择。

二、学而优则仕与穷不失义之间的选择

由于特殊的历史背景,古代士人自形成时起,就没有独立的经济地位,他们只能作为统治阶级的依附而存在,如果不去依附统治阶级,他们不仅没有社会地位,甚至连生计都成问题,由于只有做官才能参与国家管理,所谓"不在其位,不谋其政"。周密《齐东野语》卷一六说,宋代进士及第回故里时,"旗者、鼓者、馈者、迓者,往来而观者,阗路骈陌如堵墙,既而闺门贺焉,宗族贺焉,姻者、友者、客者交贺焉",甚至连"仇者亦如耻羞愧而贺且谢焉"③。这样的社会氛围,使士人的使命感和参政意识大为加强。李柏也清醒地认识到这一点:"人不宦仕,啼饥号寒。"若不宦仕,"岂知空郊贫士,连根之野菜,时挑带叶之生柴莫斫也"④,士人虽然满腹经纶,但不经过宦仕这一途径,只能"文章虽好,难遮缦袍之寒;诗字总佳,不疗枵腹之饥"⑤。显赫的社会地位,丰厚的经济利益,还有数不清的好处,使士人对读书做官无比迷恋。为入仕,他们刻苦攻读,皓首穷经;为保住官位,他们争宠献媚,甚至互相倾轧,最终成为统治者的驯服工具和掌中玩物。他们中除了少数人成为"以天下为己任"的清官、改革家,大部分人成为利用手中的权力广聚财产,鱼肉人民的贪官污吏。用世的宏愿纵然不能实现,穷不失义,独善其身的高尚人格成为士人面对入世与遁世两难抉择时一种选择。有识之士要做的不是待时而行其道,而是在救世无望的情况下最后救助自己。庄子说:

> 由是观之,世丧道矣,道丧世矣。世与道交相丧也,道之人何由

---

① 《驳王维与魏居士书》,《槲叶集》卷一。
② 《后题牵饮上流图》,《槲叶集》卷三。
③ 周密撰,张茂鹏点校:《省状元同郡》,《齐东野语》卷一六,北京:中华书局,1983年版,第295页。
④ 《薪难》,《槲叶集》卷三。
⑤ 《与萧柳菴及苍二弟书》,《槲叶集》卷三。

兴乎世,世亦何由兴乎道哉!道无以兴乎世,世无以兴乎道,虽圣人不在山林之中,其德隐矣。隐,故不自隐。古之所谓隐士者,非伏其身而弗现也,非闭其言而不出也,非藏其知而不发也,时命大谬也。当时命而大行乎天下,则反一无迹。不当时命而大穷乎天下,则深根宁极而待;此存身之道也①。

很明显在入世和遁世这两难中,庄子是毫不犹豫地选择了后者,他甚至响亮地讴歌:"天下有道,与物皆昌;天下无道,则修德就闲。千岁厌世,去而上仙,采彼白云,至于帝乡。"②在解决入世与遁世这一棘手的问题上,李柏在其长短句《杂咏》中有这样一段独白:

人之宜仕,可以赡亲戚而辉闾里,况乎妻子。人不宜仕,啼饥号寒,先自妻子,而况亲戚与闾里!故爱我者劝之隐,而利我者劝之仕。非不仕也,吾见马骑人,吾见虎入市,恶乎仕!③

宦仕的物质名利的诱惑,致使多少人放弃了对自由生活的享受,个人的荣耀,妻子的物质享用是建立在个人失去自由的基础上,对此李柏是不能接受的,他不愿面对"马骑人""虎入市"的生活现实,对这种名利场他只能远遁。他在《答焦卧云亢龙说》中写道:

来书《乾卦》亢龙之论以周公、霍光为证,诚为确见。光不学,知进而不知退,亢也,故有悔。周公善用龙德,不至于亢,故无悔,此不易之谈。然愚推广言之,龙,随时变化,神物也。《易》道,随时变化者也,圣人亦随时变化者也。故曰"孔子圣之时,亢字亦随时而用之也者。……学者贵乎知时,知时则知龙德矣,则知《易》也"④。

这里所谓龙德,就是"因时变化",周公是知进知退具有龙德之人,霍光只知进而不知退,最后只落个身首相异。只有知龙德之隐,才能明哲保身。但身处名利场中能认清形势者又何其寥寥也。李柏在其《用权》中说道:

盖圣人用权,可以济世。常人用权,可以济身。……惟仁者为能守经,惟智者为能用权。何也?仁者乐山,山主静,静与经合。智

---

① 郭庆藩撰,王孝鱼点校:《缮性》,《庄子集释》,第554—555页。
② 郭庆藩撰,王孝鱼点校:《天地》,《庄子集释》,第421页。
③ 《杂咏》,《槲叶集》卷五。
④ 《答焦卧云亢龙说》,《槲叶集》卷二。

者乐水,水主动,动与权应。仁知有相成之术,经权有互用之时①。作为道德主体的人,只有以"仁"为准则,以"知"为规范才能做到修、齐、治、平,否则就会成为"上欺其君,下虐其民"的贪官污吏,而"疆场之小盗易灭,廊庙之大盗难除"②,这些人对社会的危害更大。就李柏而言,宦仕虽可以"赡亲戚而辉闾里,况妻子乎",但他在仕与道德修养二者之间他选择了后者,"岂知事虽介于两难,理必有其至当,当断不断,反受其乱"③。他不愿由于宦仕带来的好处而丧失自己的道德立场,他认为"夫人立身特患德不足以合天地","德合天地,知己即天地也。故天下有万世不知己之人,必无一时不知己之天地"④。人格理想在现实中无法实现,为了保持自己朴实无华的现实人格,选择山林成为唯一的选择。士人应该"知进退存亡而不失其正",在退而求其次的隐遁中,"劝天下人,人肯学人,人皆勤学以求入于圣贤之域"⑤,在学中掌握修、齐、治、平的本领,推行礼教以化民。

李柏作为一个传统的儒家知识分子并非绝意于世事,其入世与遁世的心理矛盾还表现在他对屈原与陶渊明的推崇上。《槲叶集》中李柏对屈原的缅怀之作有五言古《吊三闾大夫》《己巳五日哭屈子》《甲子端阳哭屈子》《五日哭屈子》,七言律《洋州五日哭屈子》,在《南游草》中有《祭屈贾两先生文》,七言绝有《谒屈三闾贾大傅祠》等。他在《祭屈贾两先生文》中写道:

> 两先生不得志于楚、汉,天下后世亦谓不得志于楚、汉。柏谓两先生虽不得志于楚、汉,而道显于天下后世。《离骚》《治安策》愚日月矣,流天壤矣。读《骚》与《策》,两先生之心白,心白则道显,虽不得志于一时,而得志于万世也。⑥

屈原和贾谊两人有着相同的政治遭遇,两人都充满了一种强烈的功业意识和英雄意识。贾谊的一生虽然短暂,只活了三十三岁,但他的人生道路是曲折的。他在仕途顺利之时,指点江山,激扬文字,在思想上勇于革新,锐意进取。然而,少年得志,急于求成,忽视了朝中如绛、灌之类元老大臣的力量的存在,

---

① 《用权》,《槲叶集》卷一。
② 《过函谷关论》,《南游草》卷一。
③ 《杀蜘蛛说》,《槲叶集》卷二。
④ 《虞仲翔知己说》,《槲叶集》卷二。
⑤ 《勤学通录叙》,《槲叶集》卷二。
⑥ 《祭屈贾两先生文》,《南游草》卷一。

导致了贾谊政治悲剧的不可避免。二人在功业上虽没有达到自己的预期目标,但其行为和儒家的立德、立言、立功原则是相一致的,其言《离骚》《治安策》名垂千古,其"心白"而"道显""虽不得志于一时,而得志于万世也"。这里其实也表明了李柏对事功的一种渴望,但他又迫于时事之艰,无法施展自己的抱负。他虽知龙德之隐,但对于屈原、贾谊的这种于时艰之时毫不退缩的进取精神还是大加赞赏,在明清社会动荡之际,他虽在外表上看似绝意于世事,但他内心不平静,时时有一种入世的冲动,但历史的经验教训又使他不能越雷池一步,只能对历史人物抒发自己彷徨不定的情怀:

> 李柏五日哭屈子,年年滴泪吊以诗。
> 今日南至长沙地,高声呼君君不知。
> 呼君劝君君勿怨,吴国大江流鸱夷。
> 越国范蠡不走越,应与先生共水湄。
> 万载汨罗江水寒,令我至今怨上官①。

诗中借范蠡去越的故事说明统治者在功成事就之后往往对功高盖主之人会施以手段铲除他们,以免在日后威胁到自己,他借此安慰屈原不要产生哀怨之情,但到最后他又"怨上官",他在此借屈原的不幸遭遇,抒发自己心中之悲愤,表面上是在安慰屈原,实际上是在为自我没有参与事功诉说自己心中的抑郁苦闷。但他毕竟不是屈原,就其人格结构而论,他缺少屈原那种"亦余心之所善兮,虽九死其犹未悔"②的坚定不移的处世态度。《楚辞·渔父》借渔父之口以劝屈原云:"渔父曰:'圣人不凝滞于物,而能与世推移。世人皆浊,何不淈其泥而扬其波?众人皆醉,何不餔其糟而歠其醨?何故深思高举,自令放为?'屈原的回答是:"吾闻之,新沐者必弹冠,新浴者必振衣,安能以身之察察,受物之汶汶者乎!宁赴湘流,葬于江鱼之腹中。安能以皓皓之白,而蒙世俗之尘埃乎?"③《渔父》是一篇楚人悼念屈原的作品,它表现了楚人对屈原沉江这一深刻历史悲剧的理解,同时也包括了楚人对屈原人格精神的真正理解。

李柏对时事没有像屈原那样执着,而是选择了远遁,他在《己巳五日哭屈

---

① 《长沙吊屈子》,《南游草》第一卷。
② 洪兴祖撰,白化文等点校:《离骚》,《楚辞补注》,北京:中华书局,1983年版,第14页。
③ 洪兴祖撰,白化文等点校:《渔父》,《楚辞补注》,第180页。

子》中写道：

> 我恨屈三闾，何以生楚国。
> 先生既生楚，墨守乃可则。
> 枳棘克四郊，明哲宜默默。
> 辞赋身之灾，忠义反贻贼。
> 吾为先生计，丹山潜凤色。
> 九州历相君，焉性不黜直。
> 毒哉上官氏，蓄意那可测。
> 谗言倾国士，令我泪沾臆。
> 遥拜汨罗江，秦山隔异域。
> 手劒断佞人，事往不可得。
> 徒挹砚海水，泣洒雪山黑①。

李柏在这里完全表现出一种不同于屈原的"宁赴湘流，葬于江鱼之腹"矢志不渝、九死不悔的意志力量，而为屈原设计了"丹山潜凤色"的隐遁之路，这种逃避和无可奈何之举说明他虽终身都不失儒家的积极进取的精神，但他毕竟在"世事不可为"之时没有选择屈原的刚烈做法，佛家思想倒给他几分安慰，"吾欲挹彼空中露，洗我莲花心，不使染于泥，以待天地大父母收拾去，则我之吉梦大觉，长享快乐，永绝疑惧"②，这种遁世的思想部分地消解了他在入世与遁世之间选择所带来的痛苦，但无法让李柏从根本上得到解脱，他"素志有在，终身未能自遂其本怀。而如其蹈履任真，一意孤行，呜呼，即传记所载者皦然不欺其志之高人逸士，亦奚以过"③。

李柏特别推崇陶渊明的人品，他自述说："余少慕渊明之为人，故于斋前手种五柳而题之以诗焉。"他曾有诗云："柳屋果然如斗大，五柳柴门第一家。"④陶渊明的一生，充满着入世与遁世的矛盾，他那独特的理性，就是解决这一矛盾的产物。陶渊明出仕固然有实现"猛志逸四海，骞翮思远翥"⑤的志

---

① 《己巳五日哭屈子》，《槲叶集》卷四。
② 《游凤郡东湖序》，《槲叶集》卷二。
③ 《太白山人雪木李先生墓碣》，《槲叶集》附刊。
④ 《杀蜘蛛说》，《槲叶集》卷二。
⑤ 陶渊明著，逯钦立校注：《杂诗十二诗》其五，《陶渊明集》，北京：中华书局，1979年版，第117页。

向,但在相当程度上也是为了生计,萧统《陶渊明传》载:"(陶渊明)后为镇军,建威参军,谓亲朋曰:'聊欲弦歌,以为三径之资,可乎?'执事者闻之,以为彭泽令。"①《归去来兮辞》序说:"余家贫,耕植不足以自给,幼稚盈室,瓶无储粟,生生所资,未见其术。亲故多劝余为长吏,脱然有怀,求之靡途,会有四方之事,诸侯以惠爱为德,家叔以余贫苦,遂见用于小邑。"②在这一点上李柏和陶渊明所走之路截然不同,李柏虽知"人之宦仕,可以赡亲戚而辉闾里,况妻子乎",但他还是抵御住了诱惑,毅然绝意于仕途,而归隐于山林,但这丝毫没有影响李柏对陶渊明的崇敬之情。陶渊明曾不束带见督邮,归隐田园,曾叩门乞食。王维对此评价曰:"曾一惭不忍而终后惭乎!"李柏对此怒不可遏,他驳曰:

> 王维,坏名教者也。……是教天下后世士大夫尽丧廉耻,昧出处如冯道之行,始为通儒。从其道,则魏之华歆、荀彧悉为通权达变之士,而汉之德公、幼安尽为执拗木强之人矣,恶乎可,恶乎可!③

从这里可以看出李柏一方面对陶渊明不畏权贵,不为五斗米折腰的气节大为赞叹,但对陶渊明为生计出仕,保持沉默,这一点其实是李柏内心世界入世与遁世矛盾心理的直接反映,在他看来陶渊明出仕尽管是为了生计,但其行为是符合儒家修、齐、治、平的原则,他在同篇中也为陶渊明辩道:"孔子曰:'天下有道则见,无道则隐。'《易》曰:'高尚其事,不事王侯。'《诗》曰:'一衡门之下可以栖迟。'"④在他看来,陶渊明辞官归隐是对"天下无道"的无声反抗,不为五斗米折腰是士人气节的表现,而王维所言,恰恰是对这两个原则的背离,李柏内心在"仕""隐"方面想必经过长期的矛盾挣扎,但他能认清现实,知道施展抱负无望,只能守住读书人的品格,保有心灵自由。他转向寄情山水,"士故有志,去山林,去廊庙,因乎时也,时可利见,辞烟霞而依日月;时可潜隐,弃轩冕而友鹿豕"⑤,这是环境使然,并非是李柏消极避世,这正是"穷则独善其身,达则兼济天下"的儒家风范。

---

① 萧统著,俞绍初校注:《陶渊明传》,《昭明太子集校注》,郑州:中州古籍出版社,2001年版,第120页。
② 陶渊明著,逯钦立校注:《归去来兮辞》,《陶渊明集》,第159页。
③ 《驳王维与魏居士》,《槲叶集》卷一。
④ 《驳王维与魏居士》,《槲叶集》卷一。
⑤ 《驳王维与魏居士》,《槲叶集》卷一。

三、与官员的交往

李柏作为明代遗民,其入世和遁世的矛盾还表现在他和清初官吏交往方面。李柏一方面眷念故国,不与清朝合作,但另一方面,他和部分清朝官员保持着一定的联系。后人对李柏的征车不就的评价甚多,如刘绍颁所撰《九畹文集·关中人文传》中说:"名公卿多招之出,柏度不获行己志,卒辞谢。"①《余子厚批答请刊〈槲叶集〉文》中说:"亮节清风,征车不就。"②李柏在与地方官吏的书信中也表达了这一思想:"明府狠自灭驺,光贲丘园,山泽之癯,过沐降礼,敢不千拜登偃室。但念生平性近麋鹿,迹远州郡,更以田间野服,不宜践履公庭,欲着冠,则又身是农人,再四踌躇,不敢径造,恃明府覆高厚之量,或不以往来曲礼,切切与迂拙老伧较也。"③"本拟登龙,但樵采之足不宜城市,辱蒙厚贶,义当饱德,而远山期迫,不违下咽,高明如先生原其心也"④。李柏还曾婉拒洋县邑侯邹溶修志之邀。康熙三十一年,由于郿县天旱,庄稼绝收,李柏被迫南迁辟地,次年二月"渡汉入南山,觅耕牟氏沙河山田,四月入山课耕"⑤。这时李柏生活非常贫困,邑侯邹溶请李柏修《洋县志》,李柏两次与书邹溶,婉言谢绝邹溶好意,他在《辞修志与洋县邹大夫》中说道:

> 太白山癯,辟地汉南,幸以蒲柳叨荫松桂。昨蒙瑶章下颁,欲纂修邑志,滥竽及柏。夫《周官》小史掌邦国之志。邑志,史类也,必也胸罗百代,识兼三长,然后可耳。柏也,何人也,而敢膺斯役也⑥。

邹溶并没有由于李柏的婉拒而停止对李柏的邀请,这样使得李柏不得不再次婉拒邹溶的好意,他并且用顾炎武拒绝康熙皇帝的征召为例以明志,在《再辞修志书》中李柏写道:

> 柏虽至愚,岂敢唐突。前闻本朝欲开史局,庙廊之上将荐昆山顾宁人先生为总裁,宁人以书辞曰:"七十老翁,于世无求,所欠惟

---

① 吴怀清编者,陈俊民点校:《九畹文集·关中人文传》,《关中三李年谱》,第 251 页。
② 吴怀清编著,陈俊民点校:《余子厚批答请刊〈槲叶集〉文》,《关中三李年谱》,第 265 页。
③ 《寄佟明府》,《槲叶集》卷三。
④ 《辞富平邑侯郭公》,《槲叶集》卷三。
⑤ 吴怀清编著,陈俊民点校:《雪木先生年谱》,《关中三李年谱》,第 237 页。
⑥ 《辞修志与洋县邹大夫》,《槲叶集》卷三。

死,如不得已,使不令之子,追随老母于地下,此亦人生不可多得之遇合也。"宁人,南国大儒,天下学海,尚不敢谬膺大典,柏之固陋,何敢比拟①。

从李柏给邹溶书信语言来看,邹溶邀请李柏修史的诚意十分真挚,但李柏基于其持守的"政治操守"底线和精神力量,基于民族大义的"夷夏之防",源于怀旧情感的"故国之思",以及出于人格道义的气节操守,他一再婉拒邹溶的好意,并以顾炎武拒修《明史》为例委婉表达其心志。当然李柏在此拒绝的形式较顾炎武委婉,邹溶虽是清朝委任的官员,但李柏对邹溶个人怀有好感,对其感谢之情溢于言表。

鄂善②、佛尼埒③二人是和李柏交往的满人大员,另外还有汉人大员张仲贞和李穆庵,此二人前者最高官阶任广东肇庆知府,后者任耀州刺史。同李柏感情最笃者为茹仪凤,在《槲叶集》中李柏有许多和茹仪凤唱和的诗作和书信。从李柏和清朝官员的交往我们可以看出,李柏作为有明一代遗民并不自处于"现实政治"之外,其行为及其道德自信,依据于明彻的理性,儒家"民胞物与"的关学传统与学者式的究极根本,对于造成"遗民境界"的作用在李柏那里尤其得到体现,他对那些有为的清朝官吏不惜笔墨地给予赞扬:

> 冯大将军,其慕古贤将之风而兴起者乎。大将军前功不具论,姑论其驻节宝鸡者。国家以秦州平凉之后,即毕念宝鸡为三秦重地,南对云栈,西接秦陇,北延扶岐,东连斜峪、黑水诸峪,峪中敌人盘踞,视云栈为进退。云栈撼则三秦为之动摇,于是特简大将军帅师镇之,凡秦陇以东、黑水以西,绿旗诸将咸受节制大将军。既至宝鸡,爰下令于军中曰:"民以养兵,兵以卫民,卫民而反害民,非兵也。自今以往,敢有夺民资物,踩民田苗者按军法"……百姓望见旌旗以为他将军,欲避去。及闻是大将军,咸相庆曰:"我将军来何惊避。"为争持壶浆迎拜马首。大将军以温言劝令安业,百姓稽首讴歌而

---

① 《再辞修志书》,《槲叶集》卷三。
② 见《槲叶集·和李子德寄鄂抚军安南诗》七律一首。《清史稿》载:"鄂善,纳喇氏,满洲镶黄旗人。初自侍卫授秘书院学士,迁副都御史。康熙九年(1670年),授陕西巡抚。十一年(1672年),擢山西陕西总督,寻改总督陕西。"
③ 见《槲叶集·赠冯大将军》。《清史稿》载:"(康熙)十四年(1675年),擢西安将军,加振武将军衔。""乾隆初,追封谥恭靖。"

去。白山李柏潜身草茅，万事忘怀，所不忘者，忧民之心耳。冯大将军推仁信之心以及之也。柏闻之，加手于额曰："秦中多名将，率以知勇宣威边疆，求其仁信抚民而严明驭兵者，其为汉定远、唐汾阳、宋韩范诸人而已，今冯大将军躬行仁信，其空谷足音，绝无而仅有者乎。"①

李柏在《凿山开渠赠梅明府品章》《为梅侯种柳叙》等文中表达了同样的思想。如果将李柏此类的表述置于时人文字间，可知其在当时的语境中，这些文字也无非标识着"遗民"与"清"这一政治实体，与"清世"这一"现实"的演化过程。

和朝廷官吏来往的"遗民"也同样接受"官吏"的馈赠，当然这种馈赠绝大多数是在私人感情甚笃的情况下进行，它不具备官方意味。魏裔介《夏峰先生本传》记孙奇逢"因田庐充采地，移家于卫。……水部郎马光裕赠夏峰田庐，辟兼山堂，读《易》其中，率子若孙躬耕自给，门人日进"②。骆锺麟对李二曲更优礼备至，曾"为之捐俸构屋，俾蔽风雨；时继粟肉，以资侍养"③。其时富平令郭云中、督学许孙荃等对二曲均有资助，以至"廪人继粟，庖人继肉，相望于路"④。由于私交，这种馈赠不夹杂任何的政治动机和其他方面功利。骆锺麟和郭云中去世时受到了李二曲的"回报"，二曲均为二人为位以祭，服緦三月。这是遗民和官吏交往情谊的真诚表露。

李柏同二曲一样，作为关中名儒，生计维艰，他也时常受到官吏的接济，他在避旱侨居洋川时，虽婉拒邑侯邹溶盛情之邀去修志，但他接受靖逆侯张勇之弟张幼南的济助，张幼南曾任广东知府，此时张幼南自福建提督府归。李柏在《与张大将军幼南》中致谢这位将军对他的资助，他说：

> 秦中大旱四五年，赤地数千里，恐不免沟壑。携家入汉，侨居洋川。以六十三岁之山癯，为一千余里之孤客，其伶仃艰苦，甚于古之风雪闭户者。自令叔先生南归，一见如平生故旧，凡事所需皆先意绸缪。皋伯通之于梁鸿，孙宾硕之于赵岐，刘荆州之于仲宣，严郑公

---

① 《赠冯大将军叙》，《槲叶集》卷二。
② 孙奇逢著，朱茂汉点校：《夏峰先生本传》，《夏峰先生集》，第5页。
③ 李颙著，陈俊民点校：《历年纪略》，《二曲集》，第563页。
④ 李颙著，陈俊民点校：《历年纪略》，《二曲集》，第584页。

之于子美,古有其四,今见其一矣①。

这里李柏的行为看似有点矛盾,在其"伶仃艰苦"之时,邹溶邀请修《邑志》完全可以缓解当时的困顿状况,但李柏婉拒邹溶的好意,而他接受了张幼南将军的资助。这一方面说明李柏在家、国之间是有自己的选择标准,同时也同张幼南之间的深交有关。

茹仪凤是和李柏交往最为密切的官员,在生活困顿之时,他数次接济李柏,李柏在《谢茹侯馈麦》中写道:

> 近来乡村四月,小麦青青,大麦未黄,正值山穷水尽之际,忽承老明府命五丁力士,挟山超海,突起一峰,不觉云蒸霞蔚,气象万千矣②。

由谢正光、范金民所辑《明遗民录汇辑》中还有更为详细的记录:

> 宋澄溪以商南令调任省城,闻雪木名,礼致之,不可得。因捐二百金,买田一区,屋数楹于社曲,迎而居之。乃以书复宋,其略曰:"买精舍,林壑环庐,有闲致;郊坰散步,有旷致;老圃老农,衣冠古穆,有静致;鸥鹭飞于水田,麋鹿游于苔径,有幽致。昔司马温公富郑公与康节营安乐窝,乃在洛阳繁华之地,岂是方比"云云。雪木孤介绝俗,非澄溪诚于礼贤,未易改也③。

李柏接受清朝官员的馈赠,同陶渊明一样不为五斗米折腰,他在接受馈赠的时候没有牺牲丝毫的个人尊严,也没有以任何的政治交易为代价。他和官吏的交往是就人不就事,这也是当时遗民和官吏交往时普遍的一种文化心态。和清朝官吏交往的这一事实说明了李柏虽不仕清,但未以与清廷官吏往还为忤为耻,表明了他在政治伦理与社会伦理上的两种清晰的观点,这也是李柏在面对时局是否出世所做出的一个符合儒家传统的抉择,这不会影响作为一个遗民的坚贞形象,他仍像顾炎武、黄宗羲和李二曲一样,其大道不亏,受到后人的敬仰。

---

① 《与张大将军幼南》,《槲叶集》卷三。
② 《谢茹侯馈麦》,《槲叶集》卷三。
③ 谢正光、范金民:《明遗民录汇辑》,南京:南京大学出版社,1995年版,第250—251页。

第四章 基于明清易代的历史意识

对整体历史的构想在儒家传统中并不是一个重要问题,但这并不是说儒家从不留意于整体的历史观念,孔子主张复古就已隐含着对整体历史变迁的领悟,孟子的"五百年必有王者兴"之说,给身处乱世的人们以形而上的慰藉。李柏作为一个儒者,在他的身上体现出一种强烈的历史意识。

第一节 对人类历史发展问题的探讨

中国古代士人在历史发展方向及社会发展动力等方面提出了许多理论,甚至在一个人身上会出现前后相互矛盾的思想。这种情况主要是由于士人处在激变的社会背景下,自身对历史发展判断力的不确定造成的。中国古代关于人类历史发展的观点主要有循环史观、天道史观、帝王史观、礼治史观等内容。这些史观在李柏的史学思想中都有明显的表述。

一、"治、乱"相循的发展史观

李柏基于自己对历史进程的考察,提出历史进程是一个"治""乱"相继的循环过程,他说:

>是木也,亦有春秋焉。五百年为春,五百年为秋。尧、舜、汤、武逢春之盛而有其土,故即其土而种之;伊、尹、周、召逢春之盛而有其主,故佐其主而种之;仲尼、子舆逢秋之衰,既无其土,又无其主,不得不借万世之土而种之①。

李柏关于历史进程的治乱循环论,应该说是具有辩证法思想,他看到了事物具有盛衰相依与转化的特点,而且肯定这种转化是一种必然的趋势。这就要求人们既要有一种见盛观衰的历史意识,又要懂得及时废易制度的道理:

>天下有佳木焉,亥于太极,芽于阴阳,湛以甘露,涵以天和者,木

---

① 《为梅侯种柳叙》,《槲叶集》卷二。

之元气也。仁以为根,义以为干,礼以为节,信以为心者,木之天性也①。

故李柏在论及"王者兴"时以五行中的木为开端,认为"天下佳木""亥于太极,芽于阴阳、湛以甘露",同时他把"仁""义""礼""信"与木的"根""干""节""心"对应起来,李柏以木为喻,同儒家所认为五行中"木"具有生发、发达的特性相关,孔子对此也有论述。《孔子家语》曰:

> 季康子问于孔子曰:"旧闻五帝之名而不知其实,请问何谓?"孔子曰:"昔丘也闻诸老聃,天有五行:木、金、水、火、土,分时化育以成万物,其神谓之帝。古之王者易代改号,取法五行更王,死配五行。是以太皡配木,炎帝配火,少皡配金,颛顼配水,黄帝配土。"康子曰:"太皡氏其始之木,何也?"孔子曰:"五行用事,先起于木,木,东方也,万物之初皆出焉。是故王者作而首以木德王天下,则以所生之徒刑转承也。"②

李柏的这种治乱相循的历史观,对于后人有思想启迪作用。然而,李柏的这种历史循环论只是抓住了事物变化的现象,而没有揭示出事物变异的本质,没有看到历史是在"一治一乱"中向前发展的,这是其历史观的局限性,这一局限性同李柏对其所处时代的认知直接相关。

一方面,作为易代之际的遗民,李柏对历史发展进程的悲患意识非常强烈,如同处于乱世中的其他部分士人一样,他不可能意气奋发,他虽曾有过对"家事国事天下事,事事关心"的责任感,但经历过种种磨难之后,心灵中的那种悲剧感总是抹不掉的底色,他们心中时有一种日月无常的感慨,心中始终是那种"悲凉之雾,遍被华林"③的阴郁氛围,始终面对的是绝对专制体制下个人功业和民族前途的悲情与忧患。这种悲患之情在改朝换代的动荡岁月里尤其撼人心弦,也经常借着家国的兴亡而被反复咏叹:

> 为问前朝事,石人不点头。
>
> 兴亡千古恨,江水自悠悠④。

---

① 《为梅侯种柳叙》,《槲叶集》卷二。
② 《五帝》,《孔子家语》卷六,四部备要本。
③ 鲁迅:《中国小说史略》,《鲁迅全集》第九卷,北京:人民文学出版社,1981年版,第231页。
④ 《曲江》,《槲叶集》卷五。

另一方面,李柏所处的时代,正是一个社会激烈变革之后而加以整合的时代。被正统社会视作异端的晚明"启蒙思潮"已临近尾声,一个大一统的"康乾盛世"即将到来。处身在这样一个时代的环境中,在李柏身上,既沾染着晚明士人自由放任的思想气质,同时也不乏"天崩地裂"后遗民处境的尴尬与困惑,他只能发出"人间兴废事,万古只如斯"①的哀叹。他在封建伦理上固然要尊崇明朝,然而对当时腐朽的明王朝统治者的无能又深为不满,在这种情况下,他一方面期望通过王朝的"兴衰更替",让作为少数民族的政权——大清王朝尽快终结,另一方面他又期望统治者能祖述尧舜:

> 尧舜行天之仁,汤武用天之武,孔孟法天之道,皆因时奉天而已,已何与焉?以万古为一时,以万国为一家,以万物为一体,以万圣为一心②。

李柏对故国的麦黍之悲并未随时间的流逝而消逝,而把对故国思念之情永远地雕刻在心中,这种悲愤之情也似东流的江水。对于秦始皇所期江山永固的妄想,李柏也进行了辛辣的讽刺:

> 皇帝空期万世长,蜀山木尽建阿房。
> 三千男女浮沧海,百二河山聚虎狼。
> 金铁锋销鹿上殿,诗出火冷狐称王。
> 子婴轵道为禽仆,争似关东六国亡③。

统治者穷奢极欲和荒淫无耻是导致国破家亡的重要原因,统治者的暴政导致国穷民敝,自身最终也只落个"黔驴技穷"的下场,成为人民耻笑的对象。当然,李柏对"陵夷之变"的感慨是建立在理性的基础之上,他也清醒地认识到历史的潮流是无法阻挡的,当他读到李白的"功名富贵若长在,汉水亦应西北流"的诗句时感叹道:

> 富贵如王侯至矣。禹会诸侯于涂山,执玉帛者万国,至周初则千八百国,万国安在耶?至春秋见于正朔编年二十三国,八百国安在耶?至战国七氏称雄,二十三国安在耶?秦人并天下为一国,七国安在耶?故曰富贵无常④。

---

① 《江上》,《南游草》卷一。
② 《语录》,《槲叶集》卷三。
③ 《咸阳·其二》,《槲叶集》卷五。
④ 《贫贱》,《槲叶集》卷三。

在李柏看来,历史在治乱相循中前进,这一治一乱绝不是一种简单的重复,是存在着复杂的治乱离合的,从"万国"到"一国",这本身就是历史的进步,只是李柏没有再把它深入下去,他又回到"富贵无常""富贵如春华"的历史循环论的原点。

二、对"天"在历史发展进程中的作用探讨

李柏的"陵夷之变"的史观思想当然不只是去描述一种历史发展的现象或趋势,而是要探讨造成这种现象或趋势的内在原因。在李柏看来,在历史发展的过程起决定性作用的因素是"天",他在《语录》中说:

> 尧舜行天之仁,汤武用天之武,孔孟法天之道,皆因时奉天而已①。

在《过鸿门论》中说:

> 天人之际微矣哉。《传》曰:"王者不死",王者非不死,天之所予,故不死也。故天以汤武为王,桀纣不能杀;天以秦王为子,建成、元吉不能杀;天以点检为子,周主不能杀,既如楚汉鸿门之会,天实为之矣②。

在这里所谓的"天",不是指具有神圣秩序的本体界。李柏在这里所谓的"天之所予""奉天而已"的天,就是儒家所谓之"天"。李柏在肯定"天"的同时,同传统儒家一样,也承认人在历史发展中的作用。在李柏看来,既然客观的天命,非人力所能为,那么就应该把人的努力集中在人事上,这是人力所能做得到的。他重视民事、疏远鬼神,重视民生,而不重视人死后怎样,这就是儒家尽人事而听天命的安身立命之方,这种思想在先秦典籍中就已经非常丰富,如:《皋陶谟》中曰:"在知人,在安民""知人则哲,能官人"③,《汤誓》:"夏氏有罪,予畏上帝,不敢不正。"但如问:"夏罪其如台?"则为"率遏众力,率割夏邑。有众率怠弗协,曰:'时日曷丧,予及汝皆亡!'"④人的行动终归以人的理由,即通过尧舜之仁、汤武之武、孔孟之法来说明。历史不具目的,为未知

---

① 《语录》,《槲叶集》卷三。
② 《过鸿门论》,《槲叶集》卷一。
③ 皮锡瑞撰,盛冬铃、陈抗点校:《皋陶谟》,《今文尚书考证》,北京:中华书局,1989年版,第95页。
④ 皮锡瑞撰,盛冬铃、陈抗点校:《汤誓》,《今文尚书考证》,第199—200页。

者,人的理性努力仍是最终的标准。"天聪明,自我民聪明;天明畏,自我民明畏"①,皆自人意验之。《左传》里又有"天夺之鉴定"②之说,这其实属于为人的行动寻找理由。《周易》"天行健,君子以自强不息"③,或可代表此种历史观。李柏在总结项羽兵败时说:

> 天生羽,使先为沛公驱除耳。千载而下,论其背关弑心,则为罪魁;论其为汉驱除,则为功首。钜鹿之役,一战破秦,天下诸侯膝行辕门,不敢仰视,羽之勇可谓横四海,亘古今一人矣。然羽不惟有过人之勇,且有过人之量,其不烹太公,不染吕氏,大有君人之度,而鸿沟中分之约,汉即背之,所以徐笔洞有"有成败,无是非"之说。所以可惜者,羽之坑降新安,杀掠秦民,焚烧阿房,秦民皆怒。沛公不娶子女、玉帛,与父老约法三章,秦民皆喜,民之所喜,天必与之,民之所怒,天必亡之,楚亡汉兴虽系天意,亦关人心,故曰:"天人之际微矣哉"④。

李柏的这种儒家天道史观,虽提倡"天命",但显而易见人的作用在现实中起着不可忽视的作用,他说:

> 人为三才之一,故天非大而人非小,惟圣人为能法天,人能希圣,则凡人亦可法天也。法天之学不在语言文字。孔子曰:"天何言哉?"当深思而自得之⑤。

李柏主张在历史发展中发掘人的主观能动性,他认为圣凡都有能力法天,这在一定程度上承认了劳动人民在历史进程中的作用,具有积极意义。当然此类思想在中国先秦典籍中就已频频出现,李柏注重人的主观能动性,是对中国先秦诸类思想的继承。

三、"今不如昔"与"退让无为"的发展史观

内圣外王的道德修养论在先秦儒家修养论一直占据着主流地位,如《商君书·修权》曰:"故三王以义亲,五霸以法正诸侯,皆非私天下之利也,为天

---

① 皮锡瑞撰,盛冬铃、陈抗点校:《皋陶谟》,《今文尚书考证》,第102—103页。
② 洪亮吉撰,李解民点校:《春秋左传诂》,北京:中华书局,1987年版,第272页。
③ 李道平撰,潘雨廷点校:《乾》,《周易集解纂疏》,第38页。
④ 《过鸿门论》,《槲叶集》卷一。
⑤ 《语录》,《槲叶集》卷三。

下治天下。"①子夏和孔子也讨论这一问题。"子夏曰：'三王之德参于天地。敢问何如斯可谓参于天地矣？'孔子曰：'奉三无私以劳天下。'"②"五帝先道而后德，故德莫盛焉；三王先教而后杀，故事莫功焉；五伯先事而后兵，故兵莫强焉"③。荀子在《大略篇》中说："言治者予三王。三王既以定法度，制礼乐而传之，有不用而改自作，何以异于变易牙之和，更师旷之律？无三王之治，天下不待亡，国不待死。"④这就明确指出把能否效法和遵循三代的礼乐法度看成关系到国家生死存亡的大事。李柏认为自三代以下，政治清明状况每况愈下，今不如昔。他在和客人探讨宝物时，提出真正的宝物不是金钱利禄，而是人们的操守。他在《大宝篇》中与人谈论宝物时说：

（柏）曰："三代以前，帝王之贵有之，韦布之贱亦有之。三代以后，韦布有之，帝王时或亡之矣。"

（客）曰："有名与？"

（柏）曰："荡荡乎民无能名焉，无能名者，帝王之大宝也。"

（客）曰："有是大宝无以守之，盗斯夺之矣，河山设险以守其远，金城汤池以守其近，期门羽林以守其内，则无盗吾宝者。"

（柏）曰："恃其守宝，乃丧宝也。昔者圣帝明王之守宝也，尧以钦明安安；舜以恭己无为；禹以惜寸阴；汤以圣敬日跻；文以缉熙敬止；武以敬胜义。胜其操存，人人殊而归于主敬则一也。"

客默然久之，忽爽然谢曰："吾今而知帝王之道在守宝也，守宝之学在主敬。"⑤

李柏认为三代圣人都重视道德的价值，他们都追求一种内圣外王的理想人格，并在治国方略上实行王道德治，这种德治的核心是"主敬"。李柏追慕"三代之治"，反映了其"今不如昔"的倒退历史观。这是因为，三代这种政治思想的形成，既是政治思想的发展，也是政治思想的倒退。所谓发展是从"大一统"发展的必然性来讲的。孔子、荀子等在世时，奴隶社会正向封建社会转变，周王的势力越来越小，诸侯国的力量却越来越大。各诸侯国不听命周王，

---

① 高亨注译：《修权》，《商君书注译》，北京：中华书局，1974年版，第113页。
② 朱彬撰，饶钦农点校：《孔子闲居》，《礼记训纂》，第753页。
③ 高诱注，毕沅校，余翔标点：《先己》，《吕氏春秋》，第50页。
④ 王先谦撰，沈啸寰、王星贤点校：《大略篇》，《荀子集解》，第518页。
⑤ 《大宝篇》，《槲叶集》卷一。

诸侯国之间经常发生战争，孔子等对这种现实非常不满，他们的理想是建立一个统一的国家，他对三代的向往正是基于这一点。所谓倒退，是从政治必然民主化趋势来讲的。三代以后诸侯权力扩大，贵族甚至一些平民依靠战功或其他才能跻身国家管理，这不能不说是一种历史的进步，而传统儒家不断强化对三代的神往，是违背历史发展规律的，是一种消极的历史发展观。李柏所处时期的境况和春秋战国时期有相似之处，两个时期都处于一个大的社会转型期，各个方面的冲击，引起了部分士人对社会的不适。在他们内心深处，怀古的幽情、今不如昔的感慨油然而生。这种情况是中国历次社会转型或社会动荡期部分士人所表现出的一种共相。

李柏的史观中还有老庄退让和无为的思想。老子的社会史观主张"小国寡民，使有什伯之器而不用，使人重死而不远徙。虽有舟舆，无所乘之；虽有甲兵，无所陈之。使民复结绳而用之"，"邻国相望，鸡狗之声相闻，民至老死，不相往来"①。鲁迅在《摩罗诗力说》中说："老子书五千语，要在不撄人心；以不撄人心故，则必自致槁木之心，立无为之治；以无为之为化社会，而世既于太平。"②这是批评道家退化的历史观的。老子生当兵祸战乱之世，社会贫富分化急剧扩大，所谓"损不足以奉有余"的时代，他将人类社会发展的过程描述为"失道而后德，失德而后仁，失仁而后义，失义而后礼"③，在道、德、仁、义、礼五者之间，社会表现为一种人类文明走向堕落的过程。他肯定道治、德治历史阶段，而对以仁、义、礼为标志的社会形态持一种否定态度，他说："大道废，有仁义。智慧出，有大伪。六亲不和，有孝慈；国家昏乱，有忠臣。"④认为正是人类社会的纯朴敦厚状态的失败，才出现了智巧狡诈、六亲不和、国家昏乱等文明社会中的一切病态。面对周衰之际诸侯兼并，攻伐四起，目击兵祸，因此提出非战之论。老子认定："夫兵者，不祥之器，物或恶之，故有道者不处。君子居则贵左，用兵则贵右。兵者不祥之器，非君子之器，不得已而用之。"⑤因此他的史观完全是对当时政治与社会情况的一种无声的反抗，他的史观不受当时政治与社会的拘束，而产生的一种空想的、消极的思想。同老

---

① 朱谦之撰：《老子校释》八十章，第307—309页。
② 赵瑞蕻：《鲁迅〈摩罗诗力〉说》，天津：天津人民出版社，1982年版，第42页。
③ 朱谦之撰：《老子校释》三十八章，第152页。
④ 朱谦之撰：《老子校释》十八章，第72—73页。
⑤ 朱谦之撰：《老子校释》三十一章，第123—125页。

子同样,李柏面临乱世,在历史发展的问题上产生了悲观思想,他在《大言》中写道:

> 不愿闻黄帝有涿鹿之战;不愿见殷汤周武吊民而伐罪,但愿盘古不老三皇在,茹毛衣皮长不改。苍书宓卦都不用,于于睢睢亿万载①。

在《偶书》中表达了同样的思想:

> 汤武无事功,伊吕寡经济。
> 道德开天地,三皇与五帝②。

老子史观的复古论调是基于春秋末世战乱,深感当时的社会动荡与人民的苦难,认为这一切都是统治者有为的结果,他的"小国寡民"的社会理想其实就是对现实中的有为政治的反思与批判。生当明清之际的李柏之所以提出和老子大致相同的史观就是基于他也是处于一个社会大动荡时期。晚明王朝的政治危机空前加深,满洲人入主中原,人民受到残酷的盘剥,使得有良知的士人痛心疾首,他们目睹时艰,痛疚于心。"当屠杀圈占之后,人民稀少,物力衰耗,俗与时移,不见文字礼仪之教"③。李柏对自己的童年苦难也有记述:

> 忆得当年九岁孤,母如黄鹄子如雏。
> 儿闻母哭吞声泣,母惧儿啼强笑呼。
> 儿瘦还须待母哺,母饥尚思使儿睡。
> 此情一向杜鹃诉,啼破愁云血欲枯④。

由于贫富分化所导致的人民生活的困苦和统治者的骄奢淫逸,也是当时社会的一大毒瘤,由此而产生的社会危机在酝酿之中,只不过贪腐的统治者根本无心或无力去关注这些事,但对于时事有敏感洞察力的李柏来说对此尤为关注。他对现实中的种种政治弊端寄予了极大的关注,尤其对民生之疾苦非常重视,并因不满统治者对小民的盘剥而怒不可遏,"万国解瓦,廊庙之盗而送天下"⑤之语,即是其愤怒的呼声。"马食粟,犬食肉,农夫耕耘食苜蓿。马锦

---

① 《大言》,《槲叶集》卷五。
② 《偶书》,《槲叶集》卷五。
③ 顾炎武撰,华忱之点校:《营平二州事序》,《顾亭林诗文集》,第28页。
④ 《思不堪》,《槲叶集》卷五。
⑤ 《明末文儒赞》,《槲叶集》卷三。

鞯,奴锦裆,蚕妇织作无衣裳。"①《老人》写了一个八旬老人惨苦的生活：

> 道傍大哭人,老有八十岁。
> 头发成白雪,面皮浮垢黳。
> 衣裳甚蓝楼,齿牙亦毁敝。
> 相逢勿相惊,问其奚陨涕。
> 自言有两儿,大儿远赘婿。
> 小儿年四十,家贫无伉俪。
> 老妻赴黄沙,子耕为活计。
> 近年为欠租,囹圄久械系。
> 父子恩虽深,无力相救济。
> 昨闻无完肤,拼老欲代替。
> 行来数十里,人传杖下毙。
> 输纳无所出,不敢去收瘗。
> 老牛思舐犊,返哺阿谁继。
> 此若是何苦,吾亦愿速逝。
> 侬听老人言,为之数掩袂。
> 眼余千泪落,囊乏一钱惠。
> 谚云尝瓮酒,唯将一滴哜。
> 今日观此老,可知天下势②。

诗中老人一家的不幸遭遇,是当时千千万万普通民众遭遇的一个缩影。由于统治者贪婪无度的盘剥,致使百姓流离失所,妻亡子离。赋税无所出,百姓毙命于恶吏的杖下。诗人之心在此灼痛于人世间的黑暗,而这些都是明末政治黑暗和民生维艰的真实写照。

面对明清之际污浊的社会,李柏的历史观逐渐滑向对原始社会的美化,开始构筑自己"茹毛衣皮""苍书宓卦都不用"的理想社会。连年战乱所造成的满目疮痍,他希望回到"汤武无事功,伊吕寡经济"的非战、无贪欲的和平世界。在这里,李柏从社会历史与治国论的视角反观"三代之治",他对明清之际社会的抨击及其对"无为而治"道德社会的憧憬,以及他在治国方面提出的

---

① 《书所见》,《槲叶集》卷五。
② 《老人》,《槲叶集》卷四。

设想,无不浸润着道德之义,这是以一种历史悲观主义为自己思想的出发点:世道沦丧,颓波难挽,已无可救药,他只能在心灵构建属于自己的理想社会。

第二节 多元视角的历史人物评价

中国古代史家在如何评价历史人物方面有着丰富的积淀,其基本方法是知人论世,具体方法是因乎时、顺乎势。论定功过,则用略小存大的方法。涉及道德评价时,往往同历史评价并举加以对待,或以前者服从后者,力求实事求是地评价历史人物,这对于今天人们评价历史人物有所借鉴。另外,对历史人物的评价同研究者的立场、态度及系列的认知要素与价值取向有关,这些要素与价值取向是历史学家判断人物是非善恶和优劣高下的准绳或尺度。历史学家只能尽可能地接近历史,但不能完全"复制"客观的历史。同时,随着历史的变迁,人们评价历史人物的价值标准发生着或大或小的变化,而这种变化会导致对历史人物评价时出现两种截然不同的结果,历史人物似乎成了一个善变的人。例如:从史学典籍的传述方式来看,"春秋笔法"和"太史公笔法"都对历史人物给予褒贬的评价,都不同程度地遵循"言有序""言有物"的创作原则,但"春秋笔法"实质是儒家对春秋的解读之法,而"太史公笔法"则体现了司马迁作为史家的实录精神。

中国封建时代的史学家在评价历史人物时评价标准最重要的准绳是泛伦理化的纲常秩序、忠孝节义之类,这一特点在李柏身上有明显的体现。在评价历史人物时,气节是李柏考察的标准之一,但不是他的唯一标准。李柏所讲的气节是中国士人传统的气节观,即忠君,忠于孔孟之道,忠于封建的纲常伦理。忠臣不事二主、烈女不从二夫,便是气节。当然气节问题是一个比较复杂的问题,历史传承给我们的大多是封建社会的气节观,而这种气节观往往又和一种被认为是高尚的道德捆绑在一起。老子曰:"国家昏乱,有忠臣。"[①]仲尼曰:"天下有大戒二:其一,命也;其一,义也。子之爱亲,命也,不可解于心;臣之事君,义也,无适而非君也,无所逃于天地之间,是之谓大戒。"[②]在中国传统社会中,关于忠的标准十分复杂,但就对于国君的忠而言,

---

① 朱谦之撰:《老子校释》十八章,第73页。
② 郭庆藩撰,王孝鱼点校:《人世间》,《庄子集释》,第155页。

或许可分为两个派别:一派是绝对主义者,对忠做出宗教般的解释;另一派是相对主义者,对忠做出理性的和相对的解释。实际上两派似乎既没有完成过融合,也没有笼统地彼此排斥。明清易代之际忠、奸这一大是非再次成为士人们关注的焦点问题。李柏对历史上的忠臣贤士充满敬仰之情,对于苟节卑操者蔑视有加。

一、对"乱臣贼子"的贬斥

李柏对历史上的奸臣贼子大加鞭挞。《左传·隐公四年》载:"戊申,卫州吁弑其君完","九月,卫人杀州吁于濮。"①州吁在弑君篡位后不能获得卫国人的认同,其政权的合法性受人质疑。州吁的党羽石厚向其父石碏求计,石碏向石厚献计,让州吁向陈国求救,石碏又私下向陈桓公说石厚和州吁是乱臣贼子,请陈国帮助剪除。陈人知情后,抓捕州吁和石厚执至卫国,让卫国人自行处理,卫国左宰丑杀州吁于濮,石碏使其宰獳羊肩杀石厚于陈。对石碏大义灭亲的行为,李柏大加赞赏:

> 君子曰:"石碏纯臣也,恶州吁,而厚与焉。"大义灭亲,其是之谓乎?②

李柏把汉朝的刘向、刘歆父子同石碏、石厚父子进行比较。成帝舅父王凤专权,兄弟七人封侯。刘向作为汉朝的宗亲,知王凤有篡位之虞,数次上书陈述王氏独揽大权对汉王朝不利,刘向可谓忠臣,而刘向之子刘歆依附王氏,为虎作伥。李柏对刘向未能如石碏那样诛刘歆心怀不满,他认为:"歆附王氏有石厚党吁弑君之罪,向无大义灭亲之举,此所谓当断不断,舐犊养奸也。"③对刘歆未能得到应有的惩罚,李柏也耿耿于怀:"缢歆、鸩歆权在我也,孰得而挠之?"④甚至对孔门弟子在乱世之秋而称臣于季氏,李柏也提出批评:"孔门如冉求不足言矣,子路以刚果明决之才,尚称臣季氏。"⑤"春秋时,鲁国权奸莫过于季氏,勇如子路,艺如冉求,俱称圣门高弟,皆臣事季氏,惟颜、鲁、闵子,

---

① 洪亮吉撰,李解民点校:《春秋左传诂》,北京:中华书局,1987年版,第5页。
② 《刘向》,《槲叶集》卷一。
③ 《刘向》,《槲叶集》卷一。
④ 《刘向》,《槲叶集》卷一。
⑤ 《蜀前将军像赞》,《槲叶集》卷三。

则非季氏之所得臣也,故后世俱称大贤。"①子路的行为和儒家的道德伦理是相违背的。在李柏的眼里,冉有、子路的僭越行为和其他的乱臣贼子没有什么两样,他没有因二人是孔门弟子而放过对他们的负面的评价。

对历史上篡位的曹操、王莽及其党羽,李柏极尽痛挞之能事,蔑视有加。对陈寿在《三国志》中褒奖华歆之行为也进行了批评,而陈寿被不少史学家称为"良史",他在为华歆作传时写道:"议论持平,终不毁伤人。"这完全是一个谦谦君子的模样。又说华歆出任豫章太守时"为政清静不烦,吏民感而爱之"。当他受曹操征召将行,"宾客旧人送之者千余人,赠遗数百金"②,华歆推辞不过,就暗暗在礼品上做上记号,事后一一奉还。华歆官拜相国时,"歆素清贫,禄赐以振施亲戚故人,家无担石之储"③。但《三国志》中对曹操杀伏皇后时华歆作为第一个帮凶之事只字不提,这对视忠孝节义为第一等大事的李柏来说是绝不能容忍。华歆见风使舵,先是被孙策奉为上宾,后又投靠曹操征讨孙权,尤其是曹丕篡汉,华歆幽杀伏皇后、杀二皇子的暴行更让李柏怒不可遏,他在《不如狗尾》中对此事记之甚详:

按汉献帝伏皇后以曹操既杀董贵妃,由是怀惧,乃与父完书,言操贼逼迫状,令密图之。事泄,操大怒,使御史大夫郗虑持节策收皇后玺绶,以尚书令华歆为副。歆勒兵入汉皇后宫,收汉皇后。汉皇后闭户藏壁中,华歆坏户发壁,就牵汉皇后出,时汉献帝在外殿,引于坐,皇后被发徒跣行泣,过与汉天子诀,曰:"不能复相活耶。"汉天子曰:"我亦不知命在何时。"顾谓虑曰:"天下宁有是耶?"歆将汉皇后下暴室以幽死,所生二皇子皆鸩杀之,兄弟及宗族死者百余人。盖操之罪,罪在欺君,华歆之罪,罪在弑后。汉丞相孔明曰"汉贼不两立",贼者何?曹操也,歆为操用,亦贼也。陈寿《三国志》盛称歆才品德望,赏贼臣,寿可知也。《魏略》曰:"歆与北海邴原、管宁俱游学,时号三人为一龙,歆龙头、原龙腹、宁龙尾。"按宁遭逢汉室之乱,高蹈辽东,不仕浊世而称龙尾,原为曹臣而称龙腹。歆为汉人,辅曹欺汉天子,弑汉皇后,篡汉天下而称龙头,白山李柏读史至此评

---

① 《重修蜀前将军庙募缘疏》,《槲叶集》卷三。
② 陈寿著,裴松之注:《魏书·钟繇华歆王朗传》,《三国志》卷一三,北京:中华书局,1959年版,第401页。
③ 陈寿著,裴松之注:《魏书·钟繇华歆王朗传》,《三国志》卷一三,第403页。

  曰："以予观华歆,为人殆不如狗尾,况龙头哉!"①

李柏对曹操和华歆的评价同正史的评价是不一样,他对陈寿《三国志》和《魏略》的批评主要有二:其一是挟私曲笔;其二是尊魏为正统。李柏这一思想在中国历代的史家对陈寿的评价中都有体现,如赵翼在《廿二史札记校正》卷六《三国志·多回护》诸条有系统地指责陈寿对司马氏"回护过甚"②,并举出十余事作为例证,指责陈寿回护司马氏的第一个问题是《三国志》尊魏为正统。按司马氏本属魏臣而篡夺了曹魏政权而建立晋朝,其目的就是要承认魏为正统。陈寿以蜀国的降人而入仕于晋,自然不可能也不敢违背西晋统治者的正统观念,何况结束分裂而统一中国的是晋朝的统治者。陈寿《三国志》问世后,对其尊魏为正统本无异议,直至东晋偏安江左,君弱臣强,习凿齿疑心桓温将要篡位,才在其所著《汉晋春秋》中创议尊蜀汉为正统。到北宋司马光的《资治通鉴》还是尊魏为正统。后来宋室南渡,偏安江左,为了巩固这个动荡的政权,朱熹等一些卫道学的士大夫才再次倡议尊蜀汉为正统,其理念影响深远,多为后世士大夫接受,并以此来非议陈寿。尤其是理学盛行的明代,人们评判历史人物的善恶是非,往往都是取决于是否符合孔子的言论和正统的伦理道德。

二、对忠贞之士的褒奖

  李柏在对奸臣贼子痛斥之余,还对忠贞不贰的历史人物大加赞扬,对商之遗民巢父、许由的气节尤为敬重。

> 巢、许在唐虞之世亦两自了汉耳,在春秋高矣,在秦汉则愈高。孟子以后,伯夷为百世师,以闻其风者,视廉而懦立也。巢、许之风,亦自山高水长耳,故太史公《伯夷传》及于许由,而皇甫谧《高士传》托始巢、许,其旨微矣③。

巢父、许由的故事大都出自道家、儒家经典,儒家认为二者为傲骨清贞、不慕名利者,此二人与伯夷、叔齐并称,列为圣人,他们都是李柏称道的历史人物。屈原、诸葛亮、关羽、岳飞都是在《槲叶集》中屡屡出现的人物,李柏对这些人

---

① 《不如狗尾》,《槲叶集》卷一。
② 赵翼著,王树民校证:《三国志多回护》,《廿二史札记校证》卷六,北京:中华书局,1984年版,第122页。
③ 《前题牵引上流图》,《槲叶集》卷三。

物的评价和历史上诸多的史家评价基本一致。

在中国传统的士人思想中,诸葛亮是忠贞与智慧的化身。他对蜀汉忠贞不贰:"鞠躬尽瘁,死而后已",早期的历史学家对他有不错的评价。陈寿评曰:"可谓识治之良才,管、萧之亚匹矣。"①东晋史家评曰:"诸葛武侯,龙蟠江南,托好管乐,有匡汉之望,是有宗本之心。"②朱熹将诸葛亮列为他所激赏的"五君子"(其余四位是:杜甫、颜真卿、韩愈、范仲淹)之一,称赞其为人"光明正大,统畅洞达,磊磊落落"。③ 朱熹对诸葛亮的推崇,使诸葛亮在道学家心目中的形象更加完美。陈寿对诸葛亮的评价就事论事,言简意赅,高度概括,致使此后相当长一段时间内对诸葛亮的评价不管赞同陈寿的看法与否,其议题均莫能超出其范围④。正面肯定颂扬诸葛亮的人,历来是多数派。李柏在《武侯赞》中赞美了诸葛亮的良才、良臣的形象:"在唐虞稷契之友,在商周伊吕之流。在孔门颜曾之亚,在李唐宋明,伊谁云俦。晦庵谓'天民未粹',吾不知粹者孰愈于侯。"⑤在这首赞中,李柏对诸葛亮的敬慕之情溢于言表。其中的唐、虞、稷、契是传说中的明主,伊、吕、颜、曾被儒家奉为大贤。李柏对诸葛亮的评价带有明显的个人爱憎的情结,若以公正的史学人物评价标准来说,对诸葛亮的评价有点神话和绝对化。李柏主要是从忠义、正统的角度肯定诸葛亮的:

> 汉武侯以汉为天,故明天道,尊汉室。汉室,王也,遵王,所以尊天;孙、曹贼也,讨贼所以尊王也。故茅庐一出,使天下万世知尊王如天者,武侯之道也。孔门颜、曾、闵子,不仕权门,所谓见而知之者也。若武侯,则闻而知之者也。颜子称王佐才,使侯生哀、定之间,则孔门有两王佐才矣。……故司马德操以龙目侯,犹孔子之以龙目聃也。大哉!孔子生周之末,使天下万世知正统,如周尊为天王,霸如桓文,人人得而贱之者,孔子也。大哉!武侯,私淑孔子,生汉之末,使天下万世知正统,如汉尊为天王,贼如孙、曹,人人得而讨之

---

① 陈寿著,裴松之注:《蜀书》,《三国志》,第934页。
② 李昉:《人事部八十八》,《太平御览》卷四四七,四部丛刊本。
③ 朱熹著,刘永翔、朱幼文点校:《晦庵先生朱文公集》卷七五,《朱子全书》第24册,上海:上海古籍出版社、合肥:安徽教育出版社,2002年版,第3641页。
④ 黄丽峰:《古代文人对诸葛亮评价及其思维走向》,《中州学刊》,2005年第5期,第182—187页。
⑤ 《武侯赞》,《槲叶集》卷三。

者,武侯也。故曰:"匹夫而学能补天,布衣而道在尊王,非孔子不足以当之,非武侯不足以继之。"①

在李柏对诸葛亮的评价中,从"唐、虞、稷、契之友""在商周伊、吕之流""孔子颜、曾之亚"到"吾不知""粹者孰愈于侯",诸葛亮被李柏逐渐地圣化了。而这种圣化,主要是从忠义对千秋万世的政治表率和道德的激励作用而言,而政治化、道德化的立场容易导致绝对化、极端化的结论。在李柏的人物评价中,诸葛亮和曹操、关羽和华歆、岳飞和秦桧等人往往形成显明的对比,这自然有一定的客观原因。在明清易代之际,被李柏视为正统的明王朝被清王朝代替对他的打击可想而知,由正统观念衍生的正义感、忠义感往往给有志于匡复明室的李柏以巨大的精神支持,同时,易代之际再仕新朝大臣的行止,对于拥有强烈忠孝意识的李柏而言,这些人不啻于华歆、刘歆助曹、助莽为虐,尤其是被明遗民视为"夷"的满洲人入主中原,更加剧了这一情结,他把这些人视为朝秦暮楚、追名逐利的无耻之徒:

野史氏白山李柏曰:"人生五伦之内,春秋以来,君臣、父子、兄弟、夫妇之间缺限者何多也,若康季子乾因公为子则孝,为弟则悌,为夫则刑,于寡妻移道,以事君则謇謇王臣无疑也。世有朝为君臣,而暮为仇寇者,不惟愧于丈夫,且有愧于焦氏女子矣②。

在这种强烈的感情色彩支配下,李柏对诸葛亮以及曹操、华歆的评价走向极端,"汉贼不两立"在他的头脑中扎下了根,关羽、诸葛亮与司马氏被李柏判然分为汉与贼两大阵营,一个是绝对的忠义代表,一个绝对的乱臣贼子的代表,两大阵营一忠一奸,只是由此角度衍生出来的道德评价。

关于诸葛亮是否具有"王佐"之才,体现出的也是一种绝对化的思维模式。中国古代历史上最为儒家推崇的"圣臣"是寥寥可数的伊尹、吕尚、周公几位。"圣王"尧、舜、禹、汤、文、武,因兴仁义,故"圣臣"以忠义辅佐,因而称为"王佐"。诸葛亮出山前曾自比管仲、乐毅,体现的是欲建立功勋的士人心态,而李柏在此把诸葛亮视为同"圣臣"并列的历史人物,其出发点和归宿点都是对诸葛亮的充分肯定,甚至有点顶礼膜拜。在李柏的心目中,诸葛亮无疑是内圣外王完美人格的化身,从诸葛亮的身上李柏感受到传统道德力量的

---

① 《南阳卧龙岗谒武侯庙》,《南游草》卷一。
② 《康孝子、焦烈妇传》,《槲叶集》卷二。

伟大,但我们也可以看出他也有主动迎合政治需要而竭力颂扬诸葛亮的功德之嫌,这一行为典型地反映了明清之际明遗民自觉的政治意识,他认为"武侯,私淑孔子""非孔子不足以当之,非武侯不足以继之"。李柏在此给诸葛亮太重的道义重担。这种对诸葛亮的圣化,是时人对诸葛亮评价的总趋势。南阳武侯祠镌刻着一幅清人的对联曰:"陈寿何人也评论先生长短,文公(指朱熹)特笔为表明当日孤忠。"清代人对陈寿的指责,对朱熹的赞誉,正反映了对诸葛亮的评价从魏晋较自由的"评论长短"到宋代刻意"表忠孤",再到明清沿袭宋人之说,而很少反观历史的文人思想脉络。后代文人们秉承统治者意旨,运用其智慧与才能所创造的五经神话,孔子神话,最终使自己越来越丧失主体意识,拜倒在自己所创造的权威面前,圣化诸葛亮的过程也是一个造神的过程,它使文人对诸葛亮只能赞同,难有客观分析。而当诸葛亮在"壮志未酬身先死"之后,李柏同样也抱着无限的遗憾表达他对诸葛亮的无限敬意:

> 赤精衰歇已多年,尽瘁报刘那问天。
> 曹马封疆何处是,此原犹是汉山川①。

> 星陨营中汉陨天,赤精灰冷断残烟。
> 惟将尼父尊王义,力尽汉家四百年②。

孔明在临终前发出的"悠悠苍天,曷我其极"的悲叹,既是诸葛亮终其一生未能实现治平天下,完成统一的慨叹,也是李柏与其他所有共鸣者的共同呼声。

李柏对关羽的评价同对诸葛亮的评价一样,是基于忠孝节义的情结之上:

> 大哉,蜀前将军云长关壮缪之为人也,其私淑孔子者乎。孔子作《春秋》者也,壮缪读《春秋》者也。孔子不得志于时,惧乱臣贼子之横行于天下后世也,以匹夫而操二百四十年之赏罚,是以笔削代斧钺,此孔子之善用其权也。壮缪不得志于时,惧乱臣贼子之横行天下后世,托威武而定西蜀,三分之汉业,是以刀马代笔削,此壮缪之善用其权也。……生平心存汉室而天子孱弱,乃驱驰于蜀先主,以定三分之鼎,为蜀所以为汉也,亦如孔子心存周室……孔子心存

---

① 《望五丈原有感》,《槲叶集》卷四。
② 《题武侯庙》,《槲叶集》卷四。

周室而天王孱弱,乃周旋于鲁哀、定之间,以明君臣之义,存鲁所以存周也,故曰壮缪私淑仲尼者也①。

历史上的关羽,人们对他褒贬不一,但随着时间的流逝,关羽的形象也正趋独特丰富,由侯而王,由王而帝,由帝而圣,走上了神坛。陈寿评价关羽曰:"关羽、张飞皆称万人之敌,为世虎臣。羽报效曹公,飞义释严颜,并有国士之风。然羽刚而自矜,飞暴而无恩,以短取败,理数之常也。"②还有裴松之评论关羽的军功曰:"关羽扬兵沔、汉,志陵上国,虽匡主定霸,功未可必,要为威声远震,有其经略。"③可见关羽并不是一个完美的人,后人对其褒贬不一。

李柏对关羽的尊崇还同明末清初的社会现实有关。崇祯朝,在明和后金的战争中,明一直处于守势。袁崇焕被后金施以反间计谋害,这一事件在后来的遗民内心世界引起很大的震动,壮士壮志未酬,其悲剧性的结局和关羽具有相似之处。关羽生前的最高的爵位是亭侯,刘备称汉中王之后虽封关羽为前将军,但爵位未加,而亭侯在爵位中是最低的,谈不上显贵。关羽死后,刘禅追封其为"壮缪侯",按古代的谥法,"武功不成曰缪",壮缪即壮志未酬,用于关羽是很恰切的,同时"缪"又同"穆","穆"又有布德执义的意思,"缪"的多义性,历来褒贬不一,可见前人也看到关羽身上的矛盾性。这样一个彻底义忠,却又功败垂成的悲剧性人物,由于后来帝王,特别是宋、元、明、清皇帝的尊奉,尤其是在明清之际面对后金(满洲人)连年入侵和各地风起云涌的农民起义,军备薄弱、政治腐败的明王朝毫无作为,导致了民间对关羽的敬仰,他们需要有人能像关羽一样用武力、用忠义来御敌卫国,而关羽身上所张扬的气节,正是明朝政府所缺乏和渴求的,所以希望更多的文臣武将能像关羽那样尽可能忠于君王,献勇武于社稷。

李柏"生当明季,抱草莽孤愤,无所发抒,遂放浪山水间,其志亦可悲矣"④。他们的忠义观都以儒家文化的道德为准绳。"忠"要求下对上的无条件服从,它是制约上下关系,其中主要是君臣关系的一种道德规范;"义"则要求人与人之间的信任与真诚,它是制约朋友关系、兄弟关系的一种道德规范。李柏对关羽、诸葛亮的"义士""贤相"的大力宣扬的英雄观,成为他在历史人

---

① 《重修蜀前将军庙募缘疏》,《槲叶集》卷三。
② 陈寿著,裴松之注:《蜀书·关张马黄赵传》《三国志》卷三六,第951页。
③ 陈寿著,裴松之注:《吴书·诸葛瑾传》,《三国志》卷五二,第1233页。
④ 吴怀清编著,陈俊民点校:《关中三李年谱》,第260页。

物进行评价时的标准。

三、基于人物性格对韩信的评价

李柏对历史人物进行评价的另一标准是历史人物的性格和行为。韩信是司马迁《史记》中的悲剧性人物。对此悲剧成分的探讨,自汉代以降,可谓代不乏人。但从社会政治角度分析者居多,而李柏对韩信的评价和前人对韩信的评价大异其趣,他对前人的种种说法持否定态度。在李柏看来,吕后、吕嬃是韩信之死最关键的幕后黑手,并非是由刘邦之忌妒所杀,他在《过樊河论》中说:

> 信之死也,或曰:"何绐信入贺,钟室难作,以为何死信也。"予曰:"不。"或曰:"信请假王,张良蹑足,以为良促信死也。"予曰:"不。"或曰:"陈兵出入,功高震主,信自取死也。"予曰:"不。"或曰:"与帝论将多多益善,帝忌,信死也。"予曰:"不。"或曰:"与豨通谋,舍人告变,信以反死也。"予曰:"不。"曰:"班、马《列传》《志》信不出此,子谓举不足以死信,而信竟死,信谁死耶?"曰:"吕嬃死信也。嬃乃樊哙之妻、高帝之姨、吕雉之妹。雉谣妒谗邪人也,嬃出同母,性鸷必害。信曾请哙,哙跪迎曰:'大王乃肯临臣。'信鞅鞅曰:'生乃与哙等为伍。'其睥傲慢,吕嬃必知之,知必恨,恨必谗,人情也,天下岂有姊为皇后,夫为大将跪拜迎客,而慢骂折辱,不恨入骨髓,谗憝媒孽者乎?况雉为产禄,阴欲叛汉。以为诸将易伏,惟信才高难制,其欲杀信,非一日也,而谗也。雉火也,嬃风也,火得风斯然之矣。故曰吕嬃死韩信也。"①

据此我们看出李柏对于历史上所认为韩信之死或归罪于张良、萧何的谋害,刘邦为维护自己的统治而诛杀异己,或归罪于刘邦嫉贤妒能、刻薄寡恩,或韩信有意谋反的种种说法不以为然,他认为构成韩信悲剧性结果在于韩信自身性格内部所潜存的一些悲剧要素所致。李柏对韩信之评价,正是基于韩信的性格,并从新的视角对这一问题进行了说明。李柏认为,韩信依仗自己战功卓著,不知谦卑,致使自我意识膨胀。他轻视诸将,并羞辱樊哙,引起二吕极度嫉恨,这是悲剧发生的直接原因。李柏对韩信留恋功名利禄而导致身死

---

① 《过樊河论》,《槲叶集》卷一。

抱有同情之心,认为韩信迷恋功名利禄不能像张良功成引退,而致身亡,他说:

> (信)有罪,罪在不读《老子》也。老子曰:"功成名遂身退,天之道。"信之功成矣,名遂也,而身不退,反天道也。当项王死后,信若上书,告归田里,辞其王爵,归其兵柄,亦如子房从赤松子,高帝必不畏恶其能。高帝不畏恶,则婴不得谮①。

同时韩信在李柏的心目中是一个忠臣义士,李柏对韩信不反刘邦深信不疑:

> 何以知信不反也?信临刑曰:"悔不听蒯通之言!"当信破赵下齐之日,通知高帝为人可与共患,而不可共安乐,往说信曰:"相君之背贵不可言,此时兵权在信,一纳通言,三分天下,谁能制之?"信曰:"汉待我厚,不忍背之。"信不反明矣,岂有天下已定,茅土已锡乃与陈豨反乎?②

韩信虽由于自我意识膨胀,在天下未定之时甚至拥兵要挟刘邦,但别人建议他拥兵自立都遭到了他的拒绝。韩信在未灭楚时,武涉和蒯通多次劝说韩信利用自己的实力与楚汉形成鼎足之势,韩信告知他们说:"臣事项王,官不过郎中,位不过执戟,言不听不用,故倍楚而归汉。汉王授我上将军印,予我数万众,解衣衣我,推食食我,言听计用,故吾得至于此,夫人深亲信我,我倍之不祥,虽死不易。"③当刘邦诈捕韩信,夺王贬爵,乃属为德不终之类,是对韩信人格自尊、个体价值的极大侮辱,故他悲愤地喊出:"天下已定,我固当烹。"④被吕后斩首前说:"吾悔不用蒯通计,乃为儿女子所为,岂非天哉!"⑤由于韩信矜功自恃,最终难逃吕后之毒手,李柏评曰:

> 皆曰舍人告信反也。呜呼!韩信智将也,才将也,自定三秦以至灭项用兵如神,孙子所谓"动于九天之上,藏于九地之下",惟信为然。即欲反汉,何事陈豨;即与豨谋,舍人何从知之?予以为舍人即雒阴布腹心人也,故一告变,即使何系信,信入即斩。古者刑有八议,一曰议功,信即有罪,其功当议,罪不可赦,囚待高帝可也,其不

---

① 《过樊河论》,《槲叶集》卷一。
② 《过樊河论》,《槲叶集》卷一。
③ 司马迁:《淮阴侯列传》,《史记》卷九〇,第551页。
④ 司马迁:《淮阴侯列传》,《史记》卷九〇,第554页。
⑤ 司马迁:《淮阴侯列传》,《史记》卷九〇,第554页。

待高帝,恐帝议功赦信也①。

李柏虽然认识到统治者"狡兔死,良狗烹;高鸟尽,良弓藏;敌国破,谋臣亡"的用人策略,但在这里他似乎从道义上高估了刘邦,他认为刘邦可能不会置韩信于死地,他对刘邦的猜忌阴狠的性格似乎没有太深刻的认识。楚汉决战于垓下,刘邦自称使者,晨驰入赵壁,夺张耳、韩信二人兵权。自称使者,不称汉王,隐瞒了自己的真实身份,恰恰说明了他多疑的性格。随着时局的变化,其自私、猜忌阴狠的一面随地位的变化而开始膨胀。在定陶庆功宴上看到"群臣饮争功,醉或妄呼,拔剑击柱"②的场面,刘邦感到不高兴。一旦目的实现,江山既定,功臣所扮演的"功狗"角色业已完成,被烹便成为必然。武将彭越、英布、卢绾、陈豨如此,文臣张良、萧何、陈平亦然,刘邦甚至连自己的女婿、连襟樊哙也未豁免。李柏所认为,韩信为吕雉所杀只不过是刘邦夫妇二人"合谋"的结果,刘邦无论如何是不肯放过韩信的,于是有了后来的韩信两次谋反的罪名。第一次因为钟离眛之事,刘邦与陈平商讨对付韩信,陈平问了两句话:"人之上书言信反,有知者之乎?""信知之乎?"③然后策划了云梦之游,诈擒韩信,太史公所记这两句话是非常微妙的,他可能相信韩信不会谋反,刘邦只是以"莫须有"的罪名置韩信于死地,因此刘邦把告密信当作一个合适的理由,从而实施铲除韩信的计划。司马迁以微妙的笔调写下了韩信的最后结局——以第二次谋反的罪名被处死。司马迁虽然写了韩信与陈豨的密谋,但在文中我们看到了这样一句意味深长的话:"高祖已从豨军至,见信死,且喜且怜。"细品"且喜且怜",刘邦为自己除去心腹之患的喜悦之心情跃然纸上,而所怜的恐怕是为自己立下汗马功劳的"功狗"无辜而死。司马迁在"论赞"中写道:"而天下已集,乃谋畔逆,夷灭宗族,不亦宜乎。"④太史公在此的用意恐怕不是为批评韩信不识时务,而是为韩信鸣不平,对这一点李柏也有史家的敏感。在《过樊河论》中李柏曰:"曰:'史氏作《信传》以为信反,则又何也?'曰:'史氏为尊者讳,不著信反,则汉有枉杀功臣之过矣'。"⑤导致韩信悲剧的人物性格还有韩信的矜功自恃,这一点李柏认识是比较清楚的。韩信被

---

① 《过樊河论》,《槲叶集》卷一。
② 班固:《叔孙同传》,《汉书》卷四三,第2126页。
③ 司马迁:《陈丞相世家》,《史记》卷九〇,第367页。
④ 司马迁:《淮阴侯列传》,《史记》卷九〇,第554页。
⑤ 《过樊河论》,《槲叶集》卷一。

刘邦以"韩信习楚风俗"为名,徙为楚王,以弱其势,继而以"谋反"罪名将其捕归洛阳,降王为侯,他很难接受这一现实,于是"常称病不朝从。信由此日夜怨望,居常怏怏"①。韩信羞于与绛侯周勃、灌婴等为伍,樊哙的谦让,他不屑一顾,甚至连刘邦本人也不以为然,当刘邦问韩信:"如我能将几何?"答曰:"陛下不过能将十万。"当刘邦问韩信能将多少时,他自负地说:"臣多多而益善耳。"②狂傲放肆至极,自傲令他麻木,身处残酷的政治旋涡却昏聩无知,只是一味地高竖那傲睨群雄的旗帜,在此他已完全迷失自我。李柏对韩信对刘邦的忠心不贰表示出敬仰之情,他在《过陈仓道次韵吊韩淮阴》中写道:

> 筑坛汉水上,构祸未央宫。
> 天欲臣心白,地留草色红。
> 将军九鼎重,吕雉一门空。
> 犹幸儿三岁,曲成赖相公③。

他对封建统治者"狡兔死,良狗烹;高鸟尽,良弓藏;敌国破,谋臣亡"的用人策略的认识是比较深刻的,李柏在《拜将台》中写道:

> 无情风雨入荒台,暗淡愁云锁不开。
> 一统山河平上将,万邦奠定忌雄才。
> 天怜国士存韩半,地显丹心赤草莱。
> 莫怪子房耽避谷,良弓高鸟正堪猜④。

诗中对韩信在一统江山中的雄才大略褒奖有加,对其悲惨的结局深表同情。在《韩信冢》中写道:

> 良弓高鸟已堪愁,可惜将军死女流。
> 隆准子孙千载后,咸阳青草霞荒丘。
> 程婴为赵赵孤留,信客抡儿史未收。
> 南越尚余韩半在,吕公一族问虚侯⑤。

李柏热情赞扬了韩信所建立的不朽功绩,讴歌了韩信的英雄本色,对构祸的吕氏集团也进行了无情的揭露和鞭挞。当然在这里我们也可以看出,李柏对

---

① 司马迁:《淮阴侯列传》,《史记》卷九〇,第553页。
② 司马迁:《淮阴侯列传》,《史记》卷九〇,第553页。
③ 《过陈仓道次韵吊韩淮阴》,《槲叶集》卷五。
④ 《拜将台》,《槲叶集》卷五。
⑤ 《韩信冢》,《槲叶集》卷四。

韩信之死中吕氏的作用有点夸大,而没有意识到真正的幕后黑手是刘邦。李柏在此的心境和司马迁写《史记·淮阴侯列传》时是一样的,他们都有忠君思想,却不愿意充当专制主义制度下的鹰犬或陪衬物,他们都有"成一家之言"的修史理论。李柏在对韩信评价从几个方面展开,他对韩信之死的各种因素进行了综合考虑,对统治者的权谋和寡恩薄情、对韩信的性格的缺陷有比较清醒的认识,而这一点在对历史人物的评价中是至关重要的。

第三节　对明代文官制度与宗藩制度的反思

明清易代的历史巨变引发了清初的思想勃兴,"明亡之思"成为身遭家国灭亡之痛的孤臣孽子思考的重点问题。在"明亡追究"的诸多层面,明末学风成为众矢之的。刘宗周评价明末之人的精神面貌及社会风气为:"乃者嚣讼起于蘖臣,格斗出于妇女,官评操于市井,讹言横于道路,清乎世宙,成何法纪,又何问国家扰攘!"①这种光景,一直延续到清初。钱谦益描写清兵入关之后的社会风气时说:"劫末之后,怨对相寻。拈草树为刀兵,指骨肉为仇敌。虫以二口自啮,鸟以两道相残。"②正如赵园先生所论:"'苛'几可视为明代士人(包括明儒)的性格。这本是一个苛刻的时代,人主用重典,士人为苛论,儒者苛于责己,清议苛于论人。虽有'名士风流'点缀其间,有文人以至狂徒式的通脱、放荡不羁,不过'似'魏晋而已,细细看去,总能由士人的夸张姿态,看出压抑下的紧张,生存的缺少余裕,进而感到戾气的弥漫,政治文化以至整个社会生活的畸与病。"③而造成这个特征的,显然不是满清,而是三百年明朝的精神品格,内部的政治势力的牴牾角力,士人的自以为是、互相攻讦,社会对生存的尖刻要求与生命内外不和背景下的色厉内荏,以及整个国家生活上的深度刻板。

一、对明代文官制度的批判

明亡之后,遗民们对明朝的文人误国进行深刻的反思。李柏基于对故国

---

① 刘宗周:《上温员峤相公》,《刘子全书》卷二〇,道光乙未刻本。
② 钱谦益撰,钱曾笺注,钱仲联标点:《募刻大藏方册圆满疏》,《钱牧斋全集》,上海:上海古籍出版社,1996年版,第1399页。
③ 赵园:《明清之际士大夫研究》,北京:北京大学出版社,1999年版,第19页。

的依恋和对儒士们无所作为的愤恨,对儒士们进行了整体的痛斥:

> 苍蝇鼓翼以支大厦。蠭曰"之乎",蚁曰"者也"。三千王丁,八百史贾,督师登坛意态潇洒。王之大将待以牛马,五岳飞尘万国解瓦,庙廊之盗而送天下①。

> 蕴经济已矣焉哉,负韬略之乎也者。夫盖其运筹帷幄,意若且奠定朝野②。

李柏对文人把持朝政,无所作为的行为进行了痛斥,这些宽袍大袖之人张口"之乎者也",在平常的一些礼仪活动中"意态潇洒",对武将也极尽羞辱之能事,他们在战场上原形毕露,斯文扫地。由于他们的腐败与无能致使明王朝的大厦倾覆,真是"庙廊之盗而送天下"。在这里李柏把文人政治的弊端揭露无遗,同时也说明正是由于明代的这种文人政治断送了其统治。

关于明亡原因,李柏对明朝的文人政治所造成的国破家亡一直悲愤不已,他在《崇祯儒将五首》中写道:

其一
萧娘与吕姥,权尚阃外师。
纵盗遍天下,君王犹不知。

其二
高冠而大袖,扬眉而掀须。
满腹蕴韬略,者也与之乎。

其三
白面朱衣郎,孙吴未入梦。
奇谋遥尾之,敌曰免劳送。

其四
朽木本樗材,而为大厦栋,
栋摧厦亦倾,徒使贾生恸。

其五
谈起前朝事,至今恨不平。
大将称走狗,膝行见书生③。

---

① 《明末文儒赞》,《槲叶集》卷三。
② 《先朝儒将赞》,《槲叶集》卷三。
③ 《崇祯儒将五首》,《槲叶集》卷五。

李柏《崇祯儒将五首》完全是对明代政治体制批评之作。"大将称走狗,膝行见书生"之语,是明代以文官节制武官的真实写照。明朝的官吏制度,依然承袭宋代,重文轻武,武将在整个明代地位并不是很高,兵部尚书多为毫不知兵的腐儒。在官员的任命上,也体现出分权、制约的原则:"凡京营操练,统以文武大臣,皆科道官巡之。"① 文官、武官、检察官相互监督,相互制约。这一做法虽然消弭了武将专横跋扈,拥兵割据,严重威胁皇权的局面,却影响统一的军事指挥权,造成多方插手,事权不一,影响军队的战斗力。明末孙承宗一针见血地指出:"以将用兵,而以文臣招练,以将临阵,而以文官指发,以武略备边,而日增文官于幕。以边任经、抚,而日问战守于朝,此极弊也。"② 这一局面导致明朝在军事上节节失利。天启六年,满洲人攻陷辽阳,朝廷"文官儒帅"屡战屡败,京师戒严,皇帝不得已下诏:"国家文武并用,顷承平日久,视武弁不啻奴隶,致令豪杰解体。今边疆多故,大风猛士深轸朕怀,其令有司于山林草泽间慎选将材。"③

李柏诗中所言"纵盗遍天下,君王犹不知"之句是针对明代文人现实状况而言。终明一世,士大夫活得没有尊严、没有骨气肇因于明初两位皇帝的残暴,这也是明亡的根本原因之一。朱元璋特别忌讳文人用词,曾兴文字狱,诛杀文臣领袖宋濂,腰斩江南才子《元史》编修官高启;明成祖朱棣诛杀江南文人领袖方孝孺并灭其十族,连其主要谋事姚广孝都感叹,从此绝了读书人的"种子"。自英宗开始,太监成为明朝的实际统治者,大臣由抗争到逐渐合流,继而拜倒于门下,在武宗正德朝、熹宗天启朝太监跋扈纵横。天顺八年进士焦芳取媚后来正德皇帝的大太监刘瑾,王振被一帮失去道德的官员们尊为"翁父"。更甚者,天启七年五月己巳,监生陆万龄请建魏忠贤生祠于太学旁,祀礼如孔子。千古素王,竟要与一庸阉同礼共祭,更何况阉人是生祭,这不得不令天下读书人羞耻了。当然明朝有良识的读书人和有骨气的官员也不少。天启五年"三月丁丑,谳汪文言狱,逮杨涟、左光斗、袁化中、魏大中、周朝瑞、顾大章,削尚书赵星南等籍,未几,涟等逮至,下镇抚司,相继死狱中,夏四月己亥,削大学士刘一燝籍,八月壬午,毁东林书院"④。像杨涟等都是当时三

---

① 张廷玉:《职官志一》,《明史》卷七二,第 1753 页。
② 张廷玉:《孙承宗列传》,《明史》卷二五〇,第 6466 页。
③ 张廷玉:《熹宗本纪》,《明史》卷二二,第 297—298 页。
④ 张廷玉:《熹宗本纪》,《明史》卷二二,第 303—304 页。

大案的拥立派,功同再造,竟有如此遭遇,不得不令后人感叹当时的阉权之盛。皇帝如此昏聩,政局的混乱可想而知。因此为官者似"纵盗遍天下",而昏聩的"君王犹不知",文人的堕落,就是亡国。东林党人,原是明王朝的坚定拥护者,也是阉党的主要反对者,却成批地投降了。文人无骨,就是国家没有脊梁,政治高压的结果,就是文化的沉没,文人或沉没于官方的八股之中,不能自拔,或故作清高、风流。

李柏所言"高冠而大袖,扬眉而掀须。满腹蕴韬略,者也与之乎",活脱脱地刻画了明代文官"金玉其外,败絮其中"的形象。明王朝在体制上实行中央集权,其精神支柱为道德,管理方法则靠文牍,这个王朝的运转特点是:一项政策能否付诸实施,实施后或成或败,全靠看它与所有文官的共同习惯是否相安勿扰,否则理论上再完善,也不过是空中楼阁。张居正隆庆元年至万历十年(1582)六月为内阁首辅,他的改革为明王朝赢得了暂时的繁荣,但由于他的改革损害了文人集团的利益最终为自己带来了祸殃。他身死未几,尸骨未寒,便遭到一些人肆意攻击,差点被剖棺戮尸。海瑞对张居正评价说:"工于谋国,拙于谋身。"①李柏说:"文儒为乱,笔弑哲后。引盗入室,逐昭杀斜。酿成厉阶,四海奔走。"②事实正是这样,张居正太用心于国家大事,而忽视了周遭环境即文官制度所造成的险恶环境。

二、对祸国殃民的宗藩制度的批判

明代优待宗藩,朱元璋先后制定《昭鉴录》《永鉴录》《皇明祖训》等家法规范,要求做皇帝的要"知敦睦九族,隆亲亲之恩",做藩王的要"知夹辅王室,尽君臣之义"。他还谆谆教诫皇帝与藩王,当"各守祖宗成法,勿失亲亲之义"。这种宗法封藩制度的目的是为"宗社永有磐石之安,亲藩同享无疆之福"③。由于皇帝的支持,明朝宗室享有很高的爵位、官品和俸禄,他们成为明代政治体制的一个毒瘤,时人对此有所认识:

> 今观明制,藩王之体统极尊,以极尊之体统处于外郡,则有如谷

---

① 谈迁撰,张宗祥点校:《神宗万历八年》,《国榷》卷七一,北京:中华书局,1958年版,第4415页。
② 《短歌行》,《槲叶集》卷四。
③ 谷应泰:《开国规模》,《明史纪事本末》卷十四,北京:中华书局,1977年版,第200页。

王橞夺名田,侵公税,杀人无罪,藏匿亡命,长史虞廷纲谏则诬以罪而磔之。又如伊王世子典楧,多持官吏短长,不如旨,必构之使去,至御史行部,不敢入城,楧要笞之。官吏往来,率纡道疾过,犹使人追入,责以不朝,朝者亦辱以非礼。宫墙坏,奏请修筑,则夺附近居民以广其宫,索郎中陈大壮屋,不肯,则使数人从大壮卧起,夺其饮食,大壮逐饥食。阅河南府城女子,选七百余人,留尤丽者九十余人,其家以金赎。宸濠反时,亦强夺民间田宅子女,养群盗闵廿四、凌十一等,劫财江湖间,有司不敢问①。

到后来,明代的皇帝乱封滥赠,而宗室的不断繁衍成为明王朝的一个沉重的包袱。据《明史·食货志》记载,御史林润曾经分析了宗禄的情况和严峻的局面,他警告说:"自郡王以上,犹得厚享,将军以下,多不能自存。饥寒困辱,势所必至。常号呼道路,聚诉有司。守土之臣,每惧生变。夫赋不可增,而宗室日益繁衍,不可不为寒心。"②这个事情,发生在万历后期,这说明大明帝国已养不起宗室这些子孙,这座大厦有倾覆之危,这个王朝有陆沉之忧。

李柏对统治者在经济上残酷盘剥而导致明王朝的瓦解的分封制度也进行了反思。李柏的历史鉴戒思想以藩王的奢侈无度为端绪。当李柏站在"昔之龙楼凤阁,今之荒烟蔓草"③的废墟上时,"陵夷之变"对一个身具时代使命的知识分子是一个多么荒谬而痛切的考验!他把瑞王故宫的状况前后对照,两两相形写来,抚今思昔,触目惊心,李柏在《过瑞王故宫》中说:

> 考古经史,尧茅茨土阶,禹卑宫室,邈乎其不可尚已。始皇阿房徒资一炬,汉高灭秦,殷鉴不远。奈何马上得天下,不事诗书,萧何吏才,不知王道,故建未央宫以壮丽威天下。谈王道者羞言之。《语》曰"作法于俭,犹恐其奢"。西汉开国奢邪、俭邪?后世王者创业艰难,及再传之后,子孙骄逸,几欲琼其宫而瑶其台矣。无论其主,即藩封诸侯,宫室侈靡广大,仙宫月殿未足拟其巨丽也。予为秦人,少见秦王废宫,及走长沙、衡州,见荆、襄诸王府遗基,想其建置,所费皆百万资也。洎入汉中,过瑞王遗宫,一望瓦砾镘铁,自甲申至今五十年,府城内外百万人家,其墙壁阶砌、道路坑堑、园圃樊垒、佛

---

① 赵翼著,王树民校证:《明分封宗藩之制》,《廿二史劄记校正》卷三二,第747页。
② 张廷玉:《食货志六》,《明史》卷八二,2001页。
③ 《过瑞王故宫》,《槲叶集》卷一。

刹道观,官衙吏舍,皆瑞府材木瓦甓也,他可知也。江文通曰:"绮罗毕兮池馆尽,琴瑟断兮丘陇平。"郁离子曰:"昔之龙楼凤阁,今之荒烟蔓草也。"嗟乎!帝皇王伯兴废,尝竭百姓数百万家之产,经营数十年,终归于荒烟蔓草,反不如茅茨土阶之为愈也①。

李柏在南游过荆州时偕梁质游护国寺,护国寺为明荆国藩王所建,耗费四十七万金,他对此甚为痛心:

> 崇祯十三年,蝗旱流寇,恶官蠹骨并为民殃。万里赤土,饿莩相枕,王若出四十七万金,救民疾苦,此大慈大悲,大功德……希未来不可知,求现在则国破家亡,故曰:"愚也,汉文帝惜百金不作露台,享国长久,荆王不惜四十七万金修佛寺,宜乎?其佛不护国,而祸及其身也。"②

每个朝代的帝王都曾大修宫殿,消耗大量的人才物力,加重人民的负担,促使社会矛盾的激化,导致自身的灭亡,这是一个普遍的历史现象,历代有识之士都对此深感忧虑。这些"琼其宫而瑶其台"的宏大建筑随着王朝的倾覆也很快成为"荒烟蔓草",这一方面突出了藩王们生活的穷奢极欲,同时也指出了他们可耻的下场,揭示出这二者之间的联系。建庙"耗费四十七万金"的奢侈行为和"万里赤土,饿莩相枕"的百姓痛苦生活形成强烈的对比。王朝顷刻土崩瓦解,历史惩罚的无情,这都足以发人深省,足以引起统治者的注意和反省,引为鉴戒。李柏进而指出"荆王不惜四十七万金修佛寺,宜乎?其佛不护国,而祸及其身也"。这极有讽刺意味的告诫更令人扼腕叹息,它代表了易代之际的一个有良知的知识分子的心声,反映了一种朴素的民本思想意识,对国家危亡的一种忧患意识。李柏所写虽集中在几个藩王的身上,但其实明朝藩王的实际情况都大致如此,整个明王朝中后期的衰落与这种宗藩制度有着直接的关系。

三、基于秦亡对明代官员道德失范的反思

关于秦亡的历史原因也是李柏反思的主要内容。李柏在总结秦亡的教训时认为,仁义不施、贤人不用是导致秦亡的主要原因。在《潼关》一文中李

---

① 《过瑞王故宫》,《槲叶集》卷一。
② 《荆王创建护国寺》,《南游草》卷一。

第四章 基于明清易代的历史意识

柏说:

> 潼关,秦险也。秦不修德而恃险,一失其鹿,而天下共逐。亡秦者,险也。龙门、太行、上党、井陉、孟门、洞庭、彭蠡、飞狐、剑阁、大江、渤海、长城,天下险也,王不一姓,霸不一氏,故曰在德不在险①。

他认为历史上的修德之君享世久远,秦朝之所以顷刻间土崩瓦解,是由于始皇恃险不修德。李柏在总结秦亡的教训时又说:

> 故王公之险不在关。亲贤臣,远小人,虽无险可至千万世也;亲小人,远贤臣,虽有险不能一再传也。故周历八百而秦亡二世。后世王者,贤亲则五服为守而九译来王;近奸则呼朋引类,倾覆我城郭,堙茀我城隍,揖盗贼而入门矣②。

此处所言"后世王者""近奸则呼朋引类,倾覆我城郭",是对明代道德失范官员的莫大鞭挞。嘉靖后期至万历初期,执政的一些内阁大臣权势较重,政治手腕也较高,他们不仅控制了朝臣,而且连言路也基本上为他们所掌握,官员上书言事,往往要看阁臣的眼色行事,"建言者分曹为朋,率视阁臣为进退。依阿取宠与之比,反是则争,比者不容于清议,而争则名高,故其时端揆之地,遂为抨击之丛,而国是淆也"③。他们对皇帝的过失自然也有谏诤,但这时已是"忠厚之意薄,而銜沾之情胜"④。

八股帖括培养出来的平庸官僚在明末残酷的政治斗争面前显得如此不堪一击,他们所担负的维护江山社稷的重任在内忧外患的双重打击下顷刻间"万国瓦解",这不能不让忠于朱明的李柏扼腕叹息:

> 辛之六龙失御,社稷丘墟,秦关燕城无一可守,则王公之设险安在乎? 茅元仪曰:"疆场之小盗易灭,庙廊之大盗难除。"王者能使庙廊无盗,则省会无盗,则郡邑闾里亦无盗,是筑天下人心为函谷也。又何设险守国之足云⑤。

在这里他对明亡的追悔是保持着清醒的头脑,在他看来明亡除崇祯帝用人不当,文人政治所导致政治孱弱之外,更为重要的就是人心的向背。在贪腐、无

---

① 《潼关》,《槲叶集》卷一。
② 《过函谷关论》,《南游草》卷一。
③ 张廷玉:《赞》,《明史》卷二三〇,第 6027 页。
④ 张廷玉:《赞》,《明史》卷二三四,第 6144 页。
⑤ 《过函谷关论》,《南游草》卷一。

能官员的统治下,整个社会风气已堕落到极点,作为道德标准的士人再也没有资格去教化下层的民众。这种怒其不争的遗民情怀曾在清初成为遗民们反思历史的一个重要话题,我们翻开这段历史的相关材料,这种情绪的宣泄不绝史册。

李柏由反对暴戾的统治进而提出贤人政治的理念,他对《左传》《孟子》中关于历史兴亡的经验甚为推崇,他说:

> 孟子曰:"天时不如地利,地利不如人和。"又曰:"固国不以山谿之险。"《传》曰:"诸侯有道守在四境,天子有道守在四海。"诚哉是言也①。

这里所谓的"人和"和"有道",其实讲的是"贤人"政治,通过"贤人"的典范作用所产生的示范效应,进而达到治国平天下的目的。李柏认为,任人唯贤是历代有为君主的共同选择,有德性的统治者都会举贤才、任能人,只有这样统治者才能维持国家的长治久安。明代中晚期的统治者已经完全背离了这一原则,吏治已经腐败不堪,据《明史》记载:"景帝即位,力赞征伐诸大事。寻以潜邸恩,授礼部右侍郎。明年兼经筵官,帝每临讲幄,辄命中官掷金钱于地,任讲官遍拾之,号'恩典'。"②作为讲官的文官在景帝眼中无异于俳优奴才。黄宗羲《子刘子学言》卷一录刘宗周语曰:"上积疑其臣而蓄以奴隶,下积畏其君而视同秦越,则君臣之情离矣,此'否'之象也;卿大夫不谋士庶而独断独行,士庶不谋于卿大夫而人趋人诺,则寮采之情离矣,此'睽'之象也。"③儒家所谓的"不吃嗟来之食,不饮盗泉之水"和"富贵不能淫,威武不能屈"高尚气节在这些人主暴戾行为的折磨下已荡然无存。王夫之在其史论中说到廷杖、诏狱这种行为对人臣的污辱,已严重损害了士人的形象和地位。在统治者残酷的摧折下,廊庙已无可用之人,奸佞小人把持朝政,国事日非,李柏对此痛心疾首,他说:

> 近世嘉靖、天启以来,笃实君子在草野,虚文小人满朝廷,上欺其君,下虐其民,民不堪命,聚而为盗。盗满天下,由盗满朝廷也④。

这种在万历以后尤为严重的情况在时人的记述中屡见不鲜,《明遗民诗》卷一

---

① 《潼关》,《槲叶集》,卷一。
② 张廷玉:《仪智列传附子铭列传》,《明史》卷一五二,第4189页。
③ 黄宗羲著,沈善洪主编:《子刘子学言》卷一,《黄宗羲全集》第1册,第276页。
④ 《过函谷关论》,《南游草》卷一。

方孔炤《一叹》曰:

> 市井得官口如剑,东上门中草一钱,厂卫日尊公卿贱。一锾一书下诏狱,黄金夜光袖相见①。

卷六潘问奇《肃宁》(县有故珰魏忠贤第宅、遗址尚存):

> 肃宁池馆旧连阡,过客追思鹿马年。
> 齐国竖习呼尚父,汉朝名士拜中涓。
> 北司计就书难上,元祐碑成事可怜。
> 独喜春来吴楚地,左杨祠火正喧阗②。

两首诗揭露了魏忠贤以市井无赖小儿得为东厂至尊,凌辱满朝公卿,攫取财富,同时屡兴诏狱,残害忠良。

作为一个传统的士人,对纲常名教的遵守也是甚严的,李柏除过对导致明亡的官吏进行痛斥外,对导致明亡的农民起义军也持反对态度。他认为东汉末年的黄巾起义军、唐朝的黄巢起义军,尤其是明末的李自成、张献忠起义军都是匪贼。他在晚年南游中有记:

> 九月二十二日,自河南府汝州鲁山县,晓发入山,南行四十五里。一路老木黄草,枫叶染醉,悉是废井荒村,绝无人烟。午至山店,茅屋八九间,鸠面鹄形,衣服褴褛男妇十余人卖饼饭。行客旁一老人,年几八十,予问李自成杀掠河南故事,老人指所居山村曰:"昔为山市,居人一百二十家,李自成作乱,男妇老幼尽于锋镝,止留一伛偻老叟。"非偻背亦杀之矣。……闯贼之祸,何异劫终。汉之黄巾,唐之禄、巢,无此酷也。谁胚祸胎,而使名城大都、山落水聚千里无烟乎? 明季文臣不能无罪也③。

李柏通过一老叟对历史的追忆,抒发他对明亡的激愤和悲怆,表面上看李柏似乎是对李自成农民起义所造成的萧条进行批判,但他内心的深处是借老叟之口来表达他悲愤欲绝的亡国心情。这好像是黄宗羲《明夷待访录》对君主专制的批评与斥责,其实未必像一些学者所说,有这么自觉的民主思想或所谓的启蒙意识,倒可能主要是基于明亡的激愤、痛苦与反思,所以并不见得是理性的分析而是激烈的痛斥。同样,吕留良《四书讲义》对于明代宰辅制度和

---

① 卓尔堪选辑:《一叹》,《明遗民诗》卷一,北京:中华书局,1960年版,第49页。
② 卓尔堪选辑:《肃宁》,《明遗民诗》卷六,第252页。
③ 《问山中老人》,《南游草》卷一。

门户之祸的批判,也并不基于对历史现象的普遍尺度,而是针对明代覆亡的悲剧而发。

　　明王朝经由嘉靖一直到崇祯年,"臣僚之党局已成,草野之物力已耗,国家之法令已坏,边疆之抢攘已甚"①。"庄烈帝承神、熹之后,神宗怠荒弃政,熹宗昵近阉人,元气尽澌,国脉垂绝。向使熹宗御宇复延数载,则天下之亡不再传矣"②。因此李柏对明朝的这一时期的把握还是比较准确的。张廷玉在撰写《明史》时也赞叹崇祯皇帝:"帝承神、熹之后,慨然有为,即位之初,沉机独断,刈除奸逆,天下想望治平。惜乎大势已倾,积习难挽,在廷则门户纠纷,疆场则将骄卒惰,兵荒四告,流寇蔓延,遂至溃烂而莫可救,可谓不幸也已。"③对此李柏也明确地表露过追慕与哀悼之情:"先皇本是神明主,洞悉时势不可为。苍黄披发煤山上,龙去鼎湖弓髯垂。"④在李柏看来,崇祯应该算一代英主,但迫于时局,他无法形成一个培育贤人政治的政治土壤,吏治的腐败,无法给普通的民众产生应有的道德示范,因此民众的反抗都是由此腐败的官僚体制引起的,除对以身殉国的崇祯帝报以深深的怀念和追思之外,对于一个身处草野,心忧国是的士人除过对历史进行反思之外,他还有什么选择呢?

---

① 张廷玉:《流贼列传》,《明史》卷三〇九,第 7948 页。
② 张廷玉:《流贼列传》,《明史》卷三〇九,第 7947 页。
③ 张廷玉:《庄烈帝二》,《明史》卷二四,第 335 页。
④ 《题刘侍御安刘先生表忠录后》,《槲叶集》卷四。

第五章　续接古今的诗学思想及其美学阐释

明末清初,同两朝兴亡、世事沧桑的动荡局面相反,在文学领域出现了一个群星灿烂、繁丽竞逐的繁荣局面,其声势之盛和成就之高,都堪称唐、宋以来又一次高峰。晚明文人喜欢结文社论诗谈艺,互相砥砺,此风沿入清初,所以当时社会上文学风气很盛,文坛上人才济济、名家辈出,各式体裁的艺术作品大批涌现。

明末清初的文学繁荣不仅表现在声势之盛上,它还在思想性、艺术性和文学发展的历史地位上取得了令人瞩目的成就,其主要表现在三个方面:第一,反映时代精神的现实主义风格的作品在整个文艺作品中占有主要的地位,文人们笔下的任何涟漪波澜,实际就是生活于其间的社会众生相和人格化的自然环境在心灵深处激起的回应。因而凡是赞颂、抨击、怡悦、悲怨、哀生、悼逝等等,无不是他们对现实生活的批判。第二,这一时期诗、词和戏曲文学的辉煌成就代表了清代诗、词、戏曲文学的最高水平。延续明代,清代诗人在思想、学术、审美诸方面综合性倾向空前高潮。训练有素的文人表达其情感的诗作在创作时,不单纯是强化了反映生活、表现情思的直接简捷性,而且强化了与现实社会多变的适应能力。由于市民文化的兴起,戏曲、小说的张扬个性,对传统道德观念的批判和挑战也显现出来,散文小品的"求真主情"的创作现象也掀开了古代散文发展的新篇章。基于城市商业经济的兴隆,市民阶层的扩展,世俗审美追求的变更促进了文学变革的浪潮。第三,这一时期的文学成就对清代的文学产生了深远的影响。明末清初诗作已摒弃了晚明以来对七子派的模拟,对公安派、竟陵派的创作流弊也进行了反思,虽然有宗唐、宗宋的争论,但文人已不再拘守于尺寸不敢逾越的模拟,学习前人也不独宗一派,转而兼取各派之长,拓宽了诗人的创作视野,他们自铸伟辞,开启了清初文学艺术创作的新格局。

第一节　诗文创作理论及对浮华诗风的批判

李柏虽居僻乡,隐匿山林,但其诗作后世评价甚高,袁行云先生在《清人诗集叙录》中写道:"明代遗民,有诗集传世者,约二百余家。试举决传不朽者,似为顾炎武、邢昉、阎尔梅、黄宗羲、杜濬、方文、王夫之、钱澄之、吴嘉纪、李柏、屈大均、陈恭尹。此十二家,即所谓不废江河万古流者也。"①李柏和此十一家相较,在后来人的研究中显得有点默默无闻,这种结果同李柏著述不丰(关于李柏所著《槲叶集》可能未全部收录作者所著,有些著作可能永远也无法看到)有直接关系,尤其是中国古代诗歌理论批评的主要形式——诗话在李柏著作中更为少见。李柏对诗歌的批评虽然不多,且较为分散,但这不能说他的艺术批评理论不成体系,相反,李柏吸收了以孔孟为代表的儒家美学思想精华,又批判地继承了道家和佛教美学的辩证思维特色,在此基础上提出了诗文创作的理论,并形成了自己独特的诗文风格。

一、"率性而成"创作缘起论

叶燮在《原诗》中说:"原复作诗者之肇端而有事乎此也,必先有所触以兴起其意,而后措诸辞、属为句、敷之而成章。当其有所触而兴起也,其意、其辞、其句劈空而起,皆自无而有,随在取之于心。出而为情、为景、为事,人未尝言之,而自我始言之。故言者与闻其言者,诚可悦而永也。"②他在此道出了《诗》所以发之情有"缘事"的特点,它的作者都是"必先有所触以兴起其意"。谢榛在《四溟诗话》中更明确指出:"《三百篇》直写性情,靡不高古。"③李柏认为诗歌的创作是一种性情的流露。诗歌的创作应"率性而成,意不在诗""《三百篇》所以为天下万世诗之祖",是由于"《三百篇》率于性者也"④。李柏认为诗歌的创作就是"见鸟吟鸟,见兽吟兽,见草木吟草木,见忠臣孝子吟忠臣孝子,见劳人思妇吟劳人思妇"⑤。这里的鸟、兽、草木、忠臣、孝子、劳人思妇其实是陆时雍所谓的"其然而不必然",真正的目的就是作者通过对所见之物的吟咏来抒发自己的一种情怀。李柏在《题邓蔚看梅诗后》说:

---

① 转引自张兵《清初关中遗民诗群的构成与王弘撰、李柏的诗歌创作》,《兰州大学学报》(社科版),2004年第3期,第135页。
② 叶燮、薛雪、沈德潜著,霍松林、杜维沫校注:《原诗》,《原诗一瓢诗话说诗晬语》,北京:人民文学出版社,1979年版,第5页。
③ 谢榛、王夫之著,宛平、舒芜点校:《四溟诗话》,《四溟诗话姜斋诗话》,北京:人民文学出版社,1961年版,第1页。
④ 《襄平张少文诗集叙》,《槲叶集》卷二。
⑤ 《襄平张少文诗集叙》,《槲叶集》卷二。

> 葩经多言草木,非言草木也,心无字,故论之草木也。后世志士,明明有其心,明明可对日月,可告鬼神,而独不可与人明言,故托草木以为言①。

李柏在这里提出了一个诗人创作过程中"心"的问题。这个"心"其实就是文学上所讲的"诗心"。现代学者朱东润先生在其《诗心论发凡》中谈到诗心问题,认为"《诗》三百五篇之作,不必以美刺言诗也,而后人多以美刺言诗;不必以正变言诗也,而后人多以正变言诗。此其弊发于汉儒而征于《毛传》。读《诗》者必先尽置诸家之诗说,而深求乎古代诗人之性情,然后乃能知古人之诗,此则所谓诗心也。能知古人之诗心,斯可以知后人之诗心,而后吾民族之心理及文学,得其大概矣"②。诗歌的这种功能,集中起来看必然首先归结到其对特定时空的社会各个层面的表现上。这种表现当然是或直接或间接的,而且是毫无疑问地透过诗人各自切实具体的感受而后的艺术折射。

陈良运先生在《中国诗学体系论》中说:"在《诗经》中,'心'字广泛分布其间,全部有168个'心',见于《风》诗与《小雅》中有147处,而《大雅》与《颂》中仅21处,可见前者抒情气氛较浓。"③司马迁曰:"《国风》好色而不淫,《小雅》怨诽而不乱。"④就是对其独特的情感色彩而言的;《大雅》与《颂》则更多地表现上层统治阶级的政治、历史意识,缺少个人的情感特征,因此《颂》显得简单明了,但包含深刻的哲理。《大雅》则"理语造极精微"⑤。李柏在《文字》中说:"岳武穆曰:'陈而后战兵家之常。变化之妙存乎一心。'予曰:'学者之作文写字亦复如是。'"⑥

二、"天机自然"的至文境界

关于"至文",即文章的最高品格、最高境界,李柏提出了"天机自然"之说,他在《襄平张少文诗集叙》中说诗歌的创作是:

> 如造化生物,无心而感,悉出于天机自然。因物之色而色之,因

---

① 《题邓蔚看梅诗后》,《槲叶集》卷二。
② 朱东润:《诗三百篇探故》,昆明:云南人民出版社,2007年版,第101页。
③ 陈良运:《中国诗学体系论》,北京:中国社会科学出版社,1992年版,第99页。
④ 司马迁:《屈原贾生列传》,《史记》卷二四,第505页。
⑤ 谢榛、王夫之著,宛平、舒芜点校:《姜斋诗话》,《四溟诗话姜斋诗话》,第162页。
⑥ 《文字》,《槲叶集》卷三。

> 物之声而声之,因声与色而韵之,此《三百篇》所以为天下万世诗祖也。至唐以诗取士,而海内学士人人能诗。至人人能诗而天下遂无诗。何也?断须镂肝,雕之、琢之、斧之、凿之,干禄也,非为诗也。凿混沌者,七窍生而混沌死,有唐人干禄之诗,而《三百篇》亡矣①。

李柏在这里强调诗作的创作必须极天下之至精,状事言物如造化自然,不假人为,天机自动,天籁自鸣。当然这一观点并非李柏个人的特殊见解,乃是中国古代众多文艺家的共识。文学艺术中"天机",就是指天然的生命本能,或称之为生命的自然灵机。它与生俱来,不思而得,既不是有意的选择,也不能随意的更换。李柏在此也引用了庄子的凿七窍的典故说明诗文的创作若违背"天机"将会导致诗文失却自然,成为"唐人干禄之诗"。在庄子之后,陆机在其《文赋》就醒目地采用了"天机"的概念,而且充分强调了它的重要性,"方天机之骏利,夫何纷而不理。思风发于胸臆,言泉流于唇齿",而"天机"过后,则"兀若枯木,若涸流""理翳翳而愈伏,思乙乙其若抽",因而感叹道:"虽兹物之在我,非余力之所戮。""时抚空怀而自惋,吾未识夫开塞之所由。"②文学的创作虽然是人的作为,却不受人的支配,似乎是由冥冥中的某种神奇的力量所引发的。这种神奇的力量就是"天机"。在这里我们对比庄子和陆机对"天机"的描述可以看出二者对"天机"理解的区别。庄子所言的"天机"是事物本身所固有的规定性,是事物本来就是如此,而陆机则侧重其机遇和偶然性,更加强调主客体发生关系时的顺势和自然,不需思索和选择。但无论是庄子所看重的内在的规定性还是陆机的顺势和自然,二者最终的归宿是相同的:他们都认为这种天机都是人的主观意志、主观努力所不能驾驭的自然灵机。而且不仅诗,诸般文艺无不如此。这一思想说明李柏对明代诗歌创作体现出的重视格律和复古倾向的一种反动和批判,是对晚明诗歌创作中以李贽为首的"性灵派"创作风气盛行的一种积极回应。李柏在此的"天机"总的说来是指一种特殊的心理状态和心理机能,其特殊性就表现在诗歌的创作非有意作为,或可以说是无意识,这种无意识的心理状态,就是人们返回自己的自然生命的心理状态,正是由于排除了这种没有意识的意识,人们才返回了自己的自然生命,返回了纯粹的生命意识,而只有在这样的状态下,

---

① 《襄平张少文诗集叙》,《槲叶集》卷二。
② 陆机著,金涛声点校:《文赋》,《陆机集》,北京:中华书局,1982年版,第4—5页。

生命的自然灵机才能得以自由地活动、充分地发挥,这是有意识的意识最微弱的时刻,也是生命的自然灵机最活跃的时刻。李柏认为自唐以来的诗作由于受科举制度的诱惑,创作者破坏了这种"天机",是对主张以真性情为诗歌之本的反动。既然诗歌以表现真情为本,故而在形式上就不必刻意雕琢,以免束缚性情之流露,所求自然英旨,不必顾虑形式上的完美,不假掩饰,才有真正的审美价值。作诗若一味追求形式,势必失却真性情的流露,也就失去审美价值,只有直抒胸臆,流露真情的诗歌,即使形式上不太完美,也具有艺术感染力和审美价值。

三、"至精至微"的诗歌功用论

在中国古代思想文化中,"道"是个广泛使用的"概念",从文与道的关系看,道就是文的思想内容。儒家非常重视"道"的人格化内涵,并注意与"文"(艺术)的贯通与融合,大力倡导"人道"有为,其内容主要包括治理国家之道与个人修养之道。这二者的艺术核心就是"仁"。"人道"即"仁道"。作为中国艺术史上第一个对艺术的社会功用进行最集中、最全面、最系统概括的思想家,孔子把"仁道"看得比生命还重要:"朝闻道,夕可死矣。"[①]他在《论语·阳货》中说:"诗,可以兴,可以观、可以群、可以怨。迩之事父,远之事君;多识于鸟兽草木之名。"[②]兴、观、群、怨,这四者是相互联系的。"兴""观"的结合从艺术形象中可考见社会风俗的盛衰与政治的得失,"兴"引发"观""观"选择"兴"。"群""怨"相契,个人的"怨"能与群体欲望和要求相一致,"群"提升"怨""怨"归依"群"。这四者的魂却是一个"情"字,无情难以动人,也无从产生"观""群""怨"的欲望,而"情"又蕴藏在艺术的"兴"象之中,因此,"兴"为四者之统摄和核心,是一切艺术取得社会功能和艺术价值的基础。

李柏提出诗文创作的社会功用性问题。"雕之、琢之、斧之、凿之,干禄也,非诗也"[③]。从社会学的层面看,李柏认为诗作为一种艺术形式,强调有感而发,反对无病呻吟,这就是说,诗人要有社会责任感,不趋炎附势,不奴颜婢膝,不争宠取怜,敢爱人之不敢爱,敢恨人之不敢恨,敢道人之不敢道,敢写人之不敢写。他在《有声不鸣》中写道:

---

① 朱熹撰:《论语集注·里仁》,《四书章句集注》,第71页。
② 朱熹撰:《论语集注·阳货》,《四书章句集注》,第178页。
③ 《襄平张少文诗集叙》,《槲叶集》卷二。

> 凡有声之物,皆能自鸣,无所顾虑,而况于人。人有声则鸣,不鸣则谓之病失音。故天下容有失音之人,必无有声不鸣之人。有鸣于唐、虞之人,有鸣于夏、商、周之人,有鸣于汉、唐、宋之人,虽世代不同,各乘时出。元音鸣于天下,至后世犹闻其声。即凡天地之间,山林鬼神,飞潜走动,微细之物,皆能随时自鸣①。

在这里他指出作为人皆要抒发自己的情怀,若有声者用诗来表达,就是中国古典诗歌中的"诗言志""歌咏言"的问题,而诗歌作为一种艺术品对接受者产生或心理情感、或理性认知、或相互评点、或独自把握的社会作用。诗歌的"言志"和"咏言"在儒家的文艺学思想中执行着一定的伦理道德教化作用。

李柏认为诗歌虽为抒情而作,同时也应承担相应的社会功利的责任,他在《华岳集叙》中说道:

> 人知一家之书数万言也,而不知只山水二物。人知咏山咏水数千篇也,而不知道性情。人知性情好恶美刺多端也,而不知一本于道。是道也,至精至微,而古今之人品类别焉②。

李柏认为尽管诗歌为道性情之作,但他必须不能违背"道",这个道就是儒家的虞廷十六字"人心惟危,道心惟微。惟精惟一,允执厥中"之道,它关涉世道人伦,是人修身之大本。作诗要有益于济世之用,而不单纯志于耳目之娱,这就是说,诗作为"济世"之具,要"体用为本",诗人要有社会责任感。他在《后劝学篇》中写道:

> 鱼生于水,其鳞如水之波纹;鸟生于山,其羽毛文章如草木之英华。山水之气,感而成形,各以类应也。然则圣贤诗书之造就人,甚于阴阳之于云气,山水之于鱼鸟。而今之学者,儒服儒冠,行非圣贤之行,言非《诗》《书》之言,不能如云气鱼鸟感阴阳山水而变化者,何也?物欲害之也。人能远去物欲,非《诗》《书》之言不敢言,非圣贤之行不敢行,践履笃实,久而左右逢源。眸面盎背,即尧舜可学而至,岂止阴阳之酝酿云气,山水之润泽鱼鸟,仅得其类应,形似而已乎③。

李柏在此处理诗的言志抒情功能与载道功能的方式是比较理性的,他一方面

---

① 《有声不鸣》,《槲叶集》卷一。
② 《华岳集叙》,《槲叶集》卷二。
③ 《后劝学篇》,《槲叶集》卷一。

强调诗歌直抒胸臆,另一方面没有放弃"圣贤诗书之造就人",人若"咸感阴阳山水而变化",而不行圣贤之行,其心必受物欲之害,人若"践履笃实,久而左右逢源,睟面盎背",则人人可为尧舜。他在《午夜钟叙》中同样提出这一问题:

> 汪直作威福,公卿大臣相为结舌,一洒扫微贱之阿丑,口吐谑词,身作酒态,足以回万乘而有余,然则剧谈讽刺之关于声教也大矣。鄢阳孟太和,少年讲剑术,长而隐弈酒,目击时事,感伤牢骚。然而叹之不可,骂之不敢,哭之或无泪,怨之或无词。烦劳管城,讬于传奇,哭笑怒骂,委之古人,是欲以声教天下后世也①。

违背"至精""至微"之道的公卿大臣,使儒家的斯文扫地,他们"口吐谑词,身作酒态",导致世风的堕落,这不能不引起李柏的忧虑。黄宗羲也明确提出:"文之美恶,视道离合。"②顾炎武认为:"文亡不可绝于天地间,曰:'明道也,纪政事也,察民隐也,乐道人之善也。'"只有这样的文,才能"有益于天下"③。而要能明道致用,就不能和儒家思想无关了。顾炎武说:"故凡文之不关六经之指,当世之务者,一切不为。"④黄宗羲认为诗应该"道性情",但"有一时之性情,有万古之性情",一时之性情是微不足道,要表现万古之性情,则"必当以孔子之性情为性情"⑤。和黄宗羲、顾炎武处于同一时代的李柏,也主张诗的经世致用,他在《道研斋游记叙》中说:

> 天地山川何以至今不老耶?以忠孝节烈之人也;忠孝节烈何以至今不死耶?以文人才子之笔生之也。……慨前贤于既往,历终古之茫茫,而文人才子生于其间,使其荡精神于风花,付伦纪于蔓草,则是忠孝节烈之人,天地山川生之,而文人才子死之也。今幸矣,青门有韩子矣,韩子有笔、墨、词、赋矣,凡瑰意奇行之人,已往者至今不死,将来者感而复兴矣。此天地所以不老乎⑥。

显而易见,在李柏看来,诗文的功能既要抒情,但同时又必须承担社会的道

---

① 《午夜钟叙》,《槲叶集》卷一。
② 黄宗羲著,沈善洪主编:《李杲堂墓铭志》,《黄宗羲全集》第10册,第412页。
③ 顾炎武著,黄汝成集释,栾保群、吕宗力点校:《文须有益于天下》,《日知录集释》卷十九,第1079页。
④ 顾炎武撰,华忱之点校:《与人书》,《顾亭林诗文集》卷四,第91页。
⑤ 黄宗羲著,沈善洪主编:《马雪航诗序》,《黄宗羲全集》第10册,第95—96页。
⑥ 《道研斋游记叙》,《槲叶集》卷二。

义,要把儒家的忠孝节烈大力表彰,并使之传承后世,使后世之人能够认识和体悟到前人的"嘉言善行",并把它内化到个体本身的行为中去,这也是诗文之所以具有存在价值和意义之所在。人之所以为人,也是有赖于诗文对忠孝节烈的宣扬,诗文中"艺"与"道"是不可或离的,他的这一思想在明清易代之际显得尤为突出。

四、"断须镂肝"非诗也

李柏认为诗歌的创作"断须镂肝",并非是真性情的流露,"雕之、琢之、斧之、凿之,干禄也,非为诗也"①。他提出这一论点主要是为了反对当时的浮华诗风。当时诗人作诗不从内心而出,而是追求华丽辞藻,丧失了自然之诗境。李柏认为文笔应随内心情感的变化而变化,如果钻砺过分,则会使诗神疲而气衰,丧失自然之妙。中国古典诗歌成于唐、备于宋、结于清,元、明两代身处完备与总结的过渡阶段,欲创新而不能,思集成而不足,实是尴尬。故而,在中国诗史中,元明两代之诗是最缺乏独立品格的,经常扮演着各代诗歌的陪衬和比较角色,明人没有宋诗挑战唐诗的勇气与实力,他们所拥有的只是继承唐诗传统的热情与执着,对明诗最有发言权的还是清人,誉之者称:"明诗一洗宋元纤腐之习,逼近唐人。"②"明诗胜金、元,才、学、识三者皆不逮宋;而弘、正四杰在宋诗亦罕其匹。"③毁之者则斥其为"瞎盛唐诗""赝古""优孟衣冠"。值得注意的是,尽管有褒有贬的差异,但清人的品评仍然显示出相当的理性,钱谦益称明诗人"学唐诗,摹其色象,按其音节,庶几似之矣。其所以不及唐人者,正以其摹仿形似,而不知由悟以入也"④。李重华《贞一斋诗说》称:"明人弊病,喜学唐人状貌,苟能遗形得神,便足重世。"⑤学唐状貌是明诗的最大特点,论者自然要以唐诗为规矩,清人的赞毁亦交会于此,李柏对这一诗歌创作现实也抱批评态度,他认为诗人为诗要有自己的风格,要独抒

---

① 《襄平张少文诗集叙》,《槲叶集》卷二。
② 郭绍虞选编,富寿荪点校:李调元,《雨村诗话》,《清诗话续编》下册,上海:上海古籍出版社,1983年版,第1535页。
③ 王夫之等著:王士禛,《师友诗传录·续录》,《清诗话》,上海:上海古籍出版社,1999年版,第160页。
④ 钱谦益:《高典籍棅》,《列朝诗集小传》上册,上海:上海古籍出版社,1959年版,第180页。
⑤ 王夫之等著:李重华,《贞一斋诗说》,《清诗话》,第927页。

自己的性情。"或问先生于文为《左》《国》欤?《史》《汉》欤? 唐宋八大家欤? 先生曰:'我学八家,我居何等?'先生不为八家而自成一家"①。

李柏提出"断须镂肝""雕之、琢之、斧之、凿之,干禄也,非为诗也"之论,还牵涉到诗歌创作中的诗的潜在次序或诗的深层结构问题。诗论家普遍认为,真正的好诗是"神品、逸品",其中有一种似乎是人力难以达到的、妙不可言的"东西",这种东西就是上面提到的"天机",有人说是"自然灵气"。对诗人而言,这里主要问题是这种潜在的次序和深层结构是怎样发现的。中国古代诗学对此回答是有分歧的,这就是"苦吟"派和"快吟"派的对立。孔尚任在《山涛诗集序》中说:"诗有二道,曰工、曰佳。工者,多出苦吟;佳者,多由快咏,古人谓诗穷而后工,特为工者言耳。而佳诗,则必风流文采,翩翩豪迈,能发庙朝太平之音。"②这种把"工"与"佳"截然分开的说法未必妥当,但孔尚任明确指出"苦吟"与"快吟"两派的区别还是有意义的,这种区别实际上提出了一个诗学悖论,一方面,诗人无意于诗,无意于佳,更无意于传世;可另一方面却在不经意中"冲口而出",有了诗,有了佳诗,有了传世之诗。当然这种思路并非是苏轼首创,唐代张彦远曾说:"夫运思挥毫,自以为画,则愈失于画矣;运思挥毫,意不在于画,故得于画矣。"③苏轼的"无意于佳作乃佳"是对这一思路的新的发挥和概括。李柏所提出的"雕之、琢之、斧之、凿之,干禄也,非为诗也"的主张,其实就是主张在作诗之时诗人要"冲口而出",只有这样才能表达诗人的真性情。

第二节 适然相合的诗作情景论

情景关系问题是中国诗学理论的一个基本问题。情为主,景为宾,这是理论界普遍认同的,但是在不同的历史时期,对这一问题的表述又呈现出不同的特点。

《淮南鸿烈》中对诗歌情景关系问题,是这样描述的:

---

① 《太白山人〈槲叶集〉序》,《槲叶集》卷首。
② 孔尚任著,徐振贵主编:《湖海集》,《孔尚任全集》第2册,济南:齐鲁书社,2004年版,第1167页。
③ 张彦远:《论顾陆张吴用笔》,《历代名画记》卷二,北京:人民美术出版社,1963年版,第25页。

> 文者,所以接物也,情,系于中而欲发外者也。以文灭情则失情,以情灭文则失文,文情理通,则凤麟极矣,言至德之怀远也。"①
>
> 且夫精神滑淖纤微,倏忽变化,与物推移……览物之博,通物之壅,观始卒之端。见无外之境,以逍遥仿佯于尘埃之外,超然独立,卓然离世,此圣人之所以游心若此②。

在这里刘安强调诗文的作者在抒发情怀时,必须以景为依托,强调艺术创造中心灵的高度自由,但是这种心灵的高度自由正依赖于"物"的无限丰富。很明显刘安的这一思想受庄子"游心"和"神与物游"思想的影响,这种"游心",无非是让主体的视界突破有限的生活空间而进入宇宙的无限的时空中去。

一、触物起情与"物"之意象

艺术创作中情感并不是柏格森所谓的是通过深层的内省认识到的,也不是弗洛伊德所说的那样,是冲破意识门槛的潜意识的泛滥。在中国古典美学看来,这种不可遏制的情感是人与自然遭遇时产生的。《毛诗》里的许多诗多与鸟兽草木有关,表明《毛诗》的作者意识到触物起情的诗歌创作缘起。作为诗人吟咏的自然对象本身并无象征,在审美主、客体关系中是消极、被动的一方面。"此花,此木、此湖本无情也"③。情之所生,是由于触物而起,是审美的主体缘物而产生,"而忽若有情。非此花、此木、此湖之有,而实于游者之有情"④。作为审美的主体在主、客体这一关系中是积极的、主动的。宋人杨万里说得好:"大抵诗之作也,兴,上也;赋,次也;赓和不得已也。我初无意于作诗,而是物是事,适然触于我,我之意亦适然感乎是物,是事触先焉,感随焉,而是诗出焉,我何与哉?天也。斯之谓兴。"⑤触物生情是一种即兴的体验,包含着当下的灵感,因为"触物"的瞬间是沟通物我,融合情景的欣赏方法,是依物生情,即由自然引起情感的激荡和回应,它使得自然山水作为心灵的对应物,作为主体精神成就的对应物而存在,这也就是李柏所说的"而我游于湖

---

① 何宁撰:《缪称训》,《淮南子集释》,第733页。
② 何宁撰:《修务训》,《淮南子集释》,第1344—1345页。
③ 《游凤郡东湖叙》,《槲叶集》卷二。
④ 《游凤郡东湖叙》,《槲叶集》卷二。
⑤ 杨万里撰,辛更儒笺校:《答建康府大军库监门徐达书》,《杨万里集笺校》,北京:中华书局,2007年版,第2841页。

也,笔焉、墨焉、诗焉、赋焉,月歌而风啸焉,则是我之有情"①。当审美的主体被审美的对象所感染时,主体的情思和意趣正通过这种景物获得感性、具体的表现。这是一种心物偶然的相遇,适然相合的心理体验,犹如栩栩翩翩之鸟游于林,嘤嘤喈喈之蜂游于花,自然灵妙,意趣天成。

李柏对自然及自己的生命有着深邃的体悟,他强调诗文创作的主体性。在和自然所构成的审美关系中,李柏通过感物动情的诗意方式,实现了自己身心与自然的贯通,使全身获得愉快,并通过虚静的心灵和特定的感悟方式使其生命进入崭新的状态。李柏在《午夜钟叙》中写道:

> 石令人古,茶令人淡,梅令人贞,莲令人清,此无声动物者也。闻驴鸣悟道,听击竹参禅,聆杜鹃啼识治乱,此有声而无情之动物也。飞土逐肉,歌之而孝思生;麦薪稷穗,吟之而忠怀奋;黄鹄紫燕,咏之而节烈振,此有声有情之动物也。古人知声之易动物也,于是有阳春白雪,丝竹歌号,刻商引羽,杂短怨诽之声,其言近,其旨远②。

李柏在这里虽没有明确地指出诗歌中情景的复杂关系,但他已经看到,诗歌中的情是一种特殊的情,诗歌中的景是一种特殊的景,只有二者自然妙合,才能产生出好诗。同时从中我们也可以看出李柏认为在情景相融妙合的过程中,中国传统诗学中比、兴的方法是不可或缺的,他把比、兴视为主体对自然山水体悟的两种思维方式,即借景抒情和即景生情。"梅"是"贞"的象征,"莲"是"清"的象征,"麦薪稷穗"是"亡国思故"的象征。"梅""莲""飞土""麦薪稷穗""黄鹄紫燕"这些自然物通过审美活动中比拟的体验方式,使李柏主观情感投射其上,通过联想的方式,丰富了他的感受的内涵,强化了感受的情趣。在审美活动中,强调了主体以比喻的方式对自然对象作社会性的情感体验,从而拓展了所体悟的物象,使情感获得更为深刻的体验和依托,审美的感受也更为丰富和深入。这种类比取象的方法被进一步运用到艺术观上。

在比附的问题上,李柏承袭了以物比德的传统,把自然物看成是德的象征,这也是一种成熟的比喻文化。儒家对崇高理想和完美人格的追求,并不是仅言"志"说"理"、传教布道,而是善于通过形象的描写、氛围的渲染来表达自己的思想主张,尤其是透过个人的生存的空间(主要是自然环境和现象)

---

① 《游凤郡东湖叙》,《槲叶集》卷二。
② 《午夜钟叙》,《槲叶集》卷二。

来顿悟蕴含其中的人生况味,创立了艺术创作上一个重要的言情喻志手段——"比德",或者说"比德"是儒家"诗言志"理论的具体实践。比德说认为自然物之所以美,是因为对象的某些自然特征与人的德性等精神品质有一定的相通之处。孔子在《论语·子罕》中提出"松柏意象",孔子说:"岁寒,然后知松柏之后彫也。"①荀子对此有最为精确的解说:

  君子立志如穷,虽天子三公问,正以是非对。君子隘穷而不失,劳倦而不苟,临患难而不忘细席之言。岁不寒无以知松柏,事不难无以知君子,无日不在是②。

松柏意象确实是一种坚贞不屈、特立独行、生命常青的人格象征。在李柏艰辛的一生中,他时常以松柏、梅花自喻,凸显了其高洁的人格。他在《咏梅四首》中写道:

其一
梦里繁花梦里香,梦中美酒酌西凉。
醒来倚着阑干看,惟有梅花敢傲霜。

其二
百花明媚斗三春,未到深秋委土尘。
尽说岁寒凋万物,却与梅花助精神。

其三
绝代幽姿不染尘,凝眸敛笑解迎人。
月明歌舞梅村晓,始识霜花自有神。

其四
雪自纷飞花自开,暗香瘦影自徘徊。
溪山深处无人到,有客孤吟驴背来③。

诗中通过对梅花幽香逸致、风骨清高、不作媚态等特征的描写,寄托着作者对高洁人格的追求。

在《槲叶集》中,李柏对梅、兰、竹、菊、松等自然物均有所吟咏,李柏在观照梅、莲、麦蕲稷穗等自然物时,以己度物,使这些自然物具有了丰富的意蕴,构成了审美的境界。"比德"这一形式在诗歌的创作中使得主体的心灵由于

---

① 朱熹撰:《论语集注·子罕》,《四书章句集注》,第115页。
② 王先谦撰,沈啸寰、王星贤点校:《大略篇》,《荀子集解》,第505—506页。
③ 《咏梅四首》,《槲叶集》卷四。

受到自然物的感发而获得了升华,形成了一种使自然物超越物质障蔽,成为独特精神形态的传统。李柏在《游凤郡东湖叙》中写道:

> 花在旷野,木在空山,湖在凤城,俱无情物也。然旷野中有花,而蜂自游之;空山有木,而鸟自游之;凤城有湖,而我自游之。是此花、此木、此湖,本无情也,而然若有情,非此花、此木、此湖之有情,而实生于游者之多情。蜂游于花,是有情蜂;鸟游于木,是有情鸟,而且栩栩翩翩焉,而且嘤嘤喈喈焉。斯又蜂鸟之多情也。而我游于湖也,笔焉、墨焉、诗焉、赋焉、月歌而风啸焉,则是我之有情,我之多情。不且与旷野之蜂、空山之鸟,不能忘情于一花一木者同一①。

在这种物我合一的关系中,花、木和蜂、鸟皆成有情之物。花、木之有情,是因为蜂、鸟之有情。作者在确认自我主体的同时,向自然的外在物象铺展,赋予外在物象以生命,并力图取得二者之间的关联与默会。当李柏看到鸟飞林中,蜂游花中时,触发自己物我一体的感悟,"我游于湖也,笔焉、墨焉、诗焉、赋焉,月歌而风啸焉,则是我之有情,我之多情。不且与旷野之蜂、空山之鸟,不能忘情于一花一木者同一"②。在这里就是把自己的情感和生命情调赋予了蜂、鸟,这种设身处地的感性体验,在认识的层面上是荒谬的,而在审美的层面上则是饶有兴趣的。由于融会了生命意识,所谓"以天合天",就是返回自己的自然生命,会合外物自然生命,由此产生艺术形象,它是有生命感的,并且蕴涵着艺术家自己的心意,准确地说是物我一体的生命意象,诗的意象在这种"交融"中得以具体表现。

二、对"山水清音"之"悟"

"悟"的本义是心领神会。佛教禅宗讲究了悟本心,由悟见性,通过悟来寻找生命的归依。胡应麟《诗薮》内编卷三论严羽"以禅喻诗"时所谓"一悟之后,万法皆空,棒喝怒呵,无非至理。诗则一悟之后,万象冥会,呻吟咳唾,动触天真"③。这不仅是指诗歌的创作与欣赏,而且也是整个审美活动中体悟的写照。李柏依情景所建立起来的审美关系中还贯彻了"悟"这一体验方

---

① 《游凤郡东湖叙》,《槲叶集》卷二。
② 《游凤郡东湖叙》,《槲叶集》卷二。
③ 北京大学哲学系美学教研室编:《中国美学史资料选编》,北京:中华书局,1981年版,第142页。

式。我们在李柏现存的诗文中尚不能直接找到这一论断,但在萧震生所写的《〈槲叶集〉叙》中却可找到相关证据:

> 深山之中,每遇一古木、一怪石,则必曰:"可悟文章。"每遇松风涧响,则必曰:"可悟文章。"每遇枝头啼鸟、水面落花,则必曰:"可悟文章。"故先生为文多得山水清音,不作人间丝竹矣①。

"悟"是一种主体沟通的思维方式,是一种通过直觉,经神合到体道的审美体验。李柏通过木、石、松风涧响的瞬间体验,以意会为基础,它既体验到对象,又把握到自我,包含着豁然贯通的觉醒。通过悟,他在审美中实现了物态人情化,人情物态化。这种独特的审美思维方式是他与自然构成审美关系的关键。他在与自然长期接触的过程中,常常以自己的情感和生命情调去揣度对象,又借助近观远譬来反省自身,从而使物态人情化,人情物态化。

自刘勰提出"窥意象而运斤"②之后,"意象"逐渐被诗学家所重视,并把它当成诗的原质。唐代司空图写道:"意象欲出,造化已奇。"③明代王廷相说:"夫诗贵意象透莹,不喜事实粘著,古谓水中之月,镜中之影,可以目睹,难以实求也。"④这种透莹的意象由情和景这两个元素所构成,情与景相契合而产生意象。景中含情,情中寓景,诗的意象就会自然呈现出来。如果情与景的关系处理得特别好,达到水乳交融的水平,那么诗的意象就构成并升华为意境,而意境乃是诗的极致。李柏在《华岳集叙》中写道:

> 将说其耳观山色,目听水声,闻见俱融,不滞形迹,却明明是山是水。将说其见山吟山,见水吟水,诗成千卷,却空无一字。将说其终日登山而忘乎山,终日临水而忘乎水,终日吟诗而忘乎诗,却茎须谁断,心血谁干,何曾忘得⑤。

在李柏看来,在这一情景交融的状态下,自然对象不仅与人相融,而且使主体在审美体验中跃身大化,与天地浑然为一。在这种"天人合一"的状态中,主体对自然的道不是被动地体现,而是对自然能动地顺从,从对天地自然的积

---

① 《太白山人〈槲叶集〉叙》,《槲叶集》卷首。
② 刘勰著,周振甫注:《神思》,《文心雕龙注释》,第 295 页。
③ 司空图著,郭绍虞集解:《缜密》,《诗品集解》,北京:人民文学出版社,1963 年版,第 26 页。
④ 王廷相著,王孝鱼点校:《王氏家藏集·与郭价夫学士论诗书》,《王廷相集》,北京:中华书局,1989 年版,第 502 页。
⑤ 《华岳集叙》,《槲叶集》卷二。

极适应和相融协调中伸张自我,实现心灵的自由,达到了"终日登山而忘乎山,终日临水而忘乎水,终日吟诗而忘乎诗"的绝妙境界。这一境界体现了自然的规律性与主体精神的目的性的统一,李柏诗中也写道:

> 家山深处雪重重,长夏翻书曝夕春。
> 硼户猿啼松万壑,萝堂鹤唳月山峰①。

诗中虽然全部状物,但从中我们体悟出在诗情画意中诗人与自然和睦相处的怡然自得的心态,在物我一体中提升自己的心灵境界。

三、"景语"与"情语"

艺术作品既源自自然,又参赞化育,造于自然,以笔补造化。李柏提出的"忘景"和"忘情",其实就是刘勰所谓"神与物游"。刘勰在《文心雕龙·物色》中曰:

> 春秋代序,阴阳惨舒,物色之动,心亦摇焉。盖阳气萌而玄驹步,阴律凝而丹鸟羞,微虫犹或入感,四时之动物深矣。若夫珪璋挺其惠心,英华秀其清气,物色相召,人谁获安?是以献岁发春,悦豫之情畅;滔滔孟夏,郁陶之心凝;天高气清,阴沈之志远;霰雪无垠,矜肃之虑深。岁有其物,物有其容;情以物迁,辞以情发。一叶且或迎意,虫声有足引声。况清风与明月夜启,白日与春林共朝哉!②

宇宙万物皆一气运化而交感,人与自然同在宇宙生命的节奏、韵律之中,感物动情,故能神思飞扬,兴味盎然。

> 砚格酒铛一杖悬,呼童荷入小壶天。
> 有无山色青天外,远近溪声白石边。
> 林散花香穿雨落,谷喧鸟语倩风传。
> 野人素有林泉癖,被发登临更浩然③。

诗人沉浸在诗中所描绘的物象之中,使其心灵在其中得到陶钧。物象既是思想的天地,也是性灵的乐园,故李柏寄意于"林散花香""鸟语倩风"中抒发其"塞于天地之间"的"浩然之气"。李柏在赏析唐诗"姑苏城外寒山寺,夜半钟声到客船"时说:

---

① 《怀太白山房》,《槲叶集》卷四。
② 刘勰著,周振甫注:《物色》,《文心雕龙注释》,第493页。
③ 《峪泉春望》,《槲叶集》卷五。

>吾不知船何泊,客何人,钟声谁敲,夜半谁闻,知其说者可以读《午夜钟》矣。盖古往今来,夜半时也;都邑聚落,江上船也;王侯厮役,客中人也;前言往行,寺钟声也;钟声到船,则客惺矣。夜半客惺,乌啼霜落,寒山寂寂。似此景色,谁复能寐?则长夜漫漫,可以待旦矣。要非午夜钟,不足惊客梦也①。

李柏从"乌啼霜落,寒山寂寂"的景色中体悟出寒山寺幽远的钟声所带来的凄凉之意境,使人夜不能寐。这虽是赏析之作,但我们从中仍可以窥出李柏对这一问题的认识和看法。李柏认为情真景真的内涵更本质地在于确见其景,确有其情。情只有以景来体现才显幽致,直接表现则无意蕴。"要非午夜钟,不足惊客梦也"。李柏主张在诗中"景语"与"情语"应有所区别,他认为只有以写景的心理去抒发诗人的情怀,诗人独特的、细微的感受才能够艺术地表达出来,孤立或直露的情是没有韵味的,因而无法感动人。王廷相也说:"言徵实则寡余味也,情直致而难动物也。"②蒋兆兰也说:"若舍景言情,正恐粗浅直白,了无蕴藉,索然意尽耳。"③刘熙载则举例说:"'昔我往矣,杨柳依依。今我来思,雨雪霏霏。'雅人深致,正在借景言情,若舍景不言,不过曰春往冬来耳,有何意味?"④现代审美心理学已经证明,在艺术和诗歌创作中,情感的表现必须通过可以知觉的对象呈现出来,使情成体,化无形为有形。苏珊·朗格对此有深刻的论述:"艺术品是将情感(指广义的情感,亦即人所能感受到的一切)呈现出来供人观赏,是由情感转化成的可见的或可听的形式。它是运用符号的方式把情感转变成诉诸人的知觉的东西。而不是一种征兆性的东西或是一种推理性的东西。艺术形式与我们的感觉、理智和情感生活所具有的动态形式是同构的形式,正如亨利·詹姆斯所说的,艺术品就是'情感生活'在空间、时间或诗中的投影,因此,艺术品就是情感的形式或是能将内在的情感系统地呈现出来以供我们认识。"⑤这或许是对李柏的赏析最好的

---

① 《〈午夜钟〉叙》,《槲叶集》卷二。
② 王廷相著,王孝鱼点校:《王氏家藏集·与郭价夫学士论诗书》,《王廷相集》,第503页。
③ 张璋,等编纂:蒋兆兰,《词说》,《历代词话》,郑州:大象出版社,2005年版,第542页。
④ 刘熙载著,王国安点校:《诗概》,《艺概》,上海:上海古籍出版社,1978年版,第81页。
⑤ [美]苏珊·朗格:《艺术问题》,北京:中国社会科学出版社,1983年版,第24页。

注解吧。

四、"万化冥合"与"神与物游"

道家强调人与万物道通为一,"神与物游"。庄子梦蝶的故事,便反映了庄子物我同一,与万化冥合的思想。这是一种超越日常的世事,忘怀世俗的生命,与天地为一的无为境界。李柏在其《游凤郡东湖叙》中明显地表达出他的"神与物游"的思想:

> 今日之游于湖,真大梦也。既为大梦,则凡湖上之蜂,是谓梦蜂;湖上之鸟,是谓梦鸟;湖上之笔、墨、诗、赋、歌月、啸风,是谓梦笔、梦墨、梦吟诗、梦作赋、梦歌于月下,啸于风前也。吾又安知湖上之蜂、鸟,非梦游湖上乎?梦游湖上而梦中见湖,梦中见湖上之我,空自拈笔弄墨,空自吟诗作赋,空自啸歌风月,是我梦蜂、鸟,蜂、鸟亦梦我,而我与此蜂、此鸟同在梦中游也①。

李柏在此通过梦幻般的观景显情,象征着在时空无限的梦中实现了对象化的自由,象征着人可以拥有不受陈规戒律的约束和压抑的自由。虽然这种自由的状态是短暂的,但其境界是永恒的。人可以像蜂、鸟一样,无拘无束,自由地徜徉于天地间,欢欣于自然无为,情、景达到了完全的合一。这不是庄子式的"物化"所追求的物我两忘,大化同流的生命境界吗?通过对外在自然无为之类绝对化,把个体自由的实现视为审美人生境界。李柏在此提出了"化"的思想:

> 是我化蜂、鸟,蜂、鸟亦化我,而我与此蜂、此鸟又在化中游也。游于化中,化即是梦;游于梦中,梦即是化,是古往今来世界皆幻梦也,皆幻化也。古人随化而往,后人随化而来;古人方才出梦,后人又来入梦,而我于中间,以古人视我,则我为随化入梦②。

李柏在这里所说的"化"其实就是中国文学或哲学上所讲的"物化"。"物化"是中国美学中一个渊源深厚具有哲学背景的范畴,对于中华民族的艺术创作和理论都有深刻的影响。在美学思想方面"物化"与西方的"移情"说既有接近之处,又有其不同的美学内涵。它与中国美学中的"感物""感兴"等范畴

---

① 《游凤郡东湖叙》,《槲叶集》卷二。
② 《游凤郡东湖叙》,《槲叶集》卷二。

相关联。《庄子·齐物论》中通过"庄周梦蝶"的寓言,明确提出了"物化"的命题:"昔者,庄周梦为蝶,栩栩然胡蝶也,自喻适志与!不知周也。俄然觉,则蘧蘧然周也。不知周之梦胡蝶与,胡蝶之梦周与?周与胡蝶,则必有分矣。此谓之物化。"①庄周与蝴蝶当然"有分",亦即有主、客体之别。而《齐物论》的基本思想就是从主观上取消事物之间的差别,使主体和客体之间混而为一,视万物如同一物,"物化"可以说是艺术审美创造的最高境界。庄子有时也称这种境界为"物忘",则是更加突出了与物冥化,忘却了主体与对象的区分的意义。

在中华传统艺术领域中,"物化"是诗词书画的创作者审美体验中物我相忘,而将主体的灵性与对象的物体融而为一的极致之境。李柏所描述的"梦中蜂、鸟是我化""蜂、鸟亦梦我"就是这一极致之境的真实写照。李柏在《游凤郡东湖叙》进而写道:

> 则凡游时所见蜂、见鸟之眼,即为幻眼;听风、听月之耳,即为幻耳;嗅花、嗅墨之鼻,谈诗、谈赋之舌,即为幻鼻、幻舌,眼耳鼻舌既都是幻,则我亦幻人而已矣。以幻人而为幻游,则亦无益之甚也②。

在这里物象已不再停留于耳目舌鼻,不再停留于直接感触,而是主体与物象的内在合一。它是一种心理境界。

"物化"并不是在现实世界中万物可随意转化,融合为一,而是在心理层面实现的。物化就是精神的逍遥。李柏在这里以"梦"的形式提出"物化"的概念,其思维是审美的思维,李柏是以审美的态度看待对象的。"梦"的感受不同于非梦状态下的一般真实感受,而是一种在"幻"的状态里体验到的一种审美感受,是一种追求心灵自由,拓展精神空间,不以实用功利为目的,而是以思辨的审美为旨趣的人格心灵哲学。李泽厚、刘纲纪两位先生对"物化"问题进行过美学的分析:

> 庄子在这里所要说明的本来不是审美的问题,但在实质上却深刻地涉及到这个问题。经验的事实告诉我们,在审美中主体与对象经常处在一种物我不分交融统一的状态中,主体感到了自己化为了对象,同对象不可分。庄周梦为蝴蝶,好像蝴蝶那样自由自在,欢快

---

① 郭庆藩撰,王孝鱼点校:《齐物论》,《庄子集释》,第112页。
② 《游凤郡东湖序》,《槲叶集》卷二。

自得，就科学的观点看，是胡说八道，而就美学的观点看来，却揭示了审美心理活动中普遍存在的现象。所谓"物化"、物我一体在审美中是存在的，没有它就没有审美。从马克思主义的观点来看，这是在实践基础上所发生的"自然的人化"在人们的情感心理上的反映[①]。

我们把这一解释用于李柏之"物化"概念是非常合适的。李柏这种情景相互蕴涵而合一的思想，是以天人合一为基础的。在他看来，情景合一，是在审美感兴中自然契合生成的，而审美感兴又具有还原功能，可以将人还原到与世界本然的合一状态，所以说在兴发状态下的自然生成的情景合一，是以人与世界本然的合一关系为基础，只有在艺术家，特别是天才艺术家那里，这种"物化"的世界方能显现出来。值得指出的是，艺术创作中审美体验的"物化"，不止于心与物的合一，而是"身与物化"，是以"身"为代表的全副身心与对象的冥化。

中国古代文论中的"感兴"等范畴，与"物化"都是相近的范畴，乃至于有些内涵是重合的，这在中国古代文论和美学中是司空见惯的现象，但"物化"说就其独特的理论内涵来说不全然相同。就其相同之处而言，这些范畴都是在中国"天人合一"的哲学基础之上，对艺术创作中主客体关系的表述；就其相异之处而言，"感兴"强调的是外物对主体情感的触发兴起作用，是主体与客体的直接交融，更注重主客体之间的偶然性触发；"物化"则更多的是强调主客体之间交融的极至，无物无我，物我两忘，进入审美体验巅峰状态。二者是不可相互取代的。李柏所追求的这种境界，是精神逍遥的至乐之境，是从心理层面上产生的物我不断生成演化乃至融合为一的境界，是整个世界都化为任凭精神自由往来于其中的逍遥之境。

第三节　多元化的诗作创作风格与题材

艺术风格是一个综合性的美学范畴，是作家的创作个性在作品内容和形式相统一中所表现出来的特色。诗歌创作的艺术风格的形成有多方面的原

[①] 李泽厚、刘纲纪《中国美学史》（先秦两汉编），合肥：安徽文艺出版社，1999年版，第257页。

因。首先,艺术生产作为一种特殊的精神生产,必然要在艺术作品上留下艺术家个人的印记。诗人作为诗歌的创作主体,他的性格、气质、禀赋、才能、心理等各方面的种种特点,都很自然地会投射和熔铸到他所创作的诗歌之中,通过创造性劳动,使主体对象化到精神产品之中。中外艺术史上对这一点有过许多论述。中国古代文论中常讲"文如其人",法国文艺理论家布封讲"风格就是人",实质上都是强调艺术风格体现出艺术家的个体性特征。艺术风格与艺术体裁也有很大关系,不同的文体形式有不同的风格特征。曹丕在《典论·论文》中说:"奏议宜雅,书论宜理,铭诔尚实,词赋欲丽。"①陆机在《文赋》中对此做了更具体细致的阐述:"诗缘情而绮靡,赋体物而浏亮,碑披之以相质,诔缠绵而凄怆,铭博约而温润,箴顿挫而清壮,颂优游以彬蔚,论精致而朗畅,奏平彻以闲雅,说炜烨而谲诳。"②他对这十种文体的特点及其应显示相应的风格做了界说。这里有一个问题值得注意,那就是不仅内容决定形式,而且形式也决定、制约着内容和风格。

李柏的诗风,《清朝野史大观》卷九记:"雪木所著《槲叶集》冷艳峭刻,如其人。"③邓之诚先生《清诗纪事初编》中记:"诗文皆极险怪逋峭。盖伤心故国,歌哭行吟,通天入地,以寄其悲愤无穷之感。"④李柏的诗,作法的确独特,但以"冷艳峭刻"评之却未见中肯。王心敬在《墓碣》中言:"盖生平最爱者渊明,故于渊明之诗,嚼咀尤熟,不知不觉风韵逼真耳。"⑤我们从李柏的许多诗作中也能体会到这一点,其相当的诗作仍体现了平实简朴的风格,与冷艳峭刻绝不相涉。这说明李柏的诗歌的风格是复杂多样,在不同的时期和不同的场景下其诗作形成了不同的风格,既有对故国旧朝的深切的怀念和对理想至死靡他的执著精神,也有慷慨激昂、意气风发的抒情手段,最终形成了既沉郁顿挫又豪气冲霄的抒情特色。以闲适的山水诗为代表的清新流丽,简单古朴的艺术风格,表现出李柏诗艺术风格的另一面目。

一、沉郁顿挫、豪气冲霄的忧患诗

清初的遗民诗作为遗民心灵深处的律动。李柏身处明清易代之际,作为

---

① 郭绍虞主编:曹丕,《典论·论文》,《中国历代文论选》第 1 册,第 158 页。
② 陆机著,金涛声点校:《文赋》,《陆机集》,北京:中华书局,1982 年版,第 2 页。
③ 《清朝史料》,《清朝野史大观》卷九,上海:上海书店,1981 年版,第 22—23 页。
④ 邓之诚:《清诗纪事初编》,第 171 页。
⑤ 王心敬:《太白山人雪木李先生墓碣》,《槲叶集》附刊。

一名遗民诗人,其诗作始终充斥着一种深沉激切的爱国情绪和壮志难酬的郁勃之气,反映了那段异族入主中原,亡国灭种的特殊时期人们共同的心声,在这方面题材的诗中体现出一种感情悲慨、力透纸背的风格。清初遗民诗丰富的文化内涵包括三个方面:一是郁愤与抗争,生于忧患,死于清贫的忧患意识;二是孤独与寄托、生死不渝、坚守气节的人格精神;三是审美取向,虽生犹死,痛愤凄清的悲凉意蕴。《高熙亭重刊〈槲叶集〉叙》中写道:

> 世称雪木先生之文曰奇,非夫好奇书,盖其胸有万古,小视天下,其识力高出恒流百倍,虽欲不奇其文而不得也,故人而奇之,而吾窃以为常。其事亲与师也,不学今,不就试,奇矣,而实常也;其事君,虽死不二,未尝仕胜国,而终为胜国之遗民,荐牍在廷,橡栗在野,奇矣,而仍常也①。

伤心国故,成了他一生中挥之不去的情结,他的大部分诗作也就异常生动地抒发了这种情怀。

> 为问前朝事,石人不点头。
> 兴亡千古恨,江水自悠悠②。

诗人把自己的感遇、闻见、回忆、歌哭都寄寓于诗,这类诗不仅留下了明清之际的史迹,也留下了一代诗人的心迹,从风格上讲,这类诗大多表现出沉郁之气。比如在吊诸葛亮的诸多诗篇中表达了渴望恢复故国、雪洗民族耻辱的情感:

> 丞相出师处,阵云千载阴。
> 河山分鼎足,日月正天心。
> 原上长星陨,域中大汉沉。
> 英雄不尽泪,渭水亦悲吟③。

这是一种无可寄托的生命悼亡。在传统社会里,诸葛亮最终功亏一篑的史事令多少人扼腕叹息。在明清易代之际,浓郁的对现实及文化传统的双重失望所带来的生命悲歌不仅仅是李柏的宿命感伤,而且还是一个时代绝望的悲鸣:

---

① 吴怀清编著,陈俊民点校:《高熙亭重刊〈槲叶集〉叙》,《关中三李年谱》,第260页。
② 《曲江》,《槲叶集》卷五。
③ 《五丈原和大复山人韵》,《槲叶集》卷五。

> 汉相出师讨魏贼,龙吟虎啸不可测。
> 只今五丈吼松风,杀气吹遮渭水黑①。

诗中借那段铁马峥嵘的征战的回忆,对屡出祁山北伐的诸葛亮表达了深深的推许,也进而抒发了壮士志愿未遂的凄凉。在《看剑》中李柏写道:

> 壁上铁龙吼,匣中宝气生。
> 遥如新发日,破浪斩长鲸②。

今天我们透过诗人这炽烈喷薄的诗章,仿佛看到他那豪气万丈、气吞斩鲸之势,感受到诗人的雄豪雅健。与此同时,在李柏的诗作中我们更能深切地体会到那种英雄失路、壮士凄凉的深深悲哀,那种对故国、对理想至死靡他、感天泣地的精神。李柏这类题材的抒情诗一般是由两个方面构成,一方面是他渴望恢复故国、报仇雪耻的雄豪理想,另一方面则是英雄失路、壮志难酬的悲愤心情。这种思想内涵上的特质就是他成功地吸收了杜甫的沉郁和李白的浪漫,并将两种风格和谐地熔为一炉,既以杜甫式的深沉、厚重与郁结作为诗人表现"忧国复忧民"的情感基调,成为其抒情的魂魄,又把李白式的激情、想象、张扬的个性意识以及善于夸张跳跃的艺术手法借鉴过来作为自己的抒情的手段,从而使他的诗在抒情上形成了既沉郁顿挫又豪气冲霄的艺术风格。如下面这首《自述》:

> 结发之年学隐客,爱看家山雪太白。
> 一卧巉岩四十年,肩背崚嶒风霜迫。
> 只道西北千山雄,未见东南万重水。
> 六十老去出函关,坐泛沧浪三千里。
> 汉江乘槎到潇江,双目炯炯射水里。
> 爱水爱山意错落,只缘我心有所著。
> 要使吾心无所爱,直待名山大川不在天之内③。

为一睹"东南万重水",李柏以六十岁之身躯,"坐泛沧浪三千里",表现出他豪气不减当年,从诗歌的风格来讲,这首诗既沉郁顿挫又豪气冲霄。

李柏的一生历经坎坷,充满着矛盾,交织着生命的冲撞和挣扎,所以他傲岸狂放,傲睨一世。赵舒翘在其《慎斋集·跋淡园亦山园记墨迹卷》中说:

---

① 《五丈西风》,《槲叶集》卷四。
② 《看剑》,《槲叶集》卷五。
③ 《自述》,《南游草》卷一。

生当明季,抱草莽孤愤,无所抒发,遂放浪山水间,其志亦可悲矣。后人见其行文云谲波诡,以为逍遥人间世耳,而讵知与屈大夫《九歌》同其凄怆耶①。

由于其特殊的遭遇,使他的诗作风格呈现出那个时代文人的心迹,他们用特殊的艺术风格表达其在身遭易代之际的不幸和痛苦。他给自己起太白山人之名一方面是出于身居太白山,另一方面和李白的诗歌表达方式对他的影响有关,他的这种个性表现在诗歌上就是奔放的激情和极端的个性夸张。试以《踏雪行》为例:

十万白龙战玄天,乱落鳞甲满大千。
片片悄下似茶芽,樵青曾蓄活火煎。
冷肠几碗浇菜园,呼童背锦踏渭川。
渭川迢迢何所见,珠树瑶树色如练。
青女络雾系银绳,天孙牵风织玉线。
玉线银绳氤抑陌,雁字写断南山白。
江郎高卧拥破絮,吕子东阁笑诗客。
君不见,
鸡窗读书贫家子,拾得六花映寒几。
吐尽虬甲不知止,姓字琳琅馥青史。
又不见,
子卿仗节大漠北,牧羝齿颤枯颜色。
十有九年余老羬,南还秩比典属国。
义重报轻古有之,丈夫烈烈尽尔秩。
赤脚登垄望垌野,五陵豪贵驱白马。
接䍦鹤氅意气满,洒问葛疆以何之。
遥指琼楼醉也,
吁嗟兮,郑卫嬴娥围肉屏,
吁嗟乎,暖芗兽碳爇大厦,
吁嗟乎,病儒短褐皮肤皴,则思天下有寒者②。

---

① 吴怀清编著,陈俊民点校:《慎斋集·跋淡园亦山园记墨迹卷》,《关中三李年谱》,第260页。
② 《踏雪行》,《槲叶集》卷四。

此诗从天下雪写起,进而写到苏武牧羊漠北、矢志不渝,五陵豪贵的纨绔与不恭。肆意千年,纵横万里。在抒情的风格上,全诗为抒发狂放不羁的感情,使用了大胆的想象与夸张,写得辞气踔厉,有如长江出峡,涛翻浪涌,不可遏制。诗中虚实结合,积健为雄,这种表达体式显示出李柏之诗沉雄郁丽、顿挫清壮的风格,语言之流、气势之流、意象之流中已伴着李柏特有的风格,使读者言象难分、势风难辨,这种蕴藉交融,确是风格极品。在诗人看来"赤脚登垄望埛野,五陵豪贵驱白马""吁嗟兮,郑卫嬴娥围肉屏""吁嗟乎,病儒短褐皮肤皱"的对比中,形成了现实社会的黑暗,抒发了李柏对现实的愤懑与绝望。再如《饮马长城窟行》:

> 汉家雁塞秦长城,城下窟寒饮马行。
> 战骨千年堆白雪,不知何代始休兵①。

诗是从诗人自己角度写其所见所感,从而面对惨烈的社会图景迸发出一股令人震撼的艺术力量,白骨累累兵戎不息,使人感到一种沉重的摧抑和深深的悲哀。由于战乱,残破的社会现实和流离转徙的人生遭遇,李柏面向现实,面向人民,以其厚重坚实的内容充实了他的篇章。在李柏的诗作中这种沉痛、郁结、雄厚的作品比比皆是,这些诗都是以深沉激愤、悲愤苍凉为抒情基调,但是这种沉郁之情、家国之痛并不是像杜甫那样直接化入诗中,使诗歌在外在形式上也显露出一种非常显豁的沉郁、浑厚的风格,而是把情感收敛凝聚在诗歌语言的背后,从而形成并不外显的精髓与灵魂。李柏诗作创作论中虽言"不蹈前人",但他的诗作受李、杜的影响是显而易见的。李白诗歌想象丰富奇特,风格雄健奔放,语言清新自然,李柏继承了他那种自由豪放的风格。杜甫思想深厚、境界广阔,抒写个人情怀,往往紧密结合时事,有强烈的社会现实意义,这也是李柏诗歌所呈现出的特点。

二、真醇清淡的山水诗

作为政治黑暗和社会乱离时代的一种精神补偿和避难所,山居、田园生活向来为不能兼济天下则独善其身的传统士人所崇尚。大自然的静穆和山负涧含,草木花卉的映发开落和鸟虫的籁鸣,樵客野老的从容生息和牧童孺子的无邪歌笑,淳朴的乡村风情,往往成为医治忧患多思的文人心灵的灵丹

---

① 《饮马长城窟行》,《槲叶集》卷四。

妙药。尽管明清之际的山林田园同样遭到兵匪及自然灾害的破坏,早已不是古代隐士所置身的人间净土,但毕竟田园山林远离尘嚣和血腥的政治斗争,所以尽管生活异常清苦,但仍然可以作为遗民暂时安顿休憩之所和坚守民族气节的最后一块阵地。

李柏山水诗的清淡、典雅的风格在其诗作中也独树一帜。王心敬《墓碣》中说:"盖生平最爱者渊明,故于渊明之诗,嚼咀尤熟,不知不觉风韵逼真耳。"①李柏由敬重渊明之气节到爱其诗,真可谓爱屋及乌。把下面几首诗作连起来,可以看出李柏从向往山居生活到领悟山间之物,沉迷于山居生活的完整的情感历程。

> 涉世良非易,独夜恒扪心。
> 岂云薄轩冕,所志在山林。
> 匪持白雪曲,而藐巴人音。
> 学道数十载,难与世浮沉。
> 弃捐冯道膝,郑重比干心。
> 进退遵时命,是非付古今。
> 有怀不敢吐,写在无弦琴②。

他又在《观山中》写道:

> 耳观山无色,眼听水无声。
> 而欲灭观听,声耳目色精。
> 石人耳目具,如何不聪明。
> 以此识六根,发机由主盟③。

《田园吟》中写道:

> 半世居农舍,尝与老农游。
> 农以酒觞我,我吟诗以酬。
> 守门惟一犬,耕地有双牛。
> 更为子孙计,木奴千百头④。

在作者看来由于"涉世非良易",他只能远离是是非非,虽然有满腹的经纶之

---

① 《太白山人雪木李先生墓碣》,《槲叶集》附刊。
② 《独夜》,《槲叶集》卷四。
③ 《观山中》,《槲叶集》卷四。
④ 《田园吟》,《槲叶集》卷四。

蕴,但难与世合,只能依时而进退,把自己的失意与愤懑寄托于"无弦琴"之中,在山居中诗人尽量使自己失去对外界事物的感知,但自己"六根"未断,思虑不止,人间沧桑,亡国之痛不绝于心。在山居与自然的冥和中获得生存的信念。农闲之余与老农把酒临风,咏哦诗歌,以此来抚平他心灵中的创伤。

李柏诗作"冲淡平和"的艺术风格是其学通古今所达到的新高峰。所谓冲淡,就是平和、淡泊。司空图在《诗品》中把冲淡列为一格,释之为"素处以默,妙机其微。饮之太和,独鹤与飞,犹之惠风,荏苒在衣。阅音修篁,美曰载归,遇之匪深,即之愈稀,脱有形似,握手已违"[1]。这段话道出了"冲淡"的本质,强调冲淡是一种人生态度,表达的是一种人生观。只有经过沉静的思考,在内心达到真正冲淡的境界,才能写出冲淡的作品。李柏对淡有深刻的体悟,他在《淡园记》中写道:

> 淡之时义大矣哉!子思子曰:"君子之道,淡而不厌。"诸葛孔明曰:"淡薄足以明志。"邵康节曰:"元酒味方淡。"庄子曰:"虚静恬淡",又曰:"游心于淡。"淡之时义大矣哉!……淡则心逸而日休,不淡则心劳而日拙,是以学道君子为此不为彼[2]。

在《仲贞张公淡园跋》一文中,他还把"淡"看成一种至德之境:

> 淡之风清,淡之韵高,淡之用简,淡之致闲,淡之情静,淡之气穆,淡之思定,淡之操严,淡之行廉,淡之量弘。弘则不忮,廉则不贪,严则不滥,定则不扰,穆则不浮,静则不躁,闲则不劳,简则不烦,高则不欲,清则不污。……淡之德至矣[3]。

我们据李柏对淡的描述可以看出,"淡"既是人生的一种境界,也是人的一种精神状态,是指心灵的宁静、情感的柔和。作为一种人生态度,是对人生经历中发生的挫折与不幸的坦然面对和接受,表现出一种随遇而安的旷达处世态度。作为一种艺术精神,则表现为对和谐的情景、冲淡的气韵和悠闲简洁的艺术风格的追求。叶燮《原诗》说:"夫诗纯淡则无味,纯朴则近俚,势不能如画家之不设色。"[4]李柏强调"淡"并不是要表现平庸和淡而无味,平淡简朴是

---

[1] 司空图著,郭绍虞集解:《冲淡》《诗品集解》,第5—6页。
[2] 《淡园记》,《槲叶集》卷二。
[3] 《仲贞张公淡园跋》,《槲叶集》卷二。
[4] 叶燮、薛雪、沈德潜著,霍松林、杜维沫校注:《原诗》,《原诗一瓢诗话说诗晬语》,第18页。

深厚的感情和丰富的思想用朴素的语言说出,富有情味,所以李柏说:"淡之时义大矣哉!"

我们在前章的生平中介绍过李柏曾长期隐居山林僻乡,早已习惯远离尘嚣的清静生活,因此在描写山水或乡村田园生活时常显得闲适而恬淡,空旷而平和。他在《凤泉别墅》中写道:

> 斗室无尘竹径幽,柴扉昼夜掩寒流。
>
> 日沉涧底鱼窥镜,月上松梢鹤踏钩。
>
> 才薄羞陈三《礼》赋,家贫难买五湖舟。
>
> 乘闲且看南飞鸟,归宿层峰最上头①。

居室不大,但清洁无尘。竹径幽深,在其间咏哦"三《礼》赋",山人既有"幽居"之乐,而且还有读书之娱,并且更为重要的是虽生活困顿,但无法使他放弃在乘闲之时观鸟看山,没有放弃对自然的仰观俯察。"日沉涧底鱼窥镜,月上松梢鹤踏钩"之语,呈现在大家面前的是一幅生机勃勃的、充满情趣的隐居之致。这里的实质,在于给生活一种虚远的推拓,李柏也正是在这样平淡而切实的生活中获得一种理性诗意的远伸。而不同于士族文人的是,李柏又以真实的生活为依托,使虚远流化的玄虚理论和对生活审美的感受不失于空洞和浮泛。由此,李柏得到了一种具体而玄远的、思想的、艺术的境界,不仅安顿了疲惫的身心,慰藉了忧愁的灵魂,而且他的诗文也正是因这样一种境界,而体现出淡中有厚的清俊异彩。

从自然有情之物的闲适之趣触发自己对闲适生活的追求在李柏诗作中也很常见,如他在《四嘴山用前韵》写道:

> 风牵萝带裹丛湾,皂鹤依巢睡正闲。
>
> 酒客杯吞掌上月,诗豪笔吐眼中山。
>
> 林余积翠鸟衔去,天漏飞星萤带还。
>
> 怪得渔郎轻舍棹,桃花又绽武陵间②。

这里诗人用白描的手法描写自己心理浑融的意境,"皂鹤依巢睡正闲"之句使人读后产生的审美意境是清淡幽静,绝无尘嚣之烦。"怪得渔郎轻舍棹,桃花又绽武陵间"句说明面对自然所呈出的意态,使人难以抗拒,顿生归意,去领

---

① 《凤泉别墅》,《槲叶集》卷五。
② 《四嘴山用前韵》,《槲叶集》卷五。

略、去融合,在自然闲适、平淡之中去细细品尝山水田园的真正品格,找到自己精神的真正归宿。这首诗是作者心理情感自然外流的佳作:感情从心中自然流出,没有一点斧凿的人工痕迹,平淡自然。诗人在此的心境悠然自得,静如止水。该诗可谓是一首物我浑融、意境深远、哲理深刻的好诗。

在李柏这种平淡的诗歌风格中透露着一种空灵之感,在其《山村晓发》中能明显地看出这一点。

> 独步空山里,荒村断岸分。
> 杖悬松岭月,衣惹柳塘云。
> 野色花千片,秋声雁一群。
> 鼓吹不到处,天籁有时闻①。

这首诗的风物不甚明丽,是黎明前的风景,且行走在荒村间,但诗人心境并未由此而感到悲苦或沉郁,其心境澄明。"独""荒村""秋声""雁群""天籁"呈现出一种空旷、冷清之景,但"杖悬松岭月""衣惹柳塘云"中"悬""惹"二字平添了许多生机和意趣,又使人感到一种明快和生机,"天籁之声"也不时入耳。这种审美的意境"空"中有"实""静"中有"动",使人感到萧疏淡远的空灵之境。

李柏之田园山水诗特有的清淡之风还表现在他状物选词的清新与自然,如《春日独酌浴泉山》:

> 白云曾有约,引我入松门。
> 欲觅溪边句,先开石上罇。
> 水澄花写貌,林霁鸟争言。
> 解得空山意,剪萝结小轩②。

诗人以"约"字写云动,以"引"字写"感触",以"写"字写花影的投射,以"争"字写鸟的鸣叫,以"解"字写感悟,用字鲜活,状物生动,生趣盎然,清姿濯濯。李柏山水诗的这种平淡、清美风格的产生与其气质、人生的态度及社会思潮的影响有关,同时还跟诗人物象、意境的创造相一致,他所反映的是一种遗世而独立的生命意趣,一种与世俗纷扰相对立的超脱境界,一种尚清远浊、全性葆真的品格特征,这种人生意趣主要得之于道家。

---

① 《山村晓发》,《槲叶集》卷五。
② 《春日独酌浴泉山》,《槲叶集》卷五。

三、质朴刚劲的离别诗

离别诗在李柏的诗作中也占有相当篇幅,而这一体裁的诗歌意境同作者本人颠沛流离的生活经历有直接关系。

离别,是人生普遍而重大的遭遇之一,也不可避免地成为诗人笔下的重要题材。中国人的离别场景描写一般具有模式化的倾向,要么"丈夫不作儿女别,临歧涕泪沾衣巾"①。或者在邮亭(驿站)"古道尘清榆柳瘦,系马邮亭人散后"②。还可去登高,"谢亭闻别处,风景每生愁"③。当是时,"劝君更尽一杯酒,西出阳关无故人"④。由是观之,中国人的分别被表达了一种精密模式,缠绵悱恻的离别情意与肃杀悲凉的秋光晚景互相烘托,基调郑重、沉重乃至凝重,渲染着离别的悲凉与不舍之情。李柏在其诸多的离别诗中也抒发了这一情怀。《灞桥新柳》中写道:

其一

轻抹风前绿,淡匀雨后黄。

依依灞岸柳,曾送古人行。

其二

摇曳河边柳,柔柳绿欲新。

年年曾有约,早报关西春⑤。

从诗歌的审美意象上看,这首诗没有过多地营造离别的凄苦氛围,也没有刻意刻画人的形态。《送刘沧源出函谷》曰:

长安老剑侠,驱马出函关。

临别无所赠,黄河水一湾⑥。

这首诗大致也属于以上同一类型的送别诗。《与客别大河雪洲》诗中曰:"别离千古恨,况复在他乡。愁泪化为雪,片片沾衣裳。"这首离别诗呈现出和以

---

① 彭定求等编:高适《别韦参军》,《全唐诗》,第6册,北京:中华书局,1960年版,第2221页。
② 孙虹,任翌选注:《木兰花令·暮秋饯别》《周邦彦词选》,北京:中华书局,2005年版,第34页。
③ 彭定求等编:李白《谢公亭》,《全唐诗》,第5册,第2221页。
④ 彭定求等编:王维《渭城曲》,《全唐诗》,第4册,第1306页。
⑤ 《灞桥新柳》,《槲叶集》卷五。
⑥ 《送刘沧源出函谷》,《槲叶集》卷五。

上离别诗不同的格调,诗人在此用夸张的手法,表达出自己对离别的惆怅心情,颇有些人与自然共鸣的意味。《送冯别驾之湘南》云:

> 蓟北初归日,终南再别时。
> 征鞭带雪起,去马嘶风迟。
> 卧听《湘灵》瑟,行歌《渔父》辞。
> 襄阳逢故老,须问岘山碑①。

这是写偶然相逢后又分别的一首诗,人生的别离是常有之事,诗意上颇有悲慨之意蕴,"征鞭带雪起,去马嘶风迟"和"浮云游子意……萧萧班马鸣",使人读后产生了相同的感受,它和一般的送别诗充满伤感的情调迥然不同,诗人高尚的志趣远远超出流俗的常情。诗人一改送别时常见的酸楚难舍的情感,而是意境开阔。"卧听《湘灵》瑟,行歌《渔父》辞"既是对友人的描述,也是自己情怀的吐露,语壮而情深,表现了诗人开朗的胸襟,一扫离愁别绪的悲苦,语言质朴刚劲,风格豪爽,虽写离别而脱去伤感,表现出慷慨豪迈,显得格调高昂。

四、悲苦哀怨的闺情诗

闺怨诗千百年来打动了历代读者,这是因为它们真实而生动地描写了女性深沉细腻的情感体验和悲苦哀怨的心灵世界。在李柏的离别诗中还有描写妇女忍离别苦的"闺情"诗。这类诗反映了夫妇离别的凄苦心情,深刻地寄寓了诗人自己在现实中无法实现的理想和愿望。闺怨诗的审美特征,古人早就认识到了,沈德潜在《说诗晬语》中写道:"深情幽怨,意旨微茫。"②李柏在《挑灯》中云:

> 君戍雁门雪,妾吟湘浦冰。
> 冰心何处寄,忆雪剔残灯③。

"忆雪剔残灯"真可谓悲凉黯淡,字字哀音,生动描绘出思妇幽情之深切,令人对其凄苦之情感叹不已。《念别离》:

> 雁断衡阳雪,鱼沉湘浦云。

---

① 《送冯别驾之湘南》,《槲叶集》卷五。
② 叶燮、薛雪、沈德潜著,霍松林、杜维沫、霍松林校注:《原诗、一瓢诗话、说诗晬语》,第219页。
③ 《挑灯》,《槲叶集》卷五。

> 金钱时暗掷,而为卜东君①。

这首思妇诗虽没有直接描写思妇对自己的丈夫思念的凄苦之情,但一句"金钱时暗掷,而为卜东君",活脱脱地展现出一位思妇在无奈之中掷币盼夫归的情态,使人读后对思妇产生深深的同情。《古别离》其一中有:

> 独夜拜昊天,向月又独立。
> 妾身未登山,妾心已化古②。

在这首诗中李柏引用了一个美丽而幽怨的母题意象——望夫石的传说来表达思妇的离别之苦。在《太平御览》卷八八八所引《列异传》中记道:"武昌(阳)新县北山上有望夫石,状若人立者。传云:昔有贞妇,其夫从役,远赴国难,妇携弱子饯送此山,立望而形化为石。"③诗中所描写的孤独的思妇在无助中拜天拜月,虽没有年复一年,日复一日地登山望夫,但其心早已成"石"。在《槲叶集》卷五中有《古别离》,其一曰:

> 折柳送君行,远赴黄花塞。
> 言念投笔人,但愿贫相对。

其三曰:

> 夫婿之关陇,临别炊黍廖。
> 封侯总不得,不如不别离④。

这两首诗和王昌龄的《闺怨》表达了大致相同的情感。"闺中少妇不知愁,春日凝妆上翠楼。忽见陌头杨柳色,悔叫夫婿觅封侯"⑤。李柏的两首诗写闺怨,虽不离思妇、不离愁怨,却不直诉相思之情,而是转换一个角度,反面正言,正话反说,早知道丈夫投笔从戎使自己要忍受孤独难耐之寂,倒不如二人清贫相守;丈夫辞亲远游去边关建功立业,但似乎没有成功,与其这样,倒不如当初不要离别。两首诗中的思妇都产生了后悔之情。相思是因为爱,悔恨也是在领悟了相伴之甜美、相思之愁苦后的一种正常情绪反应,无爱也就无所谓悔。"但愿""不如"笔调,包孕无限心事,更凸现出思妇对丈夫的一往情深。李柏的闺怨诗的抒情主人公无论是正常家庭的女性,无论是征妇、商妇,

---

① 《念别离》,《槲叶集》卷五。
② 《古别离》,《槲叶集》卷五。
③ 李昉:《妖异部四》,《太平御览》卷八八八,四部丛刊。
④ 《古别离》,《槲叶集》卷五。
⑤ 彭定求等编:王昌龄《闺怨》,《全唐诗》第6册,第1446页。

都必须面对独守空房、寂寞孤单的现实,征妇不仅要饱尝一般思妇的相思之苦、离别之恨,而且还得牵挂边关丈夫的冷暖安危,承受的折磨格外沉重。我国古代爱情文学,伤怀念远不计其数,愁言怨语多彩多姿,一曲曲哀怨动人的怀人曲章,唱出了一代妇女渴望幸福,追求新生活的爱情之歌,使人不得不为之驻足哀叹、深思。

五、凄冷寒寂的悲秋诗

伤春悲秋是古典文学中表现得最多也是最为丰富的情感,而文人似乎更偏爱悲秋这种情绪。在文学上,萧瑟肃杀的秋天可以视作具有隐喻意义的意象,它象征着一种繁华的消失并预示着一个更加残酷的未来。文人自古多悲秋,这与中国古代知识分子普遍而深刻的失落心态有着某种自然的契合。钱锺书先生在《管锥编》中列举了许多赋秋的例子,解释古人逢秋言悲的道理:"屈原云:'自极千里伤春心',宋玉云:'悲哉,秋之为气。'"认为"节物本'好'而人自惆怅,因心境而改观耳。"①他又说:"物逐情移,境由心造,苟衷肠无闷,高秋爽气遽败兴丧气哉?"并进而说:"以人当秋,则感其事更深,亦人当其事而悲秋逾胜。"②在这里钱先生主要从主观意识方面阐释。从历史的角度看,悲秋情结虽然在一定程度上是作者的时代与个人经历的统一,但它根本上是人的自然性与对象世界的自然性相互作用的结果。具体说,往往是一个处于秋季的独特主体与处于秋季的诸多自然存在之间的感应,是天人合一。人有悲,人可以咏其悲;历史的盛衰兴亡不断循环也有悲,秋与人生、历史的同一,使古代文人坎坷不平的遭遇与自然、历史、社会交织在一起。宋玉《九辩》中的"悲哉秋之气也,萧瑟兮草木摇落而变衰"③之说,使这种伤感情绪从一开始进入诗歌就带上文人特有的忧患和失落情绪,在艺术上也呈现出惊人的早熟。李柏诗作中悲伤和思乡之作也很多,在悲秋诗中秋天总是一幅萧瑟、凄凉和悲哀的景象。我们结合李柏所处的时代和其一生贫穷孤寂的生活,可以理解他作此种题材诗的心境。李柏《秋兴》写道:

> 终南木落千峰瘦,蓟北草枯万里秋。
> 汉柝击霜惊旅梦,芦笳吹月动边愁。

---

① 钱锺书著:《管锥编》第二册,北京:中华书局,1986年版,第627页。
② 钱锺书著:《管锥编》第二册,第628页。
③ 洪兴祖撰,白化文等点校:《九辩》,《楚辞补注》,第182页。

谁家沽酒黄花径,何处敲诗燕子楼。

七贵繁华成底事,沧江满眼一浮沤①。

在这首诗中时空的跨度是比较大的,作者由"终南木落千峰瘦"联想到"蓟北草枯万里秋",在凉意中描绘出一幅令人伤心的惨淡秋景,抒发了李柏的悲秋之叹。在这秋意深深之意境中,边关的将士战事似乎也不太顺利,寒霜伴随着芦笳声使人徒增忧愁,李柏进而哀叹岁月的流逝,时事的无常。《秋思》:

千家砧杵过墙头,寂寂松堂一片秋。

水静鱼吞湘浦月,天空雁度岳阳楼。

红堆露岛枫林醉,白散霜郊野草愁。

隐计十年今始决,乘槎直欲老沧洲②。

诗中"寂寂""静"的自然物态与诗文中秋色的符号"天空雁""霜""枫林"互相映衬,刻画出诗人在萧瑟秋风中孤独的身影,具有很强的感染力,两者确实达到了水乳交融的程度。由于理想和现实的矛盾无法调和,作者"隐计"十年,但直到今日才决意付诸行动,"乘槎直欲老沧洲",这其实也就是作者欲想承担某种社会责任而无果后的一种无奈情绪的表达。关于秋蝉的诗在李柏诗中也有几首,《闻蝉》:

万古凄凉日,年年最是秋。

一声蝉在树,两鬓雪盈头。

云白天应老,草黄地亦愁。

悲歌动壮士,泪落百川流③。

这里"凄凉日""草黄""悲歌""泪落"等意象组合在一起,渲染出浓郁的凄冷寒寂、幽僻萧索的氛围,强烈地刺激着"功业未就"的壮士,使他涕泪不止,几成"百川流"。诗中"云白天应老"的艺术想象似有童趣,"泪落百川流"的夸张近乎荒诞,但在艺术更加展现了壮士的悲慨之情。

六、语拙而意工的乡关诗

在李柏所抒写的离别诗中除思妇诗之外,还有抒发游子乡愁的诗作,这类诗的共同主题是表达离恨之苦。在李柏的一生中为生活所迫坐馆或躲灾

---

① 《秋兴》,《槲叶集》卷五。
② 《秋思》,《槲叶集》卷五。
③ 《闻蝉》,《槲叶集》卷五。

避荒见于记述的有三处:一是周至赵氏家,时年39岁,约一年半时间;二是洋县张仲贞太守家,时年65岁,断续约二年;三是耀县李穆庵刺史家,时年69岁,次年即患病返郿。在李柏六十一岁时南游衡山,当年九月出关,次年三月北返,五月四日抵家。不巧的是,归来即遇大旱,不得已又复南下汉中,李柏在客居异乡或在旅途中留有许多思乡诗。在洋县途中有《扶风》诗一首,曰:

> 汉国周京漆沮旁,五陵王气郁苍苍。
> 龙川露湛蒹葭渚,凤岭蓬生姜芈冈。
> 卜雨有天连太白,採风无地觅甘棠。
> 行人未度陇头水,东望长安亦断肠①。

这是一首怀古思乡之作,诗人通过对长安风景的描写,抒发了对前朝兴亡的感慨,表现出作者迁动不居流落生活的悲苦,上部分以写景为主,着重刻画了作为故国象征的长安帝王气象,及其破落的一面,他也通过占卜家居地太白有雨,反映出诗人对故乡的留恋和牵挂,结尾句"行人未度陇头水,东望长安亦断肠"之句借物托情,一个"东望"的情态,反映了诗人还未远离故土时的难舍难离之情,句中寄托了诗人悲壮而又苍凉的情怀。全诗情景交融,寓意深邃,章法严谨,时空交错。在恒州期间有《寓恒州闻归雁有感》:

> 春归雁,过锦台,雁已归,侬又来。
> 塞北雪消春草深,终南书僮兔毛颓。
> 徒将海日屈屈歌,一歌屈屈一徘徊。
> 尔方归,侬方来,侬来侬来,胡为乎来哉②。

在这首诗中通过北归大雁和自己寄寓他乡形成对比,塞北雪消解,春草已深,熬过严冬的终南山之兔颓毛可能也要"换装"了吧,徘徊屈屈的大雁使人顿生思乡之情,诗人进而又反诘自己南行的理由。这首诗的心理刻画是比较成功的,其风格虽不像常情的思乡之诗所体现的悲苦之情,但细细品尝,家乡遥远,归思深切,情景相生,可以体会到诗人的乡愁难遣之情。在《旅夜秋》中诗人则反映出传统乡思诗的格调。

> 去岁他乡秋思苦,今年客舍又逢秋。
> 书从边雁影中寄,人在寒蝉声里愁③。

---

① 《扶风》,《槲叶集》卷五。
② 《寓恒州闻归雁有感》,《槲叶集》卷五。
③ 《旅夜秋》,《槲叶集》卷四。

这首集悲秋与乡思融合在一起的乡思诗更加增强乡愁,去岁今年都是寄寓他乡,萧瑟秋风中寒蝉的哀鸣,一个"愁"字怎生了得。渴望得到故乡的讯息,但只有从南飞的大雁的声影中知道故园也应是枯草遍野,一片萧瑟。诗中没有故作哀愁的无病呻吟,有的是乡思所形成的刻骨的愁思,丰富了诗的深度和力度。

第六章　儒者视域中对传统哲学范畴的探讨

李柏对哲学问题的思考在其《槲叶集》中虽没有进行系统的论述,但散见于其各种文体中的相关内容,对传统哲学诸范畴有一定的探讨,这些哲学问题涵盖了中国哲学思想诸范畴的多个方面。冯友兰先生就中国古代哲学家这种哲学思想的表达方式进行过精辟的论述,他在《中国哲学史》一书中说:

> 盖中国哲学家多未有知识之自身为自有其好,故不为知识而求知识。不但不为知识而求知识也,即直接能为人增进幸福之知识,中国哲学家亦只愿实行之以增进人之幸福,而不愿空言讨论之,所谓"吾欲托之空言,不如见之行事之深切著名也"。故中国人向不十分重视著书立说。"太上有立德、其次有立功,其次有立言"。中国哲学家,多讲所谓内圣外王之道。"内圣"即"立德""外王"即"立功"。其最高理想,即实有圣人之德,实举圣王之业,以推行其圣人之道,不得已然后退而立言。故著书立说,中国哲学家视之,乃最倒霉之事,不得已而后为之。故在中国哲学史中,精心结撰,首尾贯通之哲学书,比较少数。往往哲学家本人或其门人后学,杂凑平日书札语录,使以成书。成书既随便,故其道理虽足自立,而所以扶持此道理之议论,往往失于简单零碎,此亦不必讳言也①。

李柏对哲学诸范畴的探讨基于传统哲学,并且其哲学问题意识带有明显的时代特色和地域特点。

第一节　"天道观"的几个范畴及其逻辑结构

一个哲学的逻辑结构,是指其哲学体系内在哲学范畴的逻辑发展及诸范畴间的内在联系,是哲学在一定社会经济、政治思维结构情境下所构筑的逻辑体系或理论形态。"天道观"是中国传统哲学关于世界本原的根本观点,在

---

① 冯友兰:《中国哲学史》(上册),上海:华东师大出版社,2000年版,第7页。

第六章 儒者视域中对传统哲学范畴的探讨

先秦哲学思想中,无论是唯物主义的哲学体系,还是唯心主义的哲学体系,都把"天道观"作为立论的总依据。要理清李柏"天道观"几个范畴的逻辑结构,最重要的问题是要分析他的逻辑起点及其必然形成的层次进程。李柏"天道观"逻辑结构的最高范畴是无极,而在无极之下是太虚、元气、太极、阴阳诸范畴,从他对这些范畴的论述中我们可以看出他对周敦颐、张载关于这一问题的论述都有所吸收和消化,同时他也受到邵雍象数学宇宙论的一定影响。

一、"无极"的终极性

李柏天道观诸范畴体系的内在逻辑,是从对"无极"这一范畴的探讨开始,"无极"在李柏的宇宙本体论中是居终极地位。他在《语录》中说:

若以天地为一身,则万物皆吾所有,何言?贫富贵贱,若以性命还阴阳,太虚归于无极,则无始以前,无始以后①。

在此李柏指出"无极"的本原性特征,说明了"无极"→"太虚"→"阴阳"→"万物"的宇宙生成模式。同时,我们从中可以看出在天道观中,李柏对儒、释、道三教关于这一问题的观点皆有所吸收。其"无极"说明显受周敦颐的"无极"影响,在《说"天"字》中李柏说:

无人则非天,无天则非人,无极而太极,太极动而生阳,阳乾道也,乾为天,故乾卦三画②。

"太极"是"无极"派生出来的混沌未分的东西。但周敦颐著作言简意赅,对"无极"无直接论述,后人又均依自己的观点去理解和解释,很难说是周敦颐自己的本意。"自无极而为太极"的句式,是自"无"而为"有"的意思,这"从无入有",便是"无极""入""太极""无极"在"太极"之先。这个"无极"与《周易·系辞上传》所讲的"易有太极"中的"易"相仿,汉代以来曾将其理解为在"太极"之前还存在"易"这个观念性的范畴。《易纬·乾坤凿度》卷上曰:"太易变教民不倦,太初而后有太始,太始而后有太素。有形始于弗形,有法始于弗法。"③如"太初""太始""太素"等范畴相当于"太极",则"太易"便

---

① 《语录》,《槲叶集》卷三。
② 《说"天"字》,《槲叶集》卷二。
③ 《易纬·乾坤凿度》,《中国古代易学丛刊》第1册,北京:中国书店出版社,1998年版,第7页。

在"太极"之先而存在。"无极"非"虚"、非"无",而实为"有",系造就万物的"有无",它是不具有任何具体物质属性和形象的东西。李柏在谈到"五"时说:"虚五而冥于无,则为无极。实五而丽于有则为万。"①在此的"虚五"和老子所讲的形成万物的"道"具有相似之处,是"道生无"思想的变相,这种道生无的思想在老子及以后的哲学家都有所论述。老子所谓的"道"也就是"无",它是不具有任何具体物质属性和形象的东西。整个世界万物都是从"道"那里派生出来的。老子描述"道"时说:

  道之为物,唯恍唯惚。惚恍中有象,恍惚中有物。窈冥中有精,其精甚真,其中有信②。

这里的"道"是一种恍忽不定、深邃幽远、不可捉摸的东西。在恍恍忽忽的情况中,好像有某种形象,又好像是某种实物;在幽远深邃的情况中好像有某种细微的东西,而且还很实在。但这开始都是"道"恍忽幽深的情况。其实"道"这个东西是"视之不见,名曰夷;听之不闻,名曰希;搏之不得,名曰微。此三者不可致诘,故混而为一"③。即"道"是无声、无形、无体,既看不见,也听不到,摸不到。在此可以看出,李柏的"无极"与老子所言之"道"相仿佛,是造就万物的终极原因。

二、"无极而太极"

"太极"在李柏的宇宙生成论中是仅次于"无极"的一个哲学范畴:"无极而太极,太极动而生阳,阳乾道也。"④李柏对"太极"的描述基本和周敦颐关于"太极"的描述大致一样,在其"天道观"的逻辑结构中,在"无极"之下置一"太极","无极而太极""太极动而生阳,阳乾道,乾为天,故乾卦三画。"⑤他认为乾道已不是《易传》的生成万物的根本,万物是由"太极"所动而生,其本身已成派生物。关于太极的存在状态,李柏认为是混沌未分的。他在《白燕赋》中说:"太极浑以涵三兮,阴阳判于鸿濛。浊亭物以潜渊兮,清乎孳而翔

---

① 《温泉里重修五瘟庙募缘疏》,《槲叶集》卷三。
② 朱谦之撰:《老子校释》二十一章,第88—89页。
③ 朱谦之撰:《老子校释》十四章,第52—53页。
④ 《说"天"字》,《槲叶集》卷二。
⑤ 《说"天"字》,《槲叶集》卷二。

空。"①这种混沌未分的存在状态和《易传》所描述的"太极"的状态相一致,是一种阴阳未分的处于浑沌状态的气。《易传·系辞上》有"易有太极,始生两仪"②。两仪者,天地也;天地者,有之始也。故韩康伯注说:"夫有必始于无,故太极生两仪也。太极者,无称之称,不可得而名,取有之所极,况之太极者也。"③韩注关于"太极"的"不可得而名"与老子的"吾不知其名,字之曰道,吾强为之名曰道"④具有相近之处。孔颖达的《周易正义》对此阐释更为详细。孔颖达疏曰:"太极,谓天地未分之前,元气混而为一,即是'太初'、'太一'也。故《老子》云'道生一',即此'太极'是也。又谓混元即分即有天地,故曰:'太极生两仪',即《老子》云'一生二也。'不言天地而言两仪者,指其物体与四象相对,故曰两仪,谓两体容仪也。"⑤据孔氏疏,"太极"亦可释为"太初"或"太一"。《庄子·知北游》有"外不观乎宇宙,内不观乎太初"⑥之说,成玄英疏曰:"太初,道本也。"⑦又《庄子·天下》有"建之以常无有,主之以太一"⑧之说。可见在原始道家那里,"太初"或"太一"均为道之别称。《周易》的"太极生两仪"与老子的"道生一"并无本质的区别。

同为宇宙的本原和本体,"太极"与"道"却不能完全等同,也不能无条件地互换。"道"作为原始道家的本体性范畴,是形而上的,是纯理念的,是抽象性思维的结果,是先秦理性精神的结晶。"道"范畴的建立,以及老、庄等哲学家对"道"理念的阐释,代表了先秦诸子哲学形上思辨的最高水准。"太极"则不然,除了前述可以与"道"互释的理念性或精神性的内涵之外,"太极"原初的内涵是指物质性的元气,也就是孔颖达所说的天地未分之前,元气混而为一,即是"太初""太一"。"太初""太一"也可以释为元气。《列子·天瑞》

---

① 《白燕赋》,《槲叶集》卷一。
② 李道平撰,潘雨廷点校:《系辞上》,《周易集解纂疏》,第 600 页。
③ 王弼著,楼宇烈校释:《系辞上韩康伯注》,《王弼集校释》,北京:中华书局,1980 年版,第 553 页。
④ 朱谦之撰:《老子校释》二十五章,第 101 页。
⑤ 孔颖达:《易·系辞上》,《周易正义》,北京:中华书局,1980 年影印《十三经注疏》卷七,第 82 页。
⑥ 郭庆藩撰王孝鱼点校:《知北游》,《庄子集释》,第 759 页。
⑦ 郭象注,成玄英疏,曹础基、黄兰发点校:《知北游》,《南华真经注疏》,北京:中华书局,1998 年版,第 433 页。
⑧ 郭庆藩撰,王孝鱼点校:《天下》,《庄子集释》,第 1093 页。

载有"太初者,气之始也"①。《淮南子·诠言》有"洞同天地混沌为朴,未造而成物,谓之太一"②。先秦两汉哲学对"太极"原始的混沌性一直延续到两晋,《晋书·纪瞻传》引晋人顾荣言:"太极者,盖谓混沌时蒙昧未分。"③天地剖判,两仪始分之前,宇宙蒙昧,元气浑一。这一漫长的时期,其物质性的状态是"混沌",其理念性状态是"无",两种状态均可表述为"太极"。

  李柏所讲"太极浑以涵三兮,阴阳判于鸿濛"之中的"三"和上面我们分析过的老子所讲的"道生一,一生二,二生三,三生万物"中的"三"意思相近,都表示万物,而"鸿濛"就是老子所讲的"冲气",是一种混沌未分的气,像《易传·系辞》所讲"天地壹,万物化醇"④中的氤氲之气。太极运动,阴阳判于鸿濛,产于两种气——清气和浊气,这是两种直接能够感受的物质存在。然后清气上升即"清浮挚而翔空";浊气下降,即"浊亭物以潜渊兮"。天地是阴阳二气所形成。李柏对太极生成万物过程的说明,承袭了周敦颐的说法:

  子独不闻周子之说乎?太极动而生阳,静而生阴,以阴阳立天之道,以刚柔立地之道。《皇极经世》谓日月星辰尽乎天,阴阳是也。水火土石尽乎地,刚柔是也⑤。

我们首先看周敦颐自己如何具体阐述太极的含义。周敦颐在"无极而太极"一句话之后,紧接着说:"太极动而生阳,动极而静;静而生阴,静极复动;一动一静,互为其根。分阴分阳,两仪立焉。"⑥这句话的意思是:太极一定会动,生出阳气,但这"动"与我们平日看到的运动现象不相同,与逻辑思维中的运动也不一样。它动到极处,并不就是"动本身",反倒会静下来,由此而产生出阴气,这种极致之静也不是本体之静,却是"复动",也就是说,太极本身的动与静是"互为其根"的,而无各自本性。于是就有了"互为其根"的,而无各自本性的特点,于是就有了阴阳之分,产生了"两仪"。阴变阳合,而生水火木金土,五行的顺序分布就形成了四时。可见,这些关于太极的表述中最关键的就是出现了哲学上所讲的"矛盾",这些矛盾的运动是互为条件的。

---

① 杨伯峻撰:《天瑞篇》,《列子集释》,北京:中华书局,1979年版,第6页。
② 何宁撰:《诠言训》,《淮南子集释》,北京:中华书局,1996年版,第991页。
③ 房玄龄:《纪瞻列传》,《晋书》卷六八,北京:中华书局,1974年版,第1819页。
④ 李道平撰,潘雨廷点校:《系辞下》,《周易集解纂疏》,第652页。
⑤ 《升水石辩》,《槲叶集》卷三。
⑥ 周敦颐撰,徐洪兴导读:《周子通书》,上海:上海古籍出版社,2000年版,第48页。

李柏还谈到太虚问题:"若以性命还阴阳,太虚归于无极,则无始以前,无终以后。"①在《南游草·洞庭》中说:"海诚大矣,然海在天之内,天在虚空之内,虚空在太虚之内,吾不知无始以前,无终以后,可以大名者果何归也。"②在这寥寥数语之中容易产生歧义。"太虚归于无极"有两种理解,一种是"太虚"成为"无极",另一种理解是"太虚"如"太极"一样是从"无极"中产生出来,但根据后面所讲,"虚空在太虚之内",则"太虚"似乎是和"太极"相仿。由此可以看出"太虚"和"太极"在李柏的天道观中是二位一体,或是处于同一层次的"有"。由于李柏在论述"太虚"只有寥寥数语,故不能展开进行详尽论述。

三、有象的"天"与"一"

"无极"为生物之根本,"太极"为"无极"所派生,二者均无为无象,而"道"所生之"天"与"一"已有形迹,李柏讲"道生天,天生尧舜"③,老子讲"道生一",李柏认为"天"就是"一",他说:

> "太一"之"太""元气"之"元",与夫三、四、五、六、七、八、九、十奇偶之数,皆天之变化,错综而生成之者也。天,一而已。孔子曰:"道一以贯之";老子曰:"知其一,万事毕",故学不主一者,离天者也,故圣人事天精一之学曰"敬天"、曰"法天"、曰"希天"、曰"承天"、曰"顾天"、曰"则天"、曰"畏天"、曰"钦天"、曰"知天"、曰"应天"、曰"达天"、曰"崇天"、曰"荷天"、曰"父天"、曰"律天"、曰"戴天"、曰"乐天"④。

李柏认为"天"和"太一""元气"等相比较更为根本,"太一""元气"是"天之变化错综"所形成,其"一"之观念和老子所言"道生一"之"一"既有区别,又有联系。从二者联系来看,二者都是由"道"所产生,都是由"无"中产生的"有"。王弼在解释老子的"道生一"时说:"万物万形,共归一也。何由至一,由于无也。由无乃一,可谓无。已谓之一,岂得无言乎。""有一有二,遂生乎

---

① 《语录》,《槲叶集》卷三。
② 《洞庭》,《南游草》卷一。
③ 《重修周公庙募缘疏》,《槲叶集》卷三。
④ 《说"天"字》,《槲叶集》卷二。

三,从无之有,数尽乎斯。"①王弼从"有以无为本"出发,借《老子》而提出了"有始于无而后生""万物始于无""有以无为心""从无之有"等命题。在王弼看来,所谓"无能生有",即是"道生有",或"道生万物","道以无形无为成济万物"②。在老子、王弼所说的"道生一""道生有""从无之有""有生于无""有始于无而后生"的思想,倘若"无"即"无极""太极"即"一",即"有",则与周敦颐"无极而太极","自"无极"而为"太极"的思想相合。冯友兰先生曾对"一"的状态进行过分析,他说:

> 老子书说"道生一,一生二,二生三,三生万物,万物负阴而抱阳,冲气以为和"(四十二章)这里说的有三种气:冲气、阴气、阳气。我认为冲气就是一,阴阳是二,三在先秦是多数的意思。二生三就是说,有了阴阳,很多东西就生出来了。那么冲气究竟是那一种气呢?照后来《淮南子》所讲的宇宙发生的程序说,在还没有天地的时候,有一种混沌未分的气,后来这种气起了分化,轻清的气浮上为天,重浊的气下沉为地,这就是天地之始。轻清的气就是阳气,重浊的气就是阴气。在阴阳二气开始分化还没有分化的时候,在这种情况中的气就叫冲气。"冲"是道的一种性质,"道冲而用之或不盈"(四章)。这种尚未完全分化的气与道相差不多,所以叫冲气,也叫做一③。

冯先生的这一分析是很有见地的。李柏所讲的"一"和老子所谓的"一"相异点就是:老子所谓的"一"是一种浑然未分的统一体,李柏所讲的"一"是"有形"的,李柏在讲"天就是一"时说"敬天""法天""希天""承天""顾天""则天""畏天""钦天""知天""应天""崇天""荷天""父天""律天""戴天""乐天",这个"天"之所以能够让人"法",让人"承",就说明它已经不再是"浑然未分",而是"有形迹",并且此"无""生尧舜,尧舜以所得天之道,传之禹、汤、文、武"后世之王都能从"无"处"体贴"出"道"。总之,"无极而太极"的过程是一个"自无而有"或"无能生有"的命题,"无极"为"无",在"太极"之先,"太极"为"有",是"无极"的派生物。

---

① 王弼著,楼宇烈校释:《老子道德经注》,《王弼集校释》,北京:中华书局,1980年版,第117页。

② 王弼著,楼宇烈校释:《老子道德经注》,《王弼集校释》第58页。

③ 《哲学研究》编辑部编:《老子哲学讨论集》,北京:中华书局,1959年版,第61页

四、"元气"论及"元气"与"天"的矛盾性

"元气"论在中国古代哲学宇宙本体论也是主要一个流派,李柏在《元气》中曾这样描述:

> 有浑浑噩噩,窅窅冥冥,视之而无形,听之而无声,扣之而无物,辨之而无色。无色而色天下之色,无声而声天下之声,无形而形天下之形,无物而物天下之物者,元气是也①。

李柏认为"元气"是一种混沌未分的气,它"浑浑噩噩,窅窅冥冥",它是生成万物的依据,它无形无象。在李柏之前的王廷相对"元气"有详细的论述。从宇宙生成论来看,王廷相认为,元气是本,天地万物是末,元气是"天地万物之宗统"。"太古鸿蒙,道化未形,元气浑涵,茫昧无朕。不可以象求。故曰太虚"②。"天地未判,元气混涵,清虚无间,造化之元机也。有虚即有气,虚不离气,气不离虚,无所始,无所终之妙也。不可知其所至,故曰太极;不可以为象,故曰太虚,非曰阴阳之外有极,有虚也。二气感化,群象显设,天发万物所由以生也"③。它是无生无灭的。元气与万物是本与末、根与枝、派生与被派生的关系,它是从宇宙本原上立论的,相对"元气"而言,万事万物是有形的。关于"太极"和"元气"的关系,李柏没有具体说明,但我们根据他对二者特征的有限描述,可以推出"元气"就是"太极"。如果把李柏的元气论和王廷相的元气论相比较,就不难发现他们之间的思想继承关系。元气生成万物的具体过程李柏没有详细讲,他只是沿袭了传统的从"无"(此处的天是"有无")到"有"的理论,从无色到有色,从无声到有声,从无形到有形,从无物到有物。在此李柏认为"元气"和"太极"是处于同一级别的万物之本原。元气的分化,产生阴阳二气而成物,"海马鱼鳖,阴阳之气感而成形,各以类应""草木之英华,山水元气感而成形,各以类应也"④。当然在中国哲学史上有些哲学家对"元气"和"太极"还是有所区别的。李柏对"元气"的描述和上面所讲的"太极"其实是一物两名,这一点在古代持"气本论"哲学家的著作中都有所

---

① 《元气》,《槲叶集》卷一。
② 王廷相著,王孝鱼点校:《答天问》,《王廷相集》,北京:中华书局,1989年版,第715页。
③ 王廷相著,王孝鱼点校:《慎言·道体篇》,《王廷相集》,第751页。
④ 《后劝学篇》,《槲叶集》卷一。

论述。

我们结合上面李柏所言"太一之太,元气之元,与夫三、四、五、六、七、八、九、十奇偶之数,皆天之变化,错综而生成之者也"之语,就会发现李柏在此对"元气"特征的描述和上述思想相抵牾,一方面,"元气"之"元""皆天之变化",既然"天""可法""可则",属有形象之物,则"天之变化"的元气亦应属有形之物,但李柏又说元气"视之而无形,听之而无声,扣之而无物,辨之而无色",其矛盾之处显而易见。

五、对张载"理""气"关系思想的继承

理气关系是宋明以来争论的主要焦点之一。宋明理学家在理气关系问题上皆主张"理先气后""理能生气",二程说:"有理则有气。"①朱熹说:"未有天地之先,毕竟也只有理,有此理便有此天地,若无此理,便亦无此天地。""有是理,便是有其气,但理是本。"②他并把这一问题延伸到道器、太极与阴阳等争论中:"理也者,形而上之道也,生物之本上;气也者,形而下之器也,生物之具也。"③在程朱看来道器关系同理气关系一样,道就是理,是世界万物生成的本原,器即是气,是构成世界万物的材料。与程朱理学不同,宋明以来具有唯物主义倾向的思想家,对理气、道器关系做了程度不同的思考。张载有"太虚即气"之说,他说:"太虚不能无气,气不能不聚而为万物,万物不能不散而为太虚。"④王夫之认为"气外更无虚托孤立之理"的思想⑤,在道器关系上,王夫之提出了"天下惟器""无其器便无其道"⑥的思想。程朱认为"理"是天地万物的主宰,即使天地万物山河大地都沉隐了,天理还照样存在,"天理"是永恒的、超越时空、绝对存在的精神实体。李柏和王夫之一样继承了张载的理气观,和程朱理气观不同,他认为"天理"不是超时空的绝对存在和精

---

① 程颢、程颐:王孝鱼点校:《河南程氏经说》,《二程集》,北京:中华书局,2004年版,第1030页。
② 黎靖德编,王星贤点校:《理气上·太极天地上》,《朱子语类》,北京:中华书局,1986年版,第1—2页。
③ 朱熹著,刘永翔、朱幼文点校:《晦庵先生朱文公集·答黄道夫书》卷五八,《朱子全书》第23册,第2755页。
④ 张载:《正蒙·太和篇》,《张载集》,第7页。
⑤ 王夫之:《读四书大全说》,北京:中华书局,1975年版,第660页。
⑥ 王夫之:《周易外传》,北京:中华书局,1977年版,第203页。

神实体,而是"天之生机"。在理气关系问题上,李柏显示出唯物主义倾向,他说:"天理存,轻清阳气,天之生机也。"①李柏在这里对"天理"做出了不同于程朱的新的诠释,也就是说李柏把程朱之所谓的"天理"从虚无缥缈的空中拉回到现实中,它不再是形而上的,而是形而下的,使"天理"有了坚实可靠的物质基础。我们再结合李柏天道观其他的范畴也可以得出上述结论。

通过上述对李柏天道观的研究,我们发现李柏在这一问题上带有明显的时代特色。中晚明以来,程朱理学渐衰,学术争鸣较为自由,人们对天道观的认识也更多元。李柏博采众长,对各家学术思想都有所涉猎,因此导致他在这一问题上的认识所用的哲学范畴较多,他所得到的结论更加接近客观现实。但由于当时人们的认识能力和所取得的成果有限,李柏在对这些哲学范畴原逻辑关系的处理上也达不到尽善尽美,诸如太虚、太极、元气等范畴虽属同一层次的哲学本体论范畴,但三者之间究竟有何种明晰的逻辑关系,李柏也没有讲清楚。关于"元气"与"天"的关系甚至出现自相矛盾,这种结果在一定程度上跟他个人的学术追求不无关系。他同张载以后其他关学后学一样,对自然科学的探讨,并非是他们为学的旨趣,尤其在一个"天崩地裂"的社会时期,在时人看来事关民族生死存亡之际,他更加关注社会的现实问题,更加关注个人的安身立命的问题,对于"天"的研究,尽管不乏真知灼见,但对李柏来说,这个问题并不是他所倾心关注的。

第二节 践履笃实、成圣成贤的涵养工夫论

在中国哲学中,所谓"知"是指知识或认识,如果不仔细研究,仅从字面看,同西方哲学中"Knowledge"意思相近,但实质上二者在中国人的思想观念里有着明显区别。在西方哲学史上,认识论着重讨论关于事实的认识过程及方法,因而特别强调主体和客体及联系主体和客体所建立起的认识关系,而中国哲学上的知识除此之外,所关注的还有人生价值和意义的知识,前者在中国称之为"见闻之知",后者称之为"德性之知"。中国古代知识论是德知一体的,"知"即是德之条目,所知者天地人一体之德,或称之为"天人合一"之德,所以"知"即含知人,是知天人一理。知天人一理,是为德之目。求知在

---

① 《语录》,《槲叶集》卷三。

求德,在主体自觉,此即涵养工夫。

一、对"圣贤气象"的期许

儒家理想的人格是圣人之境,孔子把圣人看作最高的人格,如尧、舜、禹、汤、文、武等,他们是仁德的化身,孔子把"圣"与"仁"并称,程颐则明言"圣"与"仁"并称。周敦颐把"圣"与"诚"相联系,强调"诚者,圣人之本""圣,诚而已"①。圣者是凡人的楷模。尽管圣人是理想的完美人格,但圣人仍旧是人而不是神。圣人作为仁德的楷模,对众人发挥着教化的作用。孟子说:"圣人百世之师也,伯夷、柳下惠是也。故闻伯夷之风者,顽者廉、懦夫有立志;闻柳下惠之风者,薄夫敦,鄙夫宽。奋乎百世之上。百世之下闻者莫不兴起也。非圣人而能若是乎,而况亲炙者乎?"②李柏有着浓厚的圣人情结,他对历史上儒家所崇敬的圣人不无倾慕。"伯夷清之至,则为圣之清;柳下惠和之至,则为圣之和"③李柏同传统儒者一样,在理想人格的成就方面具有平民色彩,他认为人人皆可以成尧舜,这也是对中国人最有吸引力的一个主张,李柏在《拟山中开义馆教授题词》中说:

> 窃思赋性维均,当初原无分别,秉质各异,后来斯有参差。有物,有则之,蒸民懿德同好,上达下达之殊品,趋向攸分,若能善为提撕,便可皆为尧舜④。

"人皆可以为尧舜"是儒家理想人格平等化的最早表述。这一表述是有逻辑学与人性论的基础。"赋性维均,当初原无分别,秉质各异,后来斯有参差。"这说明人生来本无差别,用孔子的话来说就是"人之生也直""性相近,习相远"⑤。既然人生来就有一种"质直"的生命底色,表明人是可以教育的,而后天的习染使原本相似的"质直"之性发生改变,表明人是需要教育的,对人受教育的可能性和必要性的自觉,使孔子在终其一生"志于道"的努力中分外重视教育。孟子也肯定人皆可以为尧舜,他说:"曹交问曰:'人皆可以为尧舜,

---

① 周敦颐撰,徐洪兴导读:《周子通书》,上海:上海古籍出版社,2000年版,第31—32页。
② 焦循撰,沈文倬点校:《尽心下》,《孟子正义》,北京:中华书局,1987年版,第976页。
③ 《於种陵子》,《槲叶集》卷二。
④ 《拟山中开义馆教授题词》,《槲叶集》卷三。
⑤ 朱熹撰:《论语集注·阳货》,《四书章句集注》,第172—173页。

第六章 儒者视域中对传统哲学范畴的探讨

有诸？'孟子曰：'然。'"①孟子的这一观点为后世儒者企望成圣成贤提供了强大的精神动力。李柏对此观点也深信不疑：

> 宁越，田间之农夫也；庄蹻，楚之大盗也；段干木，晋之大驵也；子张，鲁之鄙家也；徐庶，汉之杀人者也；周处，晋射虎者也；周小泉，皋兰屯军也；王心斋，海滨盐丁也，皆能亲师取友，折节读书，改过从善，卒忠臣孝子，大儒志士，成名于天下后世②。

李柏的这种思想体现的是一种普遍的道德自信：作为与圣人同属一类的社会存在，人皆能够达到一种理想的人格境界，成为后世敬仰的"忠臣孝子"和"大儒志士"。而在这种乐观的信念背后，蕴藏着一种道德上的平等观念：人人皆可以成圣来说，人与人之间并无本质的区别。在这里我们还可以看出一点：李柏对圣人的界定和时人对圣人的界定一样，圣人的人格就是体现在日常的道德生活之中，现实性是儒家理想人格的另一个特征，对人格的终极关怀不是遥不可及，而在于人世间的现实生活，然其事不越人伦日用之常。

既然圣贤都是凡人，人人皆可成为圣人，至于怎样成圣成贤，李柏虽提出"静养"和"持敬"的涵养工夫，但他也与陈献章所谓的"静坐中初见端倪"还是有所区别，而且在知行关系问题上凸现和强化了知行并进、笃实致知的理论特色，与王阳明致良知，必须"在事上磨炼做工夫乃有益"③之说有同工异曲之妙。坚持了践履笃实的风格，反对高谈阔论或陷于玄虚。他主张学习圣贤的嘉言善行，进而成圣成贤，他说：

> 人人好学，人人可为圣贤。天下万世人好学，即万世人皆可为圣贤。如以训诂辞章为学，而志在干禄，始而侥幸得荣，继而苞苴取辱，此犹白獭嗜鳡，鲫鱼嗜牛，至于亡身不悔，斯人也，曾飞潜动植物类之不如，安望其能为圣贤豪杰耶④。

我们结合李柏上面的"持敬"和"戒慎恐惧"的涵养工夫，可以看出李柏一方面要求人们保持主体心境无杂念的本然状态，另一方面，又倡导人们克制"干禄"之心，并在切实的事理中去修行，去涵养，执着于圣贤气象的追求，强调用

---

① 焦循撰，沈文倬点校：《告子下》，《孟子正义》，第810页。
② 《前劝学篇》，《槲叶集》卷一。
③ 王阳明著，吴光等编校：《传习录》，《阳明全书》，上海：上海古籍出版社，1992年版，第92页。
④ 《前劝学篇》，《槲叶集》卷一。

道德规范去制约思想和行为。他进而批评了那些沽名钓誉的"儒者"真逐利，假成圣的行为：

> 今之学者，儒服儒冠，行非圣贤之行，言非《诗》《书》之言，不能如云气鱼鸟感阴阳山水而变化，何者也，物欲害之者也。人能远去物欲，非《诗》《书》之言不敢言，非圣贤之行不敢行，践履笃实，久而左右逢源，晬面盎背，即尧舜可学而至，岂止阴阳之酝酿云气，山水之润泽鱼鸟，仅得其类应形似而已乎①。

李柏提出要笃实践履，成圣成君子，必须"非《诗》《书》之言不敢言，非圣贤之行不敢行"。《诗》《书》在这里包含着两个层次的内容，浅层次是指以"人文"知识为内容的"诗书六艺之文"，深层次指"经天纬地""化成天下"的实践，显然李柏更注重深层次的内容。他主张行"圣贤之行"的践履笃实的功夫，在这一点上李柏的修养功夫论和程朱理学所提倡的修养功夫论相同，而和中晚明以来王阳明后学反对持敬，认为人只要认识到良知便可成为圣贤的功夫论相左。

二、"闻见之知"与"德性之知"

理学家论知，一般分"闻见之知"和"德性之知"两种知识，前者指一般的经验知识，后者指先验的道德知识。经验的知识靠耳目见闻而取得。德性知识靠自我反思而发明。张载曾对"见闻之知"与"德性之知"进行了具体区别，他说："见闻之知，乃物交而知，非德性所知；德性所知不萌于见闻。"②他在另一处说："人谓己有知，由耳目有受也。"③这里所讲的两种"知"也就是我们今天所说感性认识或感性经验，是通过人的感觉器官与外物接触所得到认识结果。张载认为人的感性认识是有局限的，不能充分认识事物的全部或事物的本质，最终要解决认识的问题，还须依靠"德性之知"。他说："闻见之善者，谓之学则可，谓之道则不可，须是自求，己能寻见义理，则自有旨趣，自得之则居之安矣。"④求道要靠"德性所知"或"天德良知"。"今盈天地之间者皆

---

① 《后劝学篇》，《槲叶集》卷一。
② 张载：《正蒙·大心篇》，《张载集》，第24页。
③ 张载：《正蒙·大心篇》，《张载集》，第25页。
④ 张载：《经学理窟·义理》，《张载集》，第273页。

物也。如只据己之闻见,所接几何,安能尽天下之物?"①张载以后,中国的儒家就承袭了这种"闻见之知"与"德性之知"的区别,并成了中国传统知识分子涵养本心的主要依据,尽管在后世有些哲学家对此观点有所反动,但注重"德性之知"而轻视"闻见之知"一直是主流。李柏在涵养成功夫这一问题基本和宋儒旨趣一致,与王阳明心学通过自身内省来触发自己良知的工夫论大不一样,具有明显的践履笃实的特点。他在谈到帝王之学时说:

  三皇无有文字,五帝所读何书?然开物成务,为书契以来,文章之祖后世,人君有丙夜观书,博通典籍者,至有疆域,日蹙身危国乱,何也?其所学非帝王之学。帝王之学,只是虞廷十六字②。

李柏在这里间接地说出了"闻见之知"和"德性之知"的区别:"人君有丙夜观书,博通典籍者"只是闻见之知,虽"至有疆域",但其有限性是显而易见的,而真正造就三皇五帝及圣贤者是"虞廷十六字",即"人心惟危,道心惟微。惟精惟一,允执厥中"③的"德性之知"。

"德性之知"的涵养工夫是中国古代知识分子所追求的理想人格境界,更是学者的为学之道,"人心惟危,道心惟微。惟精惟一,允执厥中"十六字就是传说中的儒家至高无上的"内功心法"。自孔孟时代起,中国思想家相继提出了种种关于主体修养的理论,先秦儒家的内圣之学率先提出为学须"修己以敬""尽心""养性""虚壹而静"。宋明时期推崇的"圣贤气象",极力追求学者"自完成心""自尽其性""居敬穷理"的内省工夫,从中折射出他们求知治学的德性与精神。

"人心惟危"的"人心"即世俗之心、欲望之心、迷失之心。人的本心在世俗的习染之下,在各种欲望的诱惑之下,很容易动摇、迷失、堕落,因此是很危险的。"道心"即是人的本心,人的天性,人之所以为人的根本。然而道心的特征是微而不显,其微妙从《道德经》中得以引证:"道之为物,唯恍唯惚。惚兮恍兮,其中有象;恍兮惚兮,其中有物;窈兮冥兮,其中有精,其精甚真,其中有信。"④道之玄妙,也衬托出道心的微妙。于是这里就有了"以心观心"的妙用,以达到心性融合、惟精惟一的境地。李二曲对人心曾有这样的分析:"人

---

① 张载:《语录下》,《张载集》,第333页。
② 《语录》,《槲叶集》卷三。
③ 《虞书·大禹谟》,《尚书》,四部丛刊。
④ 朱谦之撰:《老子校释》二十一章,第88—89页。

之病疼各别,或在声色,或在贷利,或在名高,一切胜心、妒心、悭心、吝心、人我心、是非心,种种受病,不一而足。须是自克自治,自复其原。"①这种危及人心的种种"受病"需使涵养者时时保持警惕。李柏对此也有清醒的认识:

  大禹惜寸阴,众人当惜分阴。予谓学者,当惜一呼一吸。一吸不根于天,一呼不还于天,非事天也,以心与天有间歇绝也。微有歇绝,则人欲入之矣,如童子击球,甲棒起乙棒入,危莫危於斯也。故曰:"人心惟危,道心惟微"②。

李柏在这个地方所谓的"心"与"天",其实就是"人心"和"道心"。他认为要使人心不受利欲的干扰,须时时效法道心,即"天命之性"。李柏在另一语录中也谈到这个观点,他说:

  尧舜不仁,汤武不武,孔孟无道德仁义。尧舜行天之仁,汤武用天之武,孔孟法天之道,皆因时奉天而已,己何与焉?以万古为一时,以万国为一家,以万物为一体,以万圣为一心③。

尧舜之所以成圣成王,就是他们以"人心"专心地守护"道心",或是用"道心"时时刻刻关照"人心"。这也就是孟子所讲的"尽其心者,知其性;知其性者,则知天矣"④。只需"尽心",就可以"知天""天"与"人(性)"都在我心里,是万事皆备于我。在李柏看来只要"因时奉天",就可使"尧舜行天之仁,汤武用天之武,孔孟法天之道"。

如何杜绝物欲对"人心"的浸染,而使其与"道心"保持一致,李柏提出其涵养方法:

  君子于此,静以养之,敬以持之,诚以察之,仁以存之,万物一体之道也⑤。

这也就是虞廷十六字中的"允执厥中"。

  朱子认为"允执厥中"中"允执"就是养心静气,静观执守,不离自性,也就是李柏所讲的"静以养之"的"静"。"厥"字是虚词,"厥中"就是其中。"中"是天性之所在,精神集中点,即祖窍。"允厥执中"简称"执中",即守性

---

① 李颙撰,陈俊民点校:《常州府武进县两庠汇语》,《二曲集》,第27页。
② 《语录》,《槲叶集》卷三。
③ 《语录》,《槲叶集》卷三。
④ 焦循撰,沈文倬点校:《尽心上》,《孟子正义》,第877页。
⑤ 《忍斋说》,《槲叶集》卷二。

不移,死守善道,如如不动,不上不下,不左不右,不迁不移,不偏不离,"子程子曰:'不偏之谓中;不易之谓庸。中者,天下之正道。庸者,天下之定理。'"①这是对十六字心传之"惟精惟一,允执厥中"的精辟注解,由此演变出《中庸》之孔门传授心法。所以古圣贤才说"穷理尽性达天命,执中精一万法通",这就是"持敬"与"主静"的工夫。

三、"持敬"与"主静"的修养论

对于"道心"怎样以"静养之,敬持之,诚察之,仁存之",李柏和宋儒,尤其是程朱理学的理路一致:"维厚乃厚,维坚乃不穿。动而悔也,故默默守吾太玄。"②这里"默默"就是"主静",它不仅指主体的修养,而且还是主体的一种境界。"主静"之目的就是为了"守吾太玄",就是"养心""养性"。

宋初的周敦颐承接传统的以静修心之学,提出"主静"的修养论。他的"主静论"以"中正仁义"至"人极",成"圣人"为目标。他说:"圣人是以中正仁义而主静,立人极焉。"③周敦颐具体探讨了主静窒欲,改过迁善的成圣工夫,指出"静""虚""壹"是实现成圣目标的途径。主体只有"无欲",方能静虚动直。"主静"所终是"方诚"。周敦颐的"主静"观既是主体修养,又是主体境界。这是对先秦孟子和荀子主体修养思想的综合与发展,此即宋明"涵养工夫"的发轫。

"敬"是李柏的"涵养工夫"的"要领",他在几处提到这个问题:

> 圣人之学,敬而已矣。尧舜敬而帝;禹、汤、文、武敬而王;孔子敬而圣;颜、曾、思、孟、周、程、张、朱敬而贤。敬也者,圣学之要领④。

> 昔者圣帝明王守之宝也。尧以钦明安安,舜以恭己无为,禹以惜寸阴,汤以圣敬日跻,文以缉熙敬止,武以敬胜义胜,其操存人人殊,而归于主敬则一也⑤。

从认知意义上讲,"敬"是体知主体修养的一种形式。朱熹对"敬"做了如下规定:

---

① 朱熹撰:《中庸章句》,《四书章句集注》,第17页。
② 《砚铭》,《槲叶集》卷三。
③ 周敦颐著,徐洪兴导读:《太极图说》,《周子通书》,第48页。
④ 《敬庵说》,《槲叶集》卷二。
⑤ 《大宝篇》,《槲叶集》卷一。

其一,敬是"动容貌,整思虑"。朱熹说:"持敬之说,不必多言,但整齐严肃,严威俨恪,动容貌,整思虑,正衣冠,尊瞻视此等数语,而实加功焉,……身心严然,表里如一矣。"①"详考从上圣贤以及程氏之说,论下学处,莫不以正衣冠,肃容貌为先,盖必如此,然后心得所存,而不流于邪僻。"②"正衣冠""肃容貌"这是指外表持敬的表现;"整思虑"是指内在思想的端正。就是从外到内,都要使之整齐严肃,这样心得其所存,而不流于邪恶。体知主体经过从外到内的整肃、修养,便能存其心,而不被物欲所诱惑,李柏认为古今圣人之所以能够成帝、成王、成圣就在于他们能持敬以修身,如若不能如此,则人心受到利欲的干扰,就会失去本性之心,李柏也清醒地认识到这一点,他说:"人心方寸也,七情万事往来交攻,灵台崩溃,七窍茅塞,终身薄蚀,蚀于名利是非之海,而莫知其登岸也,不宜悲乎。"③

其二,敬是主一。朱熹继承程颐的思想:"'庄整齐肃,则心便一,一则自无非僻之干,存之久而天理明矣。'至其门人谢良佐之言,则曰:'敬是常惺惺法,'尹焞之言则曰:'人能收敛其心,不容一物,则可以谓之敬矣。'上皆切至之言,深得圣经之旨。"④朱熹引用程颐学生的解释,说明"主一"就是"常惺惺""收敛此心"。"常惺惺"有戒谨恐惧的意思,也即"知如'畏'字相似"⑤。"收敛此心",就是"收拾自家精神,专一在此"⑥。李柏"持敬"的"涵养工夫"也有朱熹上述的思想,他要求在修养的时候要如履薄冰,防微杜渐,避免身心受到利欲的干扰和诱惑:"主敬则造化生,心慎小则大乱不生,杜渐则事几,几先虞延,自危微精一,以致地平天成,用是道也。"⑦李柏认为,如果没有主敬的工夫,人的心思散乱而不清明,人就不能认识、了解事物之理,他说:

> 主于敬者,乃可为万世法。外此,老庄之虚,岂道德耶?桓文之

---

① 朱熹著,刘永翔、朱幼文点校:《晦庵先生朱文公集·答杨子直》卷四十五,《朱子全书》第22册,第2072页。
② 朱熹著,刘永翔、朱幼文点校:《晦庵先生朱文公集·答吕伯恭》卷三十三,《朱子全书》第21册,第1429页。
③ 《月蚀》,《槲叶集》卷一。
④ 朱熹著,刘永翔、朱幼文点校:《晦庵先生朱文公集·经筵讲义》卷十五,《朱子全书》第20册,第708页。
⑤ 黎靖德编,王星贤点校:《学六·持守》,《朱子语类》卷十二,第208页。
⑥ 黎靖德编,王星贤点校:《学六·持守》,《朱子语类》卷十二,第215页。
⑦ 《元气》,《槲叶集》卷一。

假,岂事业耶？荆聂之激,岂气节耶？杨刘之夸,岂文章耶？无他,不敬故也。文王之为伯,周公之为相,敬也。王莽假周公而不知敬,则篡西汉;曹瞒假文王而不知敬,则篡东汉。故敬则为纯臣,为良相。不敬则为乱臣贼子。敬也者。圣学之要领也。身何以修,修之以敬;家何以齐,齐之以敬;国何以治,治之以敬;天下何以平,平之以敬。故不平由于不治,不治由于不齐,不齐由于不修,不修由于不敬①。

儒家所追求的内圣外王之道,修齐治平之理想,皆是以敬为前提,奸臣贼子之所以遗臭万年也是因为他们不持敬,使"人心"受到利欲的污染,因此李柏特别强调"持敬"的涵养工夫,主敬之主旨体现在"戒慎于其所不睹,恐惧于其所不闻"②,这是一种内心专一,容貌举止庄正的修为过程,修行者要时时刻刻检查自己,严格地规范自己,这正如《诗经·小雅·小旻》中"战战兢兢,如临深渊,如履薄冰"。③ 老子所言古之善道者,"豫若冬涉川,犹若畏四邻"④。

四、"索道于经"

经学是儒者治学的传统方式。汉代末期的思想家王符的观点具有一定的代表性,且对后世产生了久远的影响,他指出:"索道于当世者,莫良乎典。典者,经也,先圣之所制……是故圣人以其心来造典,后人以经典往合圣心也。"⑤到了明代,与上述王符之说相似的说法又频见于学者们的记述中,如归有光《震川先生集》卷九《送何氏二子序》中说:"汉儒备用之讲经,今世谓之讲道。夫能明于圣人之经,斯道明矣。道亦何容讲哉！"⑥又如高攀龙《经义考》卷二九七曰:"六经皆圣人传心,明经乃所以明心,明心乃所以明经,明经不明心者俗学也。明心不明经者异端也。"⑦他们比王符更为坚定地认为

---

① 《敬庵说》,《槲叶集》卷二。
② 《语录》,《槲叶集》卷三。
③ 程俊英、蒋建元:《小雅·小旻》,《诗经注析》,第593页。
④ 朱谦之撰:《老子校释》十五章,第58页。
⑤ 王符著,汪继培笺、彭铎校正:《赞学一》,《潜夫论笺校正》卷一,北京:中华书局,1979年版,第11—13页。
⑥ 归有光撰,周本淳点校:《送何氏二子序》,《震川先生集》卷九,上海:上海古籍出版社,1981年版,第169页。
⑦ 高攀龙:《语》,《高子遗书》卷一,无锡刻本。

"道"不离"经",强调"明道"必须"明经",其背景就是当时学界普遍地离"经"而讲"道",离"经"而言"性"的社会现象。

李柏虽主张用"德性之知"统摄"闻见之知",主张"持敬""主静"的修养工夫,但他认为这一切应"索道于经"。李柏在《诗》《书》中求实践之道的思想观念是源于古代经学,儒家传统就有寻道于"诗书六艺之文"的传统。十分明显,李柏是继承了汉代以来今文经学"索道于经"的认识方式的,这种认识方式,借用王弼玄学术语,也可以叫作"寻言观意"。"言"("经")指"圣人之言",其为后人当遵行者,故亦称之为"先王之道"。"寻言观意"就是"往合圣心"的认识过程,按李柏的思想,这里所认识的主体是欲成圣、成贤的人,客体是"圣人",认识所谓的"圣贤之行",《诗》《书》之言,就是认识的主体通过体认,努力使自己转变为"圣人"的过程。这种认识论的过程,实质上就是把认识本质归结为以"言""行"为媒介的主体人与客体人之间精神交往的过程。行"圣人之行""言《诗》《书》之言"并非是行为、动作的简单模仿,而是通过对动作、语言的模仿,把其精神的实质和内涵"内化"为自己的行动,使自己的精神趋向"圣人"的言行,如若不然,则仅得圣人的皮毛而已,"尧舜可学而至,岂止阴阳之酝酿,云气山水之润泽,鱼鸟仅得其类,应形似而已乎"①。由此我们可以看清楚李柏主张求"道"于《诗》《书》和圣人之行的哲学实质,同时也就不难理解为什么宋明以来经学会渐趋式微的原因了,尤其是李柏所痛斥的"儒服儒冠,行非圣贤之行""以训诂辞章为学,而志在干禄"之人,他们更加速了理学的衰落,从而导致世道人心的不古。很明显,李柏的读书观对读书人——潜在的"圣贤"提出了一种新的要求:应当为社会的利益和需要而读书,而不能仅仅为了追求个人的名利或只出于个人自性的需要而读《诗》《书》,他的读书境界高于当时的举子、文人之处,恰恰在于他对《诗》《书》的性质及其意义有着与众不同的认识和新的理解,因而能自觉地把《诗》《书》同整个社会、国家联系起来。"勤纸上舌耕,匪誇户外屦满。狼烟万丈飞山外,任渠蜗战蚌持。萤火一囊照案头,共君铁穿韦绝。先器识而后文艺,昔人已有良言。内性命而外经纶,吾党岂无定训"②。李柏在这里主张通过对《诗》《书》等典籍的学习,使人格得到一定程度的升华,然后去齐家、治国、平

---

① 《后劝学篇》,《槲叶集》卷一。
② 《拟山中开义馆教授题词》,《槲叶集》卷三。

第六章 儒者视域中对传统哲学范畴的探讨

太下。"穷天下,亘古第一等事岂非学耶"是李柏涵养工夫的基本观点,这个观点是其"言必《诗》《书》""行必圣人"思想合乎逻辑的发展,欲"言《诗》《书》","行圣人之行",则必须经过后天的勤奋学习,"知""行""学"是基础,圣人之言、行是发展,对这一关系,李柏有清楚的论述:

> 穷天下,亘万古,第一等事岂非学耶？贵为天子,此学;贱为匹夫,此学。智如圣贤,此学;愚如凡民,亦此学。凡民能学,虽不至天子之贵,而可以及圣贤之品。故天下万世,惟学为第一等事也。凡格、致、诚、正、修、齐、治、平,皆学也。所谓"吾道一以贯之也"。凡出处、隐见、吉凶、动静,皆学也。所谓知进退存亡而不失其正者也。故人须学也,学须勤也。不学非人,不勤非学。故据摭古今勤学之人,辑为一书,以劝天下人人皆学,人人皆勤学,以求入于圣贤之域云尔①。

在这里李柏强调人经过后天的勤学,可以"入圣贤之域",坚定地贯彻了孔子所提出的"学而知之"的思想。孔子曰:"生而知之者,上也;学而知之者,次也;困而学之,又其次也;困而不学,民斯为下矣。"②在这里孔子所谓的"学而知之"实际包含着两层含义,一层含义是一学便知,另一层含义是乐于为学。从哲学角度看,"学而知之"规定了"学"是一般(中等)人求知的唯一途径。李柏在这里扩大了人中这一群体的范围,认为人人都可以通过学习成为圣人,李柏的这一思想也和当时社会发展中圣人的神圣化光环的消失的社会现实相一致的,李柏也谈到过这个问题:

> 余曰:"人无圣凡,顾自致何如耳。生人之初,东海、西海、南海、北海均人也,无圣名,无贤称,浑浑噩噩而无恶无善。故圣贤无名。孔子曰:'惟天为大,惟尧则之。'尧亦人也,人可则天,天非大而人非小也。"③

在这一观点上李柏和平民化的王学有相近之处,王学"满街皆是圣人"的话吸引更多的人通过自己努力学习,成就圣人人格。李柏成圣成贤的思想风格正合阳明为学这一特点。他所提到的庄蹻、段干木、子张、徐庶、周处、周小泉、王心斋都是身处社会下层,他们通过"亲师取友,折节读书"等笃实践履的成

---

① 《勤学通录叙》,《槲叶集》卷二。
② 朱熹撰:《论语集注·季氏》,《四书章句集注》,第172—173页。
③ 《游宛在亭叙》,《槲叶集》卷二。

圣成贤工夫,都成了后世儒家理想人格的典范和仿效的圣贤。

李柏提出"亘古第一等事是学",有其现实的针对性,是为了反对那些"儒服儒冠,行非圣贤之行"之人,是为了反对那些"以训诂辞章为学,而志在干禄"的人,李柏批评他们不学不知。

对于明代的空疏不学之风,自明清之际至今,历代都有学者痛加指陈,兹不复言。造成当时学风空疏的原因,除李柏已批评的科举考试,促使士人转向"训诂辞章"之学外,还有泛滥的心学。李柏受心学影响的痕迹非常明显,但他对心学本身所固有的弊端也十分清楚,尤其是在个人涵养工夫方面尤为警惕其危害。他曾以水师为例来说明实践在涵养德行方面的重要作用:

> 水师者,知行水之道也,必聪明、忠信、敬慎、小心、刚毅之人,洞悉水性,竭股肱心膂五官之用,运智力于风涛波浪之际,然后可以利涉江河湖海而无咎。若水师孱弱、宴安、醉饱,痴痴昏昏,以浅为深,以急为缓,以隘为宽,以合为开,以险为夷,以曲为直,以疾为徐,以高为卑,帆舵无准,楫桨失据,桅樯临倾而不惧,将军弃而不用,以此操舟,虽安必危。……故曰操舟有大道。《书》曰:"予临兆庶,凛朽索之驭六马。"水师操舟亦如之①。

李柏在这里说"学"不能仅从心上着手,还必须依赖于感觉经验,只有在实际的操作练习中,水师才能"洞悉水性",才能够"利涉江河湖海而无咎"。它不是像老子所说的那样可以"不行而知""不出户,知天下;不窥牖;见天道"②。必须"竭股肱心膂五官之用,运智力于波浪之际",这就是说"学"必须依赖于"行"。

第三节 "同异之辩"与"万物齐一"

思辨,即思考辨析。思辨是思维过程,包括观察、认识、分析、判断及其方法。中国古代的思辨,从一开始就是立足于对自然与人自身的观察之上。《周易·系辞》曰:"古者包牺氏之王天下也,仰则观象于天,俯则观法于地,观鸟兽之文与地之宜,近取诸身,远取诸物,于是始作八卦,以通神明之德,以

---

① 《操舟》,《槲叶集》卷一。
② 朱谦之撰:《老子校释》四十七章,第189页。

类万物之情。"①《说卦》曰:"昔者圣人之作《易》也,幽赞于神明而生蓍,参天两地而倚数,观变于阴阳而立卦,发挥于刚柔而爻,和顺于道德而理于义,穷理尽性以至于命。"②观天法地,取诸身、物,是观察辨析物表;幽赞神明,观变于阴阳,是认识事物内部规律。

一、"同异之辩"

同异之辩在中国思辨哲学中占有非常重要的地位,它和"离坚白"是春秋战国时思辨哲学的主要内容。尚在明清之际,方以智就已觉察出历来所谓"名家者流"不可一概而论,但只是到了20世纪30年代冯友兰在其《中国哲学史》中才使名辨的派系有了明晰的划分。冯友兰指出:"(名家)当分二派:一派为'合同异';一派为'离坚白'。前者以惠施为首领;后者以公孙龙为首领。"③此后,这一对名家两派的分判在哲学界赢得了持续的认同。不过更多的赞同这一划分的学人往往将"合异同"与"离坚白"置于相互驳诘的地位。实际上,"合"只是"合同异"而非"合坚白","离"也只是"离坚白"而非"离同异","离""合"在这里并不构成真正的对立。相比之下,冯友兰对这对范畴的认识比一般学人要深刻得多,他说:"惠施、公孙龙代表名家中的两种趋向,一是强调实的相对性,另一种是强调名的绝对性。"④李柏在其《槲叶集》中对此问题也有详细的辩论。他在《升水石辩》中有和客人讨论水和石之异同的记载:

客曰:"水与石有同乎?"

(柏)曰:"有同,同而未尝不异也。"

(客)曰:"水与石有异乎?"

(柏)曰:"有异,异而未尝不同也。"⑤

李柏在此看出,事物之间既有质的规定性,使之和其他事物区别开来,同时由于事物之间在形成过程中有些共通的东西,这些共通的东西又使事物之间呈现出其相同的一面。事物之间同中有异,异中有同,李柏在此继承了先秦哲

---

① 李道平撰,潘雨廷点校:《系辞下》,《周易集解纂疏》,第621—622页。
② 李道平撰,潘雨廷点校:《说卦》,《周易集解纂疏》,第687—690页。
③ 冯友兰:《中国哲学史》,上海:华东师范大学出版社,2000年版,第163页。
④ 冯友兰:《中国哲学简史》,北京:北京大学出版社,1985年版,第100页。
⑤ 《升水石辩》,《槲叶集》卷二。

学的思辨精神。

先秦惠施的哲学思想主要是异中见同,同中见异。"大同而与小同异,此之谓小同异;万物毕同毕异,此谓之大同异"①。这也是惠施"历物之意"十事的核心。而在万物毕同毕异中,惠子所注重的尤在毕同,但他也肯定毕异。这个问题又同中国哲学中的"一两分合"范畴直接相关。一两,又称一二,亦即矛盾对立统一的思维方法,它既要求把握统一体的"一",又要把握对立面之"二",即统一体之对立双方相互作用、冲突、调和和转化的关系。正是基于这种矛盾双方的对立统一关系,世界万物才表现为流行不息的运动过程。关于同异如何形成,李柏认为是由于太极阴阳的运动生成:

> 太极动而生阳,静而生阴,以阴阳立天之道,以刚柔立地之道。《皇极经世》谓日月星辰尽乎天,阴阳是也;水火土石尽乎地,刚柔是也。太柔为水,少刚为石。由是言之,石,静物也,而刚应乎阳,静中有动;水,动物也,而柔应乎阴,动中有静故也。故曰:一动一静,互为其根,而水与石盖亦相得而有合者,子必因水石之形,歧动静之理,是欲破太极两两之不伦甚也。"②

李柏的上述思想来自《易经》中的辩证法思想。《系辞上》认为:"是故易有太极,是生两仪,两仪生四象,四象生八卦,八卦定吉凶,吉凶生大业。"③它反映的就是由太极到八卦的衍生过程。太极描述的是矛盾对立统一滞衡的状态,阴阳相抱,阴中含阳,阳中含阴组成了太极。阴阳相抱的太极"对立"状态反映了矛盾的对立性,也就是李柏所谓的"太极动而生阳,静而生阴",阴中含阳,阳中含阴,阴阳互相渗透的太极统一状态表示的是矛盾的同一性,也就是李柏所谓的"太柔为水,少刚为石,由是言之,石静物也,而刚应乎阳,静中有动,水动物也,而柔应乎阴,动中有静故也。故曰一动一静,互为其根。"《序卦传》论述道:

> 物生必蒙,故受之以《蒙》。蒙者,蒙也,物之樨也,樨物不可不养也,故受之以《需》。需者,饮食之道也,饮食必有讼,故受之以《讼》,讼必有众起,故受之以《师》,师者,众也。众必有所比,故受

---

① 郭庆藩撰,王孝鱼点校:《天下》,《庄子集释》,第1102页。
② 《升水石辩》,《槲叶集》卷三。
③ 李道平撰,潘雨廷点校:《系辞上》,《周易集解纂疏》,第600—602页。

之以《比》,比者,比也,比必有所畜,故受之以《小畜》。"①
整个《序卦传》体现了联系、发展、全面看问题的辩证法宇宙观,认为世界上万事万物是相互联系的,彼此承接,在一定条件下相互转化,要认清事物,在通观全局,把握事物发展的必然规律基础上,分析具体现象才能实现。在水石之间,由于其具有阴阳动静的性质,因此它们之间是有联系,如果否认或不能认清这一联系,就"必因水石之形,歧动静之理",只看到事物的表面,而看不到事物的内部或事物之间的联系,就会犯只见树木不见森林的错误,就是"破太极两两之不伦甚也",也就是对矛盾对立统一规律的否定,是不能得到正确认识的。

李柏认为水与石除过阴阳、刚柔等形而上层面所呈现出其异同之外,在现实中其异同点也是相互依存的:

> 虽然,山泽之气亘古相通,故寒潭百尺之下有石,而乔岳千寻之上有水。水为石引,石为水升,犹之阳燧向日以致火,方诸承月而得水,亦从乎其类耳②。

从"寒潭"和"乔岳"来讲,一是水,一是石,但潭中有石,而石上有水,"水为石引,石为水升"。这样由于条件关系的不同,就改变了"水润下,蒙之象"的"性""而其反之也"。李柏的这个论点说明:在一般情况下,水是下流的,而在特殊情况下,由于水石相依,而水又居上位,在"同"中又呈现出"异","天地间磊磊错错石之数其无涯耶,而升水者不能居十之一"③。也就是这个"同中有异""异中有同",使整个世界得以存在,使整个世界呈现出丰富性和多样性,这一思想也是中国传统哲学的精髓之一。李柏还认为不同类事物之间有异同之处,同类事物也有异同:

> 天下之物有同有异,就其异而言之,犹是水也。溺水不能浮羽毛,而黑水则独向南流矣。水之异有如此者。犹是石也,海南之石能引铁,庐山之石能致云,而邯郸之石则又能凝水矣,石之异者如此④。

这个问题实际上讲的就是哲学上的"一般"和"个别"的关系问题。作为"溺

---

① 李道平撰,潘雨廷点校:《序卦》,《周易集解纂疏》,第720—721页。
② 《升水石辩》,《槲叶集》卷三。
③ 《升水石辩》,《槲叶集》卷三。
④ 《升水石辩》,《槲叶集》卷三。

水、黑水",它们从质的规定性上来讲都是水,这是和其他类的事物相区别的标志,从"水"方面来讲,是一般。而"溺水""黑水"在类的相同的情况下则又呈现出不同的特点或特征,"溺水不能浮羽",有别于水能浮羽的这一共性,"黑水南流"有别于江河东流的这一共性;二者都是在类相同的情况下所呈现出自己不同于其他同类的个性特征,因而成为哲学上的"个别"。同样就石头而言,海南之石、庐山之石、邯郸之石"犹是石也",从"石"来讲是哲学上的"一般",是同类,但由于其地理环境及所含成分的不尽相同,而呈现出各自有别于其他石头的特点,"庐山之石能致云","海南之石能引铁","邯郸之石能凝水"。庐山之石、海南之石、邯郸之石又成为哲学上的"个别"。而哲学上的"一般"和"个别"又是相互依赖、互为条件的,"个别"有"一般"所具有的共性,而"一般"又是对"个别"共性的抽象与概括,二者是同中有异,异中有同。李柏由水石的同异之辩进而提出顺势的哲学方法论问题:

> 客曰:"相得而合。而禹之治水,遇龙门积石将不刊不凿,直引而度其巅,则玄圭告成,当然无俟八年之久也。"余曰:"禹之治水,高高下下注百川于海,若顺其性也。苟违其性而引之山,虽百禹不能治一川,而况天下之水乎?"①

水石虽然相依,"石为水升",但不能由此而忘记了水之性是往下流的,如果如客所言,就是忽视了水之共性而强调其相异之处,这样就无法解决问题,"虽百禹不能治一川,而况天下之水乎"。

二、有物必有对

中国传统哲学有一种辩证思维的传统,其中最引人注目的是朴素的矛盾观。在这种朴素的矛盾观中很强调对立面之间的相互转化。早在春秋时期老子就指出了"祸,福之所倚;福,祸之所伏"②的矛盾转化的观点。《吕氏春秋》中也有"终则复始,极则复反"③的说法。程颢则多次阐述了"物极必反"的道理,他说:"物极必反,其理须如此。有生必有死,有始便有终。"④他还

---

① 《升水石辩》,《槲叶集》卷三。
② 朱谦之撰:《老子校释》五十八章,第235页。
③ 高诱注,毕沅校,余翔标点:《大乐》,《吕氏春秋》,上海:上海古籍出版社,1982年版,第76页。
④ 程颢、程颐:王孝鱼点校:《河南程氏经说》,《二程集》,第167页。

说:"物理极而必反,故泰极则否,否极则泰……极而必反,理之常也。"①在这里论述了事物发展到极度,必然转化为它的反面的观点。明清之际,方以智提出"相反相因"之说,他说:"吾尝言天地间之至理,凡相印者皆极相反。……则所谓相反相因者,相求相胜而成也。"②更明确地强调转化是对立面之间的转化。中国古代哲学家除看到"两两"之外,他们还看出事物运动的具体原因在于其自身内部的矛盾。张载说:"凡圜转之物,动必有机,既谓之机,则动非自外也。"又说:"若阴阳之气,则循环迭至,聚散相荡,升降相求、氤氲相揉,盖相兼相制,欲一之而不能,此其所以屈伸无方,运行不息,莫或使之。"③张载所说的"动非自外"和"莫或使之"是指事物因其内部矛盾或自己运行的机制,而能不停地运行、旋转、不需外力的推动。不仅如此,张载还看到阴阳之气相互对立制约的"相兼相制"以及阴阳之间的相互统一、不可缺失,即"欲一之而不能",正是这种矛盾作用使万物"运行不息"。这些思想虽然有很大的猜测成分,但又是非常深刻的。李柏的哲学思想中也有矛盾对立面相互转化的思想:

> 圣人之道损而益,翕而昌,谦而尊,柔而刚,淡而浓,弱而强,隐而见,圆而方,微而显,暗而章,简而繁,伏而翔,约而博,晦而光,至贫而富不可量,至贱而贵不可当,至无而有张皇④。

在这里,损益、翕昌、谦尊、柔刚等范畴内部是对立的关系,并且对立的双方会出现一种转化的趋势,正是这种对立双方的转化使整个世界得以发展。李柏用相反相成来表述人事方面矛盾的关系,这是中国哲学的一大传统和特色。

中国古代朴素矛盾思想比较集中地体现在阴阳五行学说中。中国古代哲学家很少有不谈及阴阳五行,他们表达对立统一推动事物发展的思想,往往都是借助阴阳五行的体系来说明的,我们在上面所讲的李柏的本体论及涵养工夫都清楚地表明了这一特点。中国传统哲学常用相反相成来表述矛盾双方的关系。班固在《汉书》评论诸子时谈道:"其言虽殊,譬犹水火,相灭亦

---

① 程颢、程颐:王孝鱼点校:《河南程氏经说》,《二程集》,第762页。
② 方以智著,庞朴注释:《反因》,《东西均注释》,北京:中华书局,2001年版,第87—88页。
③ 张载:《正蒙·参两篇》,《张载集》,第11—12页。
④ 《语录》,《槲叶集》卷三。

相生也;仁之也义,敬之与和,相反皆相成也。"①提出了相反相成的著名命题,是对立关系的很好表述。张载提出了"一物两体"的概念,他说:"一物而两体,其太极之谓与! 阴阳天道,象之成也;刚柔地道,法之效也;仁义人道,性之立也。三才两之,莫不有乾坤之道。"②又说:"造化所成,无一物相肖者,以是万物虽多,其实一物;无阴阳者,以是知天地变化,二端而已。"③在张载看来,天道、地道、人道尽管内容各不相同,但"一物两体"是相同的。王夫之也说:"天下之变万而要归于两端,生于一致。"④所有这些说法是把天地万物及万物的变化归于"阴阳"、"二端",或者认为万物都包含着"二端",这正是两点论思想的体现。

上面李柏除过讲了矛盾对立双方之外,还讲了矛盾双方的转化:"至贫而福不可量,至贱而贵不可当,至无而有张皇。"⑤这就是中国哲学上所讲的"反者道之动"的思想:相反的东西有同一性,事物运动的原因在于其自身内部的矛盾。李柏除过讲矛盾对立双方及其转化外,还谈到矛盾双方互相包含的思想:

> 桥,行人者也,而有机之时。地,载人者也,而有陷之时。门,通人者也,而有闸之时。舟,济人者也,而有胶之时。鱼,食人者也,而有骾之时。酒,饮人者也,而有鸩之时。药,医人者也,而有毒之时。筑,悦人者也,而有铅之时⑥。

上面所讲到的桥、地、舟、门、鱼、酒、药等都在正常情况下给人带来好处或提供方便,但其间有时会含有一些负面的因素,若用之不当,或用不逢时,则会产生和人们本意相反的结果。李柏在这里所提出的矛盾主要是指事物内部矛盾。是事物自身在发展过程中所出现的向自身对立面转化的一种趋势。李柏在这里除过讲事物之间的矛盾性之外,还暗含着中国古典哲学的另一范畴——"和",即有差别的统一、适度、恰当等意。桥在良好状态上可以通人,但过度或不恰当地使用,就会坍塌;对症下药,用法得当,则药可医人,反之就

---

① 班固:《艺文志》,《汉书》卷三〇,北京:中华书局,1973 年版,第 1746 页。
② 张载:《正蒙·大易篇》,《张载集》,第 48—49 页。
③ 张载:《正蒙·太和篇》,《张载集》,第 10 页。
④ 王夫之:《老子衍》,《船山全书》,长沙:岳麓书社,1996 年版,第 13 册,第 18 页。
⑤ 《语录》,《槲叶集》卷三。
⑥ 《防微》,《槲叶集》卷三。

会毒人;适度饮酒可以祝兴适兴,如过量则会出现中毒,事物只会如此,是因为没有把握好"度",即违背了"和"的原则。《易传》指出:"一阴一阳之谓道。"①"一阖一辟谓之变。"②"道"就是阴阳的统一。如果从两个事物的差别出发,那么,其统一亦可称为"合"。但是,要指万物生成发展的根据,则仍然称"和",如《中庸》讲人的喜、怒、哀、乐等感情没有发作的时候,叫作"中",发作出来合乎礼节叫作"和"。"中"是天下最大的根本,"和"是天下通行的道路,这也是中国哲学讲"中和""中庸"及"两端归于一致"的哲学依据。"中庸"和"中和"不是否定矛盾,而是承认矛盾,要求矛盾双方不走极端,求得一种动态的平衡,保持弹性,追求一种整体和谐。即孔子所讲的"过犹不及""乐而不淫,哀而不伤"。中庸的方法吸纳了天地自然对立调和、互动互补的原则,并以之调和人类自身与天地万物的关系,达到中和的境地,使天地万物与人正常发展。

中国哲学家认为万事万物"无独必有对""凡物皆有两端",这一思想不仅揭示了矛盾双方对立的普遍性和必然性,而且揭示了"物皆有对"的无限性。李柏在谈"两两"问题时还遵循了整体性的原则,把矛盾双方对立及其转化放在一个循环不已的大系统中:

> 若以天地为一身,则万物皆吾所有。何言?贫富贵贱,若以性命还阴阳,太虚归于无极,则无始以前,无终以后,皆吾寿,何有修短、生死③。

李柏认为天地万物虽殊,但其最终归于阴阳两端,阴阳归于无极,无极又产生太极,太极又生阴阳。阴阳对立不是决然对立的,它一方面产生万物,一方面归于无极,这是在一个大系统下生生不已的变化过程,而系统的最大特征在于其整体性。王夫之对这一点讲得很清楚:"天下之变万,而要归于两端,两端归于一致。"④主张"心有两端之用,而必合于一致"⑤。王夫之还指出"万殊之生,因乎二气;二气之和,行乎万殊"⑥。可见,万事万物因内部蕴藏着阴阳

---

① 李道平撰,潘雨廷点校:《系辞上》,《周易集解纂疏》,第558页。
② 李道平撰,潘雨廷点校:《系辞上》,《周易集解纂疏》,第599页。
③ 《语录》,《槲叶集》卷三。
④ 王夫之:《老子衍》,《船山全书》第13册,第18页。
⑤ 王夫之:《尚书引义》,北京:中华书局,1976年版,第40页。
⑥ 王夫之:《太和篇》,《张子正蒙注》卷一,北京:中华书局,1975年版,第22页。

之气(矛盾的因素方面)而存在发展;阴阳二气的统一贯穿在万事万物之中。

总之,中国古典辩证法所强调的是整体、对待、过程、流衍、动态的平衡。以《周易》《老子》为代表的辩证方法论模型,是"整体—对待—流行"的模型,或者说:"二元对待归于机体一元",进而发展到"两两互动"的模型。承认"一分为二"与"合一为一"是多层面矛盾发展中的诸环节,肯定事物既是涵盖了肯定与否定的辩证过程,使这一思维模式具有系统性和连续性,这是一个弹性很强的诠释模式和思想架构。

三、"万物齐一"

相对主义思想倾向在李柏哲学的思辨中占重要地位,这种思想的形成与李柏所处的时代背景密切联系。第一,从社会思想看,从明朝中期开始到清初,在思想学术界出现了思想文化多元的趋势和格局。传统理学的衰落,心学的兴起,市民文化的勃兴,佛、道思想向儒的渗透,西学东渐等使人们在思想文化的选择方面有了更多的自主性。同时各个流派之间的争论和攻讦也尘嚣日上,争论的各家都是"自是而相非",不能决定谁是谁非,也无需决定谁是谁非。面对这争辩的局面,李柏看出了各家均有优劣,应互为补充而不应互为攻讦,从而导致其相对主义思想倾向的产生。第二,从社会民族矛盾背景来看,亡国易代的切肤之痛使李柏产生了强弱无定、岁月无常的感慨,进而形成了"富贵无常,齐生死"的思想。"大小无定"是李柏相对思想倾向的主要表现,他在《游宛在亭叙》中写道:

> 古之善游者,即近见远,即小见大。见小则无往不小,太华亦卷石也,渤海亦涓滴也;见大则无往不大,虽一泓碧石而有四渎七泽之雄,一峰小山而有三岛五岳之奇①。

李柏认为大小是相对的,大中可以观小,小中也可以观大。当然李柏的相对思想倾向和庄子的《齐物论》中相对主义思想是有所区别的。在庄子的相对主义思想中否定了客观事物的性质差异。庄子从绝对道体的高度来看待世界,处于不断转化中的万事万物,其性质和存在都是相对的、暂时的。既然如此,就谈不上真正的质的稳定性和差异性。他说:"可乎可,不可乎不可。道行之而成,物谓之而然,恶乎然? 然于然。恶乎不然? 不然于不然。物固有

---

① 《游宛在亭叙》,《槲叶集》卷二。

所然，物固有所可。无物不然，无物不可。"庄子在此否定了事物内部质的规定性，否认了事物之间的差别。他举例说："莛与楹、厉与西施，恢诡谲怪，道通为一。"①意谓细小的草茎与粗大的屋顶，传说中的丑人与吴王的美姬，宽大、狡诈、奇怪、妖异种种质的差别，从"道"的高度来看，都可通而为一。又例如："自其异者视之，肝胆楚越也；自其同者视之，万物皆一也。"②从事物的相异的方面看，就是肝与胆，也会像楚国和越国那样相去遥远。但如果从它们相同的方面看，那是毫无区别的，都是一个东西。这个例子说明，庄子认为事物的差别是根本没有区别的，客观事物的本质不是由本身的性质所决定，而完全是由人的主观认识所决定。事物随人的观察角度不同而有区别。庄子外篇《秋水》篇中，有一段话比较概括而充分地说明了这种相对主义感性观："北海若曰：'以道观之，物无贵贱，以物观之，自贵而相贱。'"③这就是说从"道"的观点来看问题，物没有贵贱区别，从"物"的观点来看问题，那总是以为自己的物贵而别人的物贱。总之，一切客观标准都不存在，一切都是随主观而转移，是相对的。李柏这里并没有从质上否定大小的差异性，万物并非是"齐一"，而是在中国传统哲学"大宇宙""小宇宙"的观念支配所产生的一种认识事物的方法。

  孔子曰："惟天为大，惟尧则之。"尧亦人也，人可则天，天非大而人非小也。人非小则人皆可具远观矣，远观古人可以修晷刻而促万纪；远观大小可以巨芥子而眇昆仑，故曰敛之不盈，一掬放之可弥六合④。

李柏从认识论方面采用了一种新的视角，这种视角在中国传统的艺术观中是很常见的，"萧贲在方寸般的团扇上画山水能做到'咫尺之内，便觉万里为遥'，反映了中国山水画画法上解决空间关系的巨大进步"⑤。宗白华说："中国山水画是最客观的，超脱了小己主观地位的远近法以写大自然千里山川。或是登高远眺云山远景、无限的太空、浑茫的大气，整个无边的宇宙是这一片

---

① 郭庆藩撰，王孝鱼点校：《齐物论》，《庄子集释》，第70页。
② 郭庆藩撰，王孝鱼点校：《德充符》，《庄子集释》，第190页。
③ 郭庆藩撰，王孝鱼点校：《秋水》，《庄子集释》，第577页。
④ 《游宛在亭叙》，《槲叶集》卷二。
⑤ 李亮：《诗画同源与山水文化》，北京：中华书局，2004年版，第229页。

云山的背景。"①"中国人不像浮士德'追求'着'无限',乃是在一丘一壑,一画一鸟中发现无限,表现了无限。"②以小观大,以近及远,在一个微小的对象中积聚宇宙无边的力量。这也是老子思想处处所表现出来的"正言若反"的道理,处处以事物的反面去观照正面,教人们以近观远,以远察近,以高俯低,由低仰高,以小观大,以大观小,凡物皆应审视其正反、虚实、盈亏、刚柔。

关于事物的某种属性李柏认为也是相对的,他说:"虎性猛烈,生三日即有食牛气,虎强矣。驳食虎,驳强也。豹食驳,豹强也。狮食虎豹,狮也强也。犴食狮,犴又强矣,强之不可恃如此。"③又说:"铜铁,天下之至坚、至刚者也,物莫能胜。然貘以舌舐铜铁,顿进数十斤,溺消铜铁为水。"④李柏在这里认为虎、驳、豹、狮、犴等凶猛动物其强是相对的,在一个动物系统或食物链上它们是相生相克,世界上从来不存在最凶猛的动物;铜铁虽至坚、至刚,但貘以其舌可舐之,可使"溺消铜铁为水",这似乎包含有柔弱胜刚强之意。从宇宙论方面讲,就是事物发展的无限性的一个较为具体的例子。

在中国哲学史或在西方哲学史上,同相对主义相伴或衍生的便是人们在命运观上的宿命论,不论是老庄思想或是古希腊晚期的斯多亚派哲学思想,莫不如此。李柏由贵贱无定名的思想进而萌发了其宿命论的人生观。李柏身处明清之际,一方面其思想和生活环境受自明朝中期以来文人生活的失意进而纵情山水,放浪形骸的生活方式的影响;另一方面对清朝统治的稳定,他只能安于身命,从儒家和道家的命运观中寻求一种平衡,使自己在恶劣、严酷的自然、社会环境下安之若素,寻求儒家的"孔颜之乐"。由于世事沧桑,李柏时有贫贱富贵无定之感,他在《贫贱》中写道:

李青莲曰:"功名富贵若长在汉水,亦应西北流,富贵如王侯至也。"禹会诸侯于涂山,执玉帛者万国,周初则千八百国,万国安在耶?春秋见于正朔编年二十三国,八百国安在耶?至战国七氏称雄,二十三国安在耶?秦并天下为一国。七国安在耶?汉灭秦,天下一国四百年至于今,汉安在耶?故曰富贵无常⑤。

---

① 宗白华:《美学与意境》,北京:人民出版社,1987年版,第100页。
② 宗白华:《美学与意境》,第101页。
③ 《虎》,《槲叶集》卷三。
④ 《铜铁》,《槲叶集》卷三。
⑤ 《贫贱》,《槲叶集》卷三。

在李柏看来,盖世功名,无非大梦一场,惊人富贵难逃"无常"二字,无常是人生的实相。因为无常,所以时间会流逝;因为无常,所以人事会变异,帝王、豪杰、富贵无常。百年光景,全在刹那,岂能长久?徒逞六根之贪欲,功名盖世无非大梦一场,今朝不保来朝,出息难保入息。汉刘向言:

> 孔子论《诗》至"殷士肤敏,祼将于京",喟然叹曰:"大哉天命,善不可不传于孙。"是以富贵无常。不如是,则王公其何以戒慎,民萌何以劝勉,盖伤微子之事周,而痛殷之亡也。虽有尧、舜之圣,不能化丹朱之子;虽有禹、汤之德,不能训末孙之桀、纣。自古及今,未有不亡之国也。昔高皇帝既灭秦,都将雒阳,感寤刘敬之言,自以德不及周,而贤于秦,遂徙都关中,依周之德,因秦之阻。世之长短,以德为效,故常战栗,不敢讳之,孔子所谓"富贵无常",盖谓此也①。

李柏更能体验到祸福相依的道理,"旧时乌衣王谢堂,西风草木半凋伤"②。人生如梦,致使李柏认为"把梦思量梦更长,觉为蝴蝶梦为庄。因缘说破直堪笑,悔在邯郸梦一场"③。李柏人生如梦、富贵无常的思想除了哀叹世事之外,也有警策统治者之意味,告诫入主中原的满清统治者要吸取历代王朝的兴衰成败的经验教训,能体恤民情,不要横征暴敛,这样或许能推迟其灭亡的历史进程。

李柏在避难汉中返回秦时说:

> 昨年七月迁凤翔,今年三月迁汉中之洋县,家山田园,尽行抛去,他乡风霜,又是一番饥寒彻骨。此时既有良、平之知,苏、张之舌,亦不免艰难二字,况阇茸如生者耶,命也!命也!安之而已。生既归秦,君德在楚,书不可不读,剑不可不看,气不可不养,志不可不存,古人相赠以言。柏也,今人而学古者,故以言为赠也④。

从李柏身上我们能更多地看到其儒家的一面,虽面临厄运发出了"命也!命也"的哀叹,但他没有放弃修身这一工夫,通过修身使自己在命运面前能"安之而已",而不至于自暴自弃。他在《即事》中也反映了同样的情怀:"五陵老壮士,就食汉阳川。种豆南山下,雨多成菜田。年几过七九,才愧将三千,命

---

① 班固:《楚元王刘交附刘向列传》,《汉书》卷三六,第 1950—1951 页。
② 《洋州黄氏园林》,《槲叶集》卷五。
③ 《梦》,《槲叶集》卷四。
④ 《寄抗君德》,《槲叶集》卷三。

也既如此,安贫莫怨天。"①在隐居生活中本想追求一份闲适,但各种突如其来的不幸和灾难总不能使他释怀。种豆南山下,但雨水太多,收成不好,年复一年,岁月流逝,李柏不得不发出"命也既如此,安贫莫怨天"的感慨,对于一个时运不济的老人,这或许是他对人生的感悟吧!

---

① 《即事》,《槲叶集》卷五。

第七章 李柏思想的影响

一、"关中三李"影响之比较

在晚明思想激荡的年代,士人的风气日益趋俗,他们对自己的生活方式的思考和追求都表现出新的倾向、新的模式,而在清初随着社会安定,经济的迅速发展更加加速了这一风气的普及。在明清之际这个奇特的时代背景下,出现士人"率性而真"的独特风采:或使气负性,或狂禅任侠,或纵情声色,或崇道礼佛。在这种士林风气下,大批士子自然而然地"弃巾",离开了科举"正途",不再以仕途为自己的唯一出路,而选择了其他的方式来追求和实现自己的人生价值。

李柏的一生与李颙、李因笃相比,自有不同之处。李颙虽绝意仕途,屡征不应,但他热心讲学,在关中书院、东林书院、常州、无锡、江阴、靖江、宜兴等地,他的讲学受到了空前关注,"其教大行于三辅,秦绅贵显者,多忘年执弟子礼,北面师事焉。而宦游其地,如临安骆公,皆造庐折节,敦缁衣之好"①。在江南期间,"问学者络绎不断……上自府僚绅衿,下至工贾耆庶,每会无虑数千人,旁及缁流羽士,亦环拥拱听"②,"上至达官贵人,下逮儿童走卒,无不倾心归命"③。在讲学影响层面,"先生因人而指受,无不各厌其望而去。尤是海内三大名儒,虽儿童走卒熟悉之。三大儒者:河南孙钟元先生奇逢,浙江黄梨洲先生宗羲并先生也"④,足见李颙在世时就已声名远播。

李因笃由于热衷于交游,在当时的士大夫中有着广泛的影响,在学术方面他涉猎广泛,深于经学,著《诗学》,顾炎武赞道"毛郑有嗣音矣",又著《春秋说》,"汪琬亦折服焉"⑤。顾炎武和汪琬作为当时的硕儒,能对李因笃的经

---

① 李颙撰,陈俊民点校:《周至李隐君家传》,《二曲集》,第329页。
② 李颙撰,陈俊民点校:《南行述》,《二曲集》,第77页。
③ 李颙撰,陈俊民点校:《南行述》,《二曲集》,第84页。
④ 李颙撰,陈俊民点校:《答张伯钦》,《二曲集》,第161页。
⑤ 吴怀清编著,陈俊民点校:《李文孝先生行状》,《关中三李年谱》,第414页。

学造诣如此称道,足见其在经学方面的成就。在交游方面,自青年时"交游日广,家无升斗蓄,而宾朋满座,往往贷豪右供酒肴,甚至撤户扉、楼梯为应,意豁如也"①。

李柏作为儒家的隐者,不热衷于授徒讲学,其门人在《槲叶集》中仅见仝九搏。他也不像李因笃那样交游甚广,因此其名声在当时不及以上二人为世人所知:

> 盖生平慕诸葛孔明、陶元亮之为人,遁迹太白山中十余年。《易》所谓"不事王侯,高尚其事",先生有焉。然或谓后之知先生者,似未若二曲、天生之盛,不知二曲征荐,至为九重所知,天生亦名重阙廷,先生终生一布衣耳。抑二曲、天生著书久显于世,先生《槲叶集》往往求之不得,是以二曲、天生后犹能举其名姓,至先生则知者少矣。虽然实之至者,久亦必彰②。

并在一定程度上是李因笃成就了李柏的知名度,钱仪吉在《太白山人传》中写道:"自子德被征京师,数称先生贤,始有知之者。"③按照吴怀清《关中三李年谱》载,此时李柏已年近五十。"京家居时,闻同里子德李先生曰:'关中三李,余行季,素以虚声闻于世人,自问恒多过情之耻,行伯中孚李先生,行仲雪木李先生,学业文章,诚足羽翼《六经》,发蒙振聩。'自此亲炙之望,拳拳服膺"④。

不仅因为"三李之道为最尊",而且他认为三先生"志同道合"。虽然"三先生身遭易代,卷念先朝,至今读其遗书,故国旧君之思,油然溢于楮墨。道德章,均足信今传后,国史列之儒林有以也"⑤。蒲城人井岳秀对关中三李的学行有过最中肯的评断,他说:"关中学者,清首三李。三君者,处境各殊,学亦不同,而志趋则一,皆遭易世之后,怀玉被褐,逐世而无闷,因厄穷饿而不悔。"⑥李二曲强调理学,但不空疏,李因笃致力于经学但长于文词,李柏提倡诗教,故有人评断其大力倡导诗教的关学。三先生各有所长,但都体现了关

---

① 吴怀清编著,陈俊民点校:《李文孝先生行状》,《关中三李年谱》,第414页。
② 《槲叶集序》,《槲叶集》卷二。
③ 《太白山人传》,《槲叶集》附刊。
④ 《槲叶集序》,《槲叶集》卷首。
⑤ 吴怀清编著,陈俊民点校:《吴怀清自序》,《关中三李年谱》,第6页。
⑥ 吴怀清编著,陈俊民点校:《井岳秀序》,《关中三李年谱》,第3页。

学精神。而"二曲最为儒宗,实践躬行,守死不贰""天生(李因笃)以文学名海内,而慷慨有豪侠气","雪木(李柏)行事颇少概见,要其坚苦卓绝,观其辗转太白山中,餐冰饮雪,而意气浩然,不改其素"①。由此可见三先生在气质上都颇具豪爽之气,在文风上都提倡务实质朴,在学术思想上都尊礼重俗。经过他们的努力提倡,使关中风俗为之大变。

遗憾的是《槲叶集》在乾隆年间被列为禁书,这或许是李柏之诗文传之不远的原因之一。光绪年间,国史馆檄搜遗献,贺瑞麟曾将李柏著作呈送,但没有结果,更为重要的是,李柏未能编入《关学续编》之中,其原因之一恐怕和他的著作在乾隆间被禁有一定的关系,另外,李柏的行止不合《关学续编》的相关规定。光绪时,宁河人高庚恩对此深表不满,他指出:"以张吾门之户,遂不许为名儒,而屏之关学之外……,天下名集鲜不著录,而独佚于关学之编。欲起先儒而问之,亦不可得矣。"②光绪十九年(1893),郿县知县毛鸿仪创修"雪木祠",亲自为祠堂题写了"道继横渠"的匾额,以昭贤名,载留史册。

二、人格的高洁

李柏是一个极具历史感的士人。李柏的青年时代,正值明朝灭亡、满清入主中原,国家出现了"天崩地裂"的局面。作为士人,李柏深感痛绝,他始终不忘旧朝,不愿与清廷合作,走上了放浪山水、隐居求志的道路。他总结明亡的历史教训,对导致明朝覆亡的原因进行了反思,认为其原因在于明王朝自身的一些制度。作为封建社会的一名士人,李柏虽然不能清醒认识推动历史发展的动力来自生产力和生产关系、经济基础和上层建筑的矛盾,但他对这些矛盾还是有一些感性直观的认识,表现出一名儒者身居乱世对社会问题的关注,尤其是在反思明朝灭亡教训的基础上,抓住一些有关"民生国命"的根本问题进行了研究,以求有用于天下。

清初由于政治理念的不同,士人不入城的记录很多,这种情况说明,这一事实在清初士人的圈子里是一个普遍的自愿行为,他们试图通过这一行为传递一种对自身身份及文化的延续的信息。清初士人不入城的原因颇为复杂,一方面是避免和清朝官员的接触,另一方面由于严酷的政治氛围城市往往被

---

① 吴怀清编著,陈俊民点校:《井岳秀序》,《关中三李年谱》,第3页。
② 高庚恩,《重刻雪木先生〈槲叶集〉序》,《槲叶集》,民国二十一年刻本。

视为多事之域,士人为了全身,往往尽量避免和城市发生关系。

明清易代之于明遗民,既是国的悲剧,也是家的灾难,同时也开始了遗民的漂泊人生。李柏在政治上不愿向新朝低头,在心理上承受着巨大的痛楚与悲凉。在人格上为了保持独立与尊严,他提出宇宙间事业有二,一曰山林,一曰庙廊。这种自我放逐于"人事",以至"人世"之外,近乎以生为死的典型遗民行为,在清初的关中大部分士人身上有着明显的痕迹。李柏虽属高隐逸士之流,然负才之志未尝磨灭。张载提出"为天地立心,为生民立命,为往圣继绝学,为万世开太平"的使命意识无论在学术上,还是在实践中在李柏身上都得到了体现。正是这种自觉的使命感和责任感,使李柏把个人的隐逸行为与国运民命,匡时救世紧密结合起来,从而努力实现为学与经世、治学与做人的高度统一,在隐逸和入世之间求得平衡。

三、理学的影响

宋代以后,由于关中不再是全国的政治中心,经济也随之衰落,顾炎武由士族衰落说南北世道之升隆,他感慨道:"今日中原北方虽号甲族,无有至千丁者,户口之寡,族姓之衰,与江南相去夐绝。其一登科第,则为一方之雄长,而同谱之人至为之仆役。此又风俗之敝,自金、元以来,凌夷至今,非一日矣。"①顾炎武卜居华夏,所见到的是这一景象:"关辅荒凉,非复十年以前风景。"②南方由于经济的发展,成为人文之渊薮,新思想也不断涌现,黄宗羲从文化着眼,在其《明夷待访录》中指出:"古之言形胜者,以关中为上,金陵不与焉,何也?曰:时不同也。秦、汉之时,关中风气会聚,田野开辟,人物殷盛;吴、楚方脱蛮夷之号,风气椎略,故金陵不能与之争胜。今关中人物不及吴、会久矣,又经流寇之乱,烟火聚落,十无二三,生聚教训,故非一日之所能移也。而东南粟帛,灌输天下;天下之有吴、会,犹富室之有仓库匮箧也。今夫千金之子,其仓库匮箧必身亲守之,而门庭则以委之仆妾。舍金陵而勿都,是委仆妾以仓库匮箧;昔日之都燕,则身守夫门庭矣。曾谓治天下而智不千金之子若与!"③同黄宗羲一样的南方士大夫大都有这样的文化优越感。在宋

---

① 顾炎武著,黄汝成集释,栾宝群、吕宗力校点:《北方门族》,《日知录集释》,第1304页。
② 顾炎武:《答徐学士书》,《顾亭林诗文集》,第138页。
③ 黄宗羲:《明夷待访录》,《黄宗羲全集》,第21页。

代以后虽有文化上的衰落之势,但兴起于关中的关学对中国哲学所产生的重大影响不容置疑。

关学是宋明理学的主要组成部分,自创立起就把"宗儒""明道"与力辟佛、道二氏为宗旨,在700年间形成了"躬行礼教为本""学贵有用""精思力践""不尚空谈"的实学学风,以及"语学而及政,论政而及礼乐兵刑之学"的政治倾向①。关学在张载去世后,由于三吕及苏昞师事二程,曾一度冷落。至明中叶后,由于河东薛瑄、关中冯从吾等人直须躬行,张扬关学,致使关学出现了复兴之势,但由于魏忠贤等阉党横逆,这一复兴之势不久便消失,直至明清之际"关中三李"的出现,使得关学又得以复兴。吴怀清在其《关中三李年谱》自序中写道:"吾秦当有清之初,人文颇盛,隐逸为多,王山史、孙豹人、王复斋、雷伯吁诸贤其卓卓者。而当时雅重,又以三李之道为最尊。"②

作为明清之际关中著名的思想家,李柏的学术思想对关中及周边地区产生了一定的影响。王仙洲谓其"学道得力,抗节孤高,足维名教。视世之撄情华腯,初终易操者,固高出万万"③。钱仪吉谓其"石骨木颜",真可谓"志洁行芳,皎然绝俗"④。与二曲、天生之操风骨相类,与横渠之实践躬行、崇尚气节之遗风一脉相承。

李柏的行止,虽在《郿志》中有不良的评价,但后人也有更正。李柏一生淡泊,不结交达官与权贵,长期过着隐居生活,号"太白山人""结庐太白山,读书学道"。治学自成一家,其学术思想比较接近张载。清末光绪十九年,郿县知县毛鸿仪主持修建"雪木祠"于故里曹家寨,并亲自为祠堂题写"道继横渠"的匾额,这便明确了李柏学术思想与关学的亲缘关系。高熙亭《重刊〈槲叶集〉叙》称李柏"皆大为表章于正学缺微之日,此关学再起之一机也"⑤。王仙洲在其《重刻〈槲叶集〉序》中说:"今先生集俱在,诵其诗,读其文,可以论世知人,乾隆《郿志》乃称先生"奇服诡行,任情放诞,岂果为定哉!"⑥宣统年间,陕西学宪余子厚在批复知县请刊《槲叶集》的批文中付于重托:"关中元

---

① 陈俊民:《张载哲学思想与关学学派》,第29页。
② 吴怀清编著,陈俊民点校:《吴怀清自序》,《关中三李年谱》,第6页。
③ 吴怀清编著,陈俊民点校:《雪木年谱》,《关中三李年谱》,第262页。
④ 《太白山人传》,《槲叶集》附刊。
⑤ 吴怀清编著,陈俊民点校:《雪木年谱》,《关中三李年谱》,第262页。
⑥ 吴怀清编著,陈俊民点校:《雪木年谱》,《关中三李年谱》,第262页。

气醇厚,代有绝学,典刑不坠,端在斯人。"①

李柏对张载的"太虚皆气"的思想有所继承和发展。他在思考自然界变化的普遍规律和世界本原问题时,自觉地以唯物主义自然观为思想武器,他的哲学思想与明末思想界中的唯物主义思潮汇合在一起,他是明末唯物主义哲学家在科学界的盟友,在某些方面甚至还是明清之际唯物主义思想家的先驱者之一。他以其《元气》《谈"天"字》等作品丰富了中国哲学宝库,并在哲学史中做出了自己的贡献。李柏虽不能实现"治国、平天下"的宏愿,但他非常注重自身的道德修养问题,"虞廷十六字"——"人心惟危,道心惟微,惟精惟一,允执厥中"被李柏视为提高个人道德修养、治理国家的原则。李柏认为人人若能遵循这一修行原则,则人人皆可成为圣人,这一点他和阳明后学的"满街皆是圣人"的思想具有相同的旨趣。

通过以上研究,笔者认为:作为关学的继承者,李柏继承了张载开启的关学传统,其思想是以儒为本,兼取佛道,三教合一的结果。他认为儒家的孔子、道家的老子、佛家的释迦牟尼都是圣人,他在《重修大兴善寺大佛殿碑记》中更表示三教归一的看法。李柏深受老庄思想影响,《老子》在他心目中和《易》是相通的,都是入世之人必修之学。庄子对他影响也很大,尤其是庄子的"万物齐一"的思想,对李柏的哲学思想和文学思想产生了一定的影响。李柏受王阳明"心学"影响,他既反对朱子"即物穷理"的烦琐方法,又力辟王阳明"杂佛氏"的虚空作风,形成了一条折中朱王,返归张载,还原"儒学"的曲折道路。

四、文学影响

李柏诗文对后世产生了一定的影响,尤其是其遗民诗。李柏认为人生本来就有情感,情感需要表现,而表现情感最适当的方式是诗歌。他对于诗词的创作、诗的意致,都有其独特的见解,由此系统地提出了他的诗歌理论。李柏认为诗必有所本,本于自然;亦必有所创,创为艺术,只有这种心物交融,使主体的心灵在生命活动中既不滞于自身,又往往超越于身外而发挥作用。李柏还强调文与质的统一,诗品与人品的统一。李柏认为诗歌创作,作诗的人必须自身有高尚的气节情操,方可作得好诗。他特别推崇陶渊明的人品和诗

---

① 吴怀清编著,陈俊民点校:《雪木年谱》,《关中三李年谱》,第262页。

品,认为作为隐者高尚的情趣,就是要追求一种淡泊、清白、高洁的逸情高韵。

李柏"朝夕讴吟",著述不少,可流传下来的不多,我们从年谱中可以看出其所存诗文以六十岁以后居多,在此之前的许多诗文可能已经亡佚。在《槲叶集》作者自叙中仅用二十四个字介绍了他的写作过程:"山中乏纸,采幽岩之肥绿,挹心血之余沥,积久盈箧,遂为集名。"①《槲叶集》正式刊印有两次,首次在康熙三十四年(1695)春夏,李柏逝世前五年;第二次是在1911年辛亥革命时,另有稿本和传抄本②。

在中晚明史料中,关于士人的描写,某某"喜交游"的叙述随处可见,特别是名士中狷介自守者寥寥无几,这主要是交游是其名望和其他人生目的的凭借,而且作为社会之人,其才名道德的确立主要依赖性在封建社会尤甚。李柏学术文化活动地区:省内有郿县、盩厔、长安、岐山、武功、商县、耀县、蓝田、沔县、汉中、城固、洋县、褒城等;省外有南阳、樊城、长沙、衡州、荆州等。李柏的交游,虽说不广,但对一个绝意尘寰、专事隐居的人而言,也可以说不少,尤其到了晚年,"高风逸韵,风动关中"。由于李柏的活动范围主要集中在关中地区,其所交游的士人也主要以关中为主,关中、汉中多数府县学者名流,其品节绝俗者都与李柏有深浅不同的交谊,李柏在其《感旧说》中提到:"十五年前(作者按:康熙十五年庚申,李柏五十一岁),东游长安,一时订交皆阀阅名家,列其姓字,则有子咸满子、挺伯李子、奎垣王子、溥其韩子、鼎铉朱子、千仞朱子、广文柴子、广文刘子、正始葛子、其武绅则有德君杭子、子猷张子、其外方则有长年任子、华阴赵子、憨休和尚。"③康熙十六年冬,王青门、萧雪山、赵琇玉来太白山房造访。惜乎以上人物绝大部分无考,因此李柏和他们之间交往的具体情形不得而知。

李柏和士人的社会交往,从活动内容来看,主要包括经济交往和文化交往。

李柏终其一生大都是在贫困中度过,布衣蔬食,极人之所不堪。时自诵曰:"贫贱在我,实有其门,出我门死,入我门存。"又曰:"牛被绣,鸾刀就。"又曰:"古之人有七日不火食者,有三旬九飧者,有食木子橡栗者,有屑榆者,有

---

① 《槲叶集叙(自叙)》,《槲叶集》卷首。
② 宋成德,梅咏:《李柏及其〈槲叶集〉》,《咸阳师专学报》,1996年第5期,第23页。
③ 《感旧说》,《槲叶集》卷二。

一日长坐者,有餐毡啮雪者十九年者。盖有主于中,不动于外,所谓不忘沟壑也。"①在其三十九岁时,曾在鳌屋赵氏家以坐馆谋生。康熙三十年辛未,李柏为长子纳其有满子咸之孙女为妻,武功豪士焦卧云为之助婚,李柏在《生孙》七古中写道:"蹉跎岁月十余载,遭荒西徙岐周原。有邰豪士焦卧云,仆马黄金如茝园。萧条旅邸略成礼,荆为钗兮布为裙。"②山居生活贫困而寂寥,为生活的方便友人王周复曾送犬于李柏,李柏写诗赠曰:"长年采药少人群,山犬遗来毛色纁。鹦鹉不孤龙有伴,桃源深处吠秦云。"③李柏也曾赠友人笺纸:"吴笺三十页,虽不及薛涛手制,亦光泽可爱,某得此全无用矣,肃寄文案以造五凤楼时一采用耳。"④李柏和士人之间的这种经济交往是明清之际部分隐逸生活的真实写照,在面临社会动荡不已,生计维艰的状况下士人之间的相互帮衬,是他们度过最艰辛岁月的一个选择。

　　传统士人喜游历,爱园林山水之盛,多有寻幽探胜之好,而中晚明士人更将这种士人的雅兴大大发挥,呈现出前所未有的盛况。多数人在游名山大川的同时,更为倾重的是访名师、寻名友,李柏隐逸太白山数十年,生活虽为艰辛,但其经常徜徉于山水之间,在和士人交往的过程中领略山水之风情,这既是他对现实生活的一种消解方式,同时也显露出他的情致。康熙六年丁未,三十八岁时偕商州贡生牛德徵游凤翔东湖,有诗《丁未仲夏同牛德徵东湖分韵》,诗曰:"步出凤城东,烟溪绕碧丛。湖将天作底,云以水为空。人醉潇湘月,马嘶杨柳风。星河如可度,直泛一槎通。"同在东湖,有诗曰:"酌酒东湖上,镜开水不流。风亭寒白日,烟柳隐孤舟。城廓沉波底,荇药长画楼。客怀多少恨,独此不知愁。"(《与萧雪山一泛舟东湖》,《槲叶集》卷五)同是东湖游,可以看出李柏不同的心境,既可是畅神之游,也可是抒发愁情之游,他和士人就是在这一生活状态中寻求心灵的慰藉,这是易代之际怀有历史感的士人们常见的一种生存的境遇。

---

① 吴怀清编著,陈俊民点校:《雪木年谱》,《关中三李年谱》,第 246 页。
② 《生孙》,《槲叶集》卷四。
③ 《答王周复先生送犬》,《槲叶集》卷三。
④ 《馈人笺纸》,《槲叶集》卷三。

附录一

李柏简谱[①]

明崇祯三年庚午(1630),一岁

五月二十六日亥时,先生生。时年黄宗羲二十一岁,顾炎武十八岁,李二曲五岁。先生初名"李泌",会童子试,田学耕学使为其改名为"如密",后自改名为李柏,字雪木,自称"白山逸人",晚号"太白山人"。先世褒城人,七世祖某迁徙至郿县曾家寨,遂为郿人。父讳"可教",母王氏,生三子,李柏为仲。

明崇祯四年辛未(1631),二岁

明崇祯五年壬申(1632),三岁

明崇祯六年癸酉(1633),四岁

明崇祯七年甲戌(1634),五岁

所居有古柏,常游戏于其下。

明崇祯八年乙亥(1635),六岁

明崇祯九年丙子(1636),七岁

明崇祯十年丁丑(1637),八岁

明崇祯十一年戊寅(1638),九岁

是年父亲可教公卒,母王孺人为延师,入小学,往往吐奇语惊人。

明崇祯十二年己卯(1639),十岁

明崇祯十三年庚辰(1640),十一岁

明崇祯十四年辛巳(1641),十二岁

明崇祯十五年壬午(1642),十三岁

明崇祯十六年癸未(1643),十四岁

明崇祯十七年甲申(1644)十月朔,为大清顺治元年,十五岁

[①] 本简谱根据吴怀清编著,陈俊民点校《关中三李年谱》整理而成。

清顺治二年乙酉(1645),十六岁

清顺治三年丙戌(1646),十七岁

偶阅《小学》,见古人嘉言善行,烧毁时文,被时人视为"丧心病狂"。

清顺治四年丁亥(1647),十八岁

先生少负气,喜谈兵家言,不肯俯首习制举文,和同学离别。

清顺治五年戊子(1648),十九岁

时年至盩厔沙河东村,始与李二曲会晤,于是定交通谱。

清顺治六年己丑(1649),二十岁

先生曾三避童试,西渡汧(源出陕西陇县西北汧山南麓,东南泫合北河,即古龙鱼川,经汧阳、凤翔,至宝鸡县东注渭河),东适晋,南如栈。

清顺治七年庚寅(1650),二十一岁

清顺治八年辛卯(1651),二十二岁

夏六月,始登太白山。

清顺治九年壬辰(1652),二十三岁

清顺治十年癸巳(1653),二十四岁

先生屡避童试,学使田心耕案临,遵母命应试,遂补博士弟子员。

清顺治十一年甲午(1654),二十五岁

清顺治十二年乙未(1655),二十六岁

清顺治十三年丙申(1656),二十七岁

是年诗有《丙申元旦》五古一首。

清顺治十四年丁酉(1657),二十八岁

清顺治十五年戊戌(1658),二十九岁

顺治十六年己亥(1659),三十岁

是年诗有《除夕歌》七古一首。

顺治十七年庚子(1660),三十一岁

顺治十八年辛丑(1661),三十二岁

康熙元年壬寅(1662),三十三岁

康熙二年癸卯(1663),三十四岁

康熙三年甲辰(1664),三十五岁

长女寒梅生。

康熙四年乙巳(1665),三十六岁

是年秋天,闻陇西警,移家入终南山。有诗《乙巳秋闻陇西有警思与室家遁入终南遥忆山居乐事故有此赋》七绝一首。

康熙五年丙午(1666),三十七岁

次女生,为道人某撰《重修钟吕坪募缘疏》。

康熙六年丁未(1667),三十八岁

是年,五月,至凤翔,偕同牛德徵广文游东湖。(据《凤翔府志》,东湖在东门外)诗有《丁未仲夏同牛德徵游东湖分韵》五律一首。撰《游凤郡东湖序》《请梅侯开渠堰启》。

康熙七年戊申(1668),三十九岁

是年春至盩厔,馆于赵氏终南别墅。诗有《戊申客终南赵一书楼值春雪》五律一首,《客赵氏终南别墅》五律一首,《嘱室》五古一首。

康熙八年己酉(1669),四十岁

仍然馆于盩厔赵氏,八月辞归。是年诗有《与恒州闻雁有感》长短句一首。

康熙九年庚戌(1670),四十一岁

春天终南杜子澄将南游,往送之。二月草菴成,撰《草菴记》《寄牛商山书》。

康熙十年辛亥(1671),四十二岁

五月,杜子澄自粤归,过其曲渼经舍,撰《粤游草后序》。

康熙十一年壬子(1672),四十三岁

是年,诗有《凿山开渠赠梅明府品章》五古一首,代梅邑侯撰《谭谷河上堰水利碑记》,《为梅侯种柳叙》。

康熙十二年癸丑(1673),四十四岁

康熙十三年甲寅(1674),四十五岁

登南山钟吕坪,六月,至岐山,道经杜关贤家,宿于蜀前将军祠。是年,诗有《钟吕坪》七律一首,撰《杜义继母李媪传》。

康熙十四年乙卯(1675),四十六岁

为僧实法撰《创建梦海寺募缘疏》。

康熙十五年丙辰(1676),四十七岁

夏天,游吴道士洞,并留宿,十月,避兵移家入太白山。是年有诗《夏日宿吴道士洞》五古一首,《避世》七绝二首。

康熙十六年丁巳(1677),四十八岁

是年,届贡太学期,谢不就。王青门造访,给先生诗作序。萧雪山、赵琇玉相继来访。憨休禅师过访太白山房。是年诗有《丁巳冬月王青门寄紫荆山人永叔袁子诗索叙言也赋此答之》七古一首,《以歌之即柬三子》五古一首,《和李子德寄鄂抚军南安诗》七律一首。撰《憨休禅师敲空遗响叙》。

康熙十七年戊午(1678),四十九岁

春正月,至青门访韩信冢。二月过满子咸酒园。访憨休禅师于燉煌禅院。先生匿迹销声,不求闻达。是年,李因笃被征入京,数称先生贤,世人始知先生。诗有《问镜中人》五古一首,《镜中人答》五古一首,《韩信冢》七绝二首,《樵南花》七古一首,《戊午三月闻酒园黄鹂有感》七律一首,《述怀》五律十首,《挽静虚魏先生》长短句一首。

康熙十八年己未(1679),五十岁

春三月,至青门访朱山人千仞。偕韩又韩游城南,遍访古贤名迹。是年有诗《己未春三月青门朱千仞招饮即席得空字》五律一首,《己未秋园前将军庙前古柏为风雨所拔诗以哀之》七律一首,《短歌行》四言一首。撰《青门朱山人诗集》。

康熙十九年庚申(1680),五十一岁

夏五月,至青门与满子咸、李挺伯、王奎垣、韩溥其、朱鼎铉、柴广文、刘广文、郭正始、杭君德、张子猷、任长年、赵华隐、憨休和尚游。冬,过盩厔,访李二曲于贞贤里,并晤二曲门人王心敬于贤母祠。是年,诗有《庚申十月偶成》四言一首;为郭金汤题《钱叔宝深秋图》。

康熙二十年辛酉(1681),五十二岁

七月,过太白村。撰《战马说》《画记》《横渠张先生十七代孙茂才张君翰菴哀辞》。

康熙二十一年壬戌(1682),五十三岁

夏六月,入太白山,结茅屋。九月,至岐山茹紫庭明府公廨,邂逅毛石台、许子秀、卢旬仙、杜云柯、王峦功,相聚共十日。是年先生弟某殁。是年有诗《壬戌九月过岐茹明府署中邂逅诸友为十日饮予将还山诗以别之》五古一首。《答茹侯书》《寄茹公书》《再寄茹公书》《寄全九搏书》《寄辉玉书》《寄翰垣书》《答刘孟长先生书》,代岐令撰《重修周公庙募缘疏》。

康熙二十二年癸亥(1683),五十四岁

夏四月,过武功,友人崔玄洲、张尔进等招饮于耿园。茹紫庭明府馈麦。是年诗有《癸亥初夏有邰玄洲崔子尔进张子洎弟十一马子三洎弟十八招饮耿园即登西城野眺》五律一首,《谢茹侯馈麦书》。

康熙二十三年甲子(1684),五十五岁

三月华山杨时若造访。是年徐生洲学使奉御书至横渠张子祠,便道过访。是年诗有《甲子端阳哭屈子》五古一首。为石道人鸣鹤撰《重修吾老洞碑记》;《寄张子余秋元书》。

康熙二十四年乙丑(1685),五十六岁

春过岐茹侯公廨,晤李因笃,留十日。四月至青门,会老友满子咸之葬,寓酒园。是年诗有《乙丑元日》四言一首,《乙丑孟夏寓酒园晓听黄鹂有感》五律一首,《挽子咸满老人》七律一首;《复茹公书》。撰《重修岐山县文庙疏》《苟节妇传》。

康熙二十五年丙寅(1686),五十七岁

夏四月,至富平访李因笃于韩家村,并晤宋隐君振麟。是年诗有《明月篇赠温母唐节妇》七古一首,《再频山子德大弟宅喜晤宋隐君以歌赠之》七古一首,《挽张伯钦》七古一首。为张澹菴撰《哭子类编序》。

康熙二十六年丁卯(1687),五十八岁

秋七月,游少白山。是年诗有《丁卯少白山七月十五夜月》五绝十首;《茹明府新迁别驾因卜居河东》七律一首。为许学使撰《华岳集叙》。

康熙二十七年戊辰(1688),五十九岁

七月,得河东大牛一,爱而骑之,往来田间。是年诗有《五日哭屈子》七古一首。撰《创建少白山真武殿记》。为第五村撰《重修太白庙碑记》;《寄茹明府紫庭书》。

康熙二十八年己巳(1689),六十岁

再登钟吕坪。冬十月,憨休禅师再造访太白山。是年诗有《己巳五日哭屈子》五古一首,《畴昔》五绝三首,《再登钟吕坪》五律一首。为憨休禅师撰《重修大兴善寺大佛殿记》。

康熙二十九年庚午(1690),六十一岁

三登钟吕坪。茹紫庭司马迁任衡州,邀先生南游南岳。秋九月,出关,十七日过熊耳山空相寺,止宿韩城。经南召、台头(考《南阳府志》,南召镇、台头镇均在南阳县城南四十里)二十四日,过南阳卧龙岗谒武侯祠。明日,经光武故里,谒庙。十月朔,过樊城,泊舟汉江,次日登南岸,访襄阳知县田一鸣。二十四日,过长沙谒屈贾祠,为文祭之。十一月初,至衡州,寓茹司马署斋,度岁。是年诗有《赠弹琴老人李显吾》七古一首,《庚午入山》七绝一首,《钟吕坪》五律一首,《函谷关》长短句一首,《渡伊水》五绝一首,《秋林》长短句一首,《楚江秋和崔唐臣》七绝一首,《赠田二惊寰》七古一首,《襄阳歌》七古一首,《江上夜放佛灯》五绝一首,《舟行寻江上钓矶》五绝一首,《江上》一首,《闻钟》五绝一首,《舟中即事》五律一首,《汉水》七绝一首,《秋思》一首,《阳台》七绝一首,《金陵》七律一首,《舟中》七绝一首,《过洞庭》五律一首,《洞庭》七绝一首,《过洞庭思武穆战功》七绝一首,《泛舟湘江》七律一首,《晚泊》七绝一首,《湘江月》七古一首,《湖南》五律一首,《谒屈三闾贾太傅祠》七绝一首,《长沙吊屈子》七古一首,《吊三闾大夫》五古一首,《题明长沙太守忠烈蔡江门先生墓碑》五绝一首,《湘阴》五绝一首,《所见》五绝一首,《夜坐》七绝一首,《雁字》七绝一首,《念别离》五绝一首,《湘上除夕》七绝三首。撰《过函谷关论》《过熊耳山空相寺》《过韩城论》《问山中老人》《南召》《台头》《南阳卧龙岗谒武侯庙论》《光武故里记》《流贼张献忠破襄阳说》《祭屈贾两先生文记》《洞庭》《蕉窗拾粹小引》。

康熙三十年辛未(1691),六十二岁

春二月,登回雁峰。又至衡山,登祝融峰,三月,离衡州北还,过荆州,偕梁质人游护国寺。由襄樊、邓、内乡入武关,经上周、蓝田。四月晦,过武功,晤焦卧云。五月四日到家。岁仍大旱,麦田百亩仅收五石。举家十五口,知不可活将西迁,为长子纳妇满氏(满子咸女),焦卧云助成礼。秋七月二十四日,携家离开郿县,迁至凤翔西房村,侨居亢氏书室。是年有诗《湘东怀太白山房》七绝二首,《回雁峰》七律一首,《回雁峰别茹司马游衡岳雨雪两月登山次日万里开霁得观海日下山阴霾如古》七绝一首,《衡峰书怀》五绝一首,《衡峰即雪》七绝一首,《祝融峰》七绝一首,《望日台》五绝一首,《望日台见海气晦暝须臾晴霁》七绝一首,《衡峰望日歌柬紫庭茹司马》七古一首,《望月台》五律一首,《岳顶泉》七绝一首,《冰柱》七绝一首,《衡麓道上》七绝一首,《邺侯书屋》七绝一首,《湘潭》七绝一首,《渔父祠》七绝一首,《鹦鹉》七律一首,《即事》五律一首,《西迁》五律二首,《旅夜秋》七绝一首,《蟋蟀》七绝一首,《望夫山》七绝一首,《又赠弹琴老人》七古一首,《有怀》五律一首。撰《蕉叶雨叙》《荆王创建护国寺论》《元气论》。著《薪难》《知人难》《寄茹司马书》

《寄岐阳琴侠李显吾书》。

康熙三十一年壬申(1692),六十三岁

春寓凤翔,郿天旱麦枯,三月二十四日,携家离凤翔,入云栈,出褒斜,至沔县,流寓一月,经南郑,登古汉台,五月底抵洋县。六月,侨居洋城东南隅秦太学德英经舍。十月初九日,经城固,如南郑。是年诗有《壬申春岐阳客舍有怀》七绝一首,《忆故园》七绝一首,《扶风》七律一首,《栈阁》五绝三首,《凤岭》五绝一首,《紫柏山次赵文肃公韵》七古一首,《过陈仓次韵吊韩淮阴侯》五律一首,《定军山谒武侯庙》七律一首,《拜将台》七律一首,《壬申五日新迁汉上哭屈子》七古一首,《迁于汉》五律一首,《秦太学德英药室》五律二首,《即事》五律二首,《寓洋城》五绝五首,《汉上秋思》五绝一首,《客窗蕉雨》七古一首,《汉中》七绝一首,《别竹》七绝一首,《梦竹》七绝一首,《古汉台》七律一首,《谒五侯庙》七律一首,《闻哭》七绝一首。撰《与友人议辟地》《过樊河论》《瑞王故宫论》《操舟论》《汉江棹歌叙》《可以集叙》《寄杭君德书》《复张子余内翰书》《寄云柯书》《寄焦卧云书》《寄焦卧云子书》《与萧东始书》《寄门人仝九搏书》。

康熙三十二年癸酉(1693),六十四岁

人日,出洋城北郊,游张文静朱柳园宛在亭。二月,渡汉入南山,觅耕牟氏沙河山田,四月入山课耕。邹南谷邑侯聘修《洋志》,一再辞谢。张仲贞太守归自南中。是年诗有《元日试笔》五律一首,《友人文学张子招饮宛在亭赏红梅》七绝一首,《六十四》七古一首,《六十四》五绝二首,《洋县五日哭屈子》五绝一首,《韩淮阴挂甲树》七古一首,《汉王城》七律一首,《咏兰河邹明府》七律二首,《梦终南剑客赵静斋》七古一首,《题周在丰松鹤图》七古一首,《江上》七律一首,《故园古柏》七律一首。撰《游宛在亭叙》《癸酉元日纪事》《耕难》《明汉中府瑞王夫人刘妃传》《关西三贞女传》《与萧柳菴及苍二弟书》《与家徵君中孚先生书》《答萧柳菴孝廉书》《与张大将军幼南书》。

康熙三十三年甲戌(1694),六十五岁

是年移寓张仲贞太守淡园。冬北至青门,住刘辉玉家,度岁。是年八月,孙衡州生。是年诗有《乐城火树》七律一首,《洋州》七律一首,《洋州黄氏园林》七律一首,《渔父词》七绝一首,《柏子树》五律一首,《寿仲贞张翁》七古一首,《赠医者王老人》五律一首。撰《洋县人物论》《淡园记》《仲贞张公淡园跋》《仲贞张先生像赞》《感旧说》《答宗弟仁侯书》。

康熙三十四年乙亥(1695),六十六岁

春,在青门。二月至渭南,访孙长人孝廉于元象山麓。三月重过酒园,旋归鄜扫墓,骆简菴邑侯闻而招之,馆于南禅,为序梓《槲叶集》。以宋牧仲、梁质人,张采书之邀,十二月自洋携家北返,寓居樊川。是年诗有《乙亥重至酒园怀满处士子咸》七绝三首。为孙长人撰《见山堂记》《湘庄记》。著《柴关》《张烈妇传》。

康熙三十五年丙子(1696),六十七岁

冬焦卧云赠鹤,先生爱之,名曰"松友"。是年诗有《谢焦卧云送鹤》七律一首,《松窗鹤友》七律一首。撰《松友名鹤记》。

康熙三十六年丁丑(1697),六十八岁

三月至武功,访焦卧云于东郊经舍。十二月,至青门,住刘辉玉家。鹤死。是年诗有《梦以诗哭松友觉而书之》五律一首,《用唐宫女结句忆松友》五律五首。撰《鬼孝子传》《致焦卧云告松友之变书》。

康熙三十七年戊寅(1698),六十九岁

耀州李穆菴刺史延先生课子于州东孙真人洞。夏,与张少文会于五台山中。

康熙三十八年己卯(1699),七十岁

在耀州,一日以醉坠床,病,遂返鄜故居。撰《襄平张少文诗集叙》《铁墨吟叙》《题邓尉看梅诗后》。

康熙三十九年庚辰(1700),七十一岁

是年七月二十四日卯时,先生卒。

康熙四十年辛巳(1701),葬于曾家寨南。

附录二

序、跋、题记等

《国史·儒林传》

李柏,字雪木,陕西郿县人,九岁失怙,事母至孝,备历艰辛,而色养不衰。稍长,读《小学》,曰:"道在是矣!"遂尽焚帖括,日诵古书。尝东登首阳,拜夷齐墓,归而师扑之曰:"汝欲学古人,吾必令汝学今人也!"则应曰:"必学古人。"师再三扑之,应如前。以母命一就试,遂补诸生。母卒,入太白山中,布衣蔬食,极人之所不堪。时自诵曰:"贫贱在我,实有其门,出我门死,入我门存。"又曰:"牛被绣,鸾刀就。"又曰:"古之人有七日不火食者,有三旬九殡者,有食木子橡栗者,有屑榆者,有一日长坐者,有餐毡啮雪者十九年者。盖有主于中,不动于外,所谓不忘沟壑也。"年四十八,将贡,或劝之行,怆然曰:"昔为吾母应此役,今奚恋耶?"康熙三十二年卒,按:卒年在三十九年。年七十一。著有《槲叶集》十卷。按:知五卷。盩厔李颙与富平李因笃及柏相善,康熙间关中称儒者,咸曰三李也。

《墓碣》(户县王尔缉心敬撰。按:此为《丰川续集》原文,而以附刊《槲叶集》后。碣为之互异处,附在各句下。)

雪木先生既葬之原缺。十原缺年,重刊本集作"三十三年"。其冢子崧谋立其墓道之碣,而东来委记于余。呜呼,自先生没,典刑之感,时廑余心,矧知先生,更无如予,而可以不斐辞耶?

谨按先生姓李氏,名柏,字雪木,自号太白山人。原籍汉中府褒城人,七世祖某徙郿县之曾家寨居焉,遂为郿县人。父可教,母王氏,生三子,先生其仲也。生而赤面伟躯,气宇异常儿。九岁而孤,母王孺人鞠之。为延师入小学,即往往吐奇语惊人。及年十七八至二十二三,辄自负其气,喜谈兵家言,本集无"至二十二三"以下十五字,而作"稍知读古书,即慕传记,所载古高逸之为"十六字。不肯俯首本集无"俯首"二字。研习制举文。"文",本集作"业"。师屡责之,不听"听",本集作

"改",下有"如是者数年"句。一日,师怒而笞之数十,母孺人闻之,亦痛加督骂,先生乃屈首诵文课艺。无几时,遂入邑本集无"邑"字。庠补弟子员。又无几时,岁试,学使赏其文之迥由"由",本集作"出"。性灵,遂拔"拔",本集作"授"。之冠一军,而文名藉藉飏邑庠矣,然终非其好也。常日率置举文于其案,而所私读,则经世之书与陶冶性情之诗。一日,负锄出耘,家人馈之食,则见其依陇树而诵《汉书》。又一日,驱羊出牧,则背日朗读《晋处士集》,亡羊而不知。凡闻西风名胜地,与老成耆德,辄徒游访,虽祁寒大暑,跬踬而不辞。太白山者,终南万里第一险阻"阻"本集作"峻"。寒远之山也,本集"也"下有"先生"二字。必一年一游。本集"游"下有"每"字。至山巅,对天池,必徘徊浩气,久而后去。或问:"山路山气如此之险寒,一游得其概足矣,岁岁必登也何故?"先生曰:"登山之颠,为之尘眼空;对山之池,本集作"对池之清"。为之尘虑净。生平快事,孰过于是!"听者为之掩口而笑,先生不屑也。及年四十有八,贡期将偪,先生则谢而去之。或以为言,先生怆然曰:"前为吾师吾母应此役,今岁且近暮矣,亟还故家,"家",本集作"我"。犹以为迟,尚又奚恋耶?"晚年高风逸韵,风动关中,贤守宰往往折节交下风。岁庚午,西凤大旱,先生乃携家就塾汉南本集"南"下有"于"字。洋县,按:庚午迁凤翔,至辛未乃迁洋县。得本集"得"下有"贤"字。东道故太守仲贞张公款留,乃托足焉。越三年,以商南牧仲本集无"牧仲"二字。宋侯、江南质人梁公、苏州采书张君之邀,乃辞汉南北反,而仍寓家樊川,盖爱其地之盛,"盛"本集作"胜"。又喜生平故知之咸在临"临",本集作"邻"。迩也。而先生则仍为耀州守穆菴李公延之,课子于耀州山本集无"耀州山"三字。孙真人洞。本集"洞"下有"穆菴生平原契此洞为一郡名地,故先生仍托此终老耳"二十二字。一日,以酒醉,本集无"醉"字。坠床而病,"病",本集作"疾"。病中仍归于鄠,曰:"是吾邱首之宜也!"归鄠又一年,本集无"年"字。七十有一而卒。

　　呜呼,先生赋高岸旷达之姿,生平信心径本集作"经"。情,不投时好,处或不能无,至其心事之光明磊落。若时下之龌龊委琐之态,二三巧诈之慾,则毫厘不以缁"缁",本集作"淄"。其素定之天。而如遇美酒,逢故人,开怀放意于上下古今,无所不语,语之又靡不慷慨淋漓,使人欲歌欲泣而不能已,则既老之年,依然不减少壮也。又先生甚胜而高,遇意所不可,虽本集"虽"下有"显"字。贵人前,必伸其意之欲言。而本集"而"下有"如其"二字。心则甚虚,守又复甚固,见善即"即",本集作"辄"。不难屈己以从。敬年二十五时,遇先生于二曲先生所,本集无"所"字。齿几长本集"长"字下有"余"字。一倍,而遇予一言之近是,未尝不亟加赞许。自后每见有规劝，无有不欣然意纳者。终其身，布衣蔬本集作"疏"。食，或本集"或"下有"时"字。有极人之不堪，而襟度洒然，略无怨天尤人之意介本集作"形"。于言貌间。盖先生素志有在，终身本集作"己"。未能自遂其本怀。而如其蹈履任真，一意孤行，呜呼，即传纪所载古较然不欺其志之高人逸士，亦奚以过！彼议先生者，固为不知先生，即誉先生而不得其实者，亦为未尽先生之真也。

先生所著有《槲叶集》，本集有"十卷"二字。其文率出自胸臆，不蹈袭前人。诗则自成一家，而声韵与彭泽相本集无"相"字。近。盖生平最爱者渊明，故于渊明之诗，嚼咀尤熟，不知不觉风韵逼真耳。子二，崧、巇。孙七。本集有"之仁、之信、之荣、之礼、顺臣、之智、之孝"十四字。先生以某年月日生，以某年月日卒，以某年月日葬。本集作"以崇祯六年五月乙巳日丁亥时生，以康熙四十年七月二十四日卯时终，康熙四十二年腊月十二日葬"。其树碣也，则以雍正十一年某月某日也。本集作"以今乾隆元年二月清明日也"。呜呼，先生本集有"今"字。成古人矣！今复易遘斯人耶？易遘斯人耶？本集"矣"下作"如先生者，更可复遘也耶？更可复遘也耶？"

《衍石记事稿·太白山人传》（钱仪吉撰）

康熙间，关中儒者咸称三李。云三李者，盩屋二曲、富平子德、郿太白山人也。山人生崇祯庚午，九岁孤。稍长，读《小学》，曰："道在是矣！"遂尽焚所习帖括，而日诵古书。会童子试，不肯就，匿枯寺中，已入眢井三昼夜；已出走，西踰汧、南入栈道，东登首阳，拜伯夷叔齐墓，家人迹之，归。师扑之曰："汝学古人，吾必令汝学今人也！"山人曰："愿学古人。"再扑曰："学古人乎？学今人乎？"山人曰："愿学古人。"又扑曰："汝尚欲学古人乎？"则对曰："必学古人。"于是远近之人皆以为痴。母命之，乃一就试，补博士弟子员。始名如泌，有司改为"密"，山人曰："李密以蜀为伪朝，吾不愿如之也。"乃易名柏，字雪木。母卒，遂弃冠服，入太白山中，率家人力耕，刻苦为学。家故贫，兵盗水旱滋益困。自子德被征至京师，数称山人贤，始有知之者。或欲周之，而山人难为衣食。尝一日两粥，或半月食无盐，时时忍饥默坐。闲临水把钓，夷然不屑也。自诵曰："贫贱在我，实有其门，出我门死，入我门存。"又曰："牛被绣，鸾刀就。"又曰："古之人有七日不火食者，有三旬九餐者，有食木子橡栗者，有屑榆者，有一日长坐者，有餐毡啮雪十九年者。盖有主于中，不动于外，抱节死义，不忘沟壑也。"此山人胸怀，本趣然也。

著有《槲叶集》，自题曰："山中乏纸，采幽岩之肥绿，浥心血之余沥，积久盈箧,遂为集名。"好作书,自云:"吾希观前贤名迹,而以山中之见闻,发之于书,盖以山为骨、水为肉"云。其高寄绝俗多类此。山人卒年六十余。按:卒年失实。有子曰崧,女适李慎言,二曲子。按《二曲集·冯云程传》:"有一女,二曲中孚子为长子慎言择配。"是慎言妻姓冯,非雪木女可为铁证。不知衎石何据,而为此诬言。

论曰:昔宋有太白山人焉,摘洞林之谶,沈谋踣巢。明有太白山人焉,戴远游之冠,风施在苕。雪木子其类耶,不类耶?学不婴世,饥不出门,石骨而木颜,食水而衣云,其斯以为山中之人也欤?

《九畹文集·关中人文传》(刘绍攽撰)

李柏,字雪木,郿人,少贫,佣于酒家,乡先达从酤,异其貌,为诵诗十章,既上口,授书,过目不忘,劝之学,乃入太白山,十年成大儒。名公卿多招之出,柏度不获行己志,卒辞谢,朝夕呕吟,拾山中槲叶书之,门人郡其集曰《槲叶集》。按:"名公卿多招之"于事无考,少佣酒家,尤不见他书,录之以广异闻可耳。

《洋县志·流寓》

李柏,字雪木,郿人。垂髫时,即志追先贤。隐居太白山,潜心理学,典坟邱索诸子百家,博采贯通。海内称"关中三李",柏其一也。时因西凤大饥,卜居汉洋,著书立说,士宗仰之。

《郿县志》

李柏,字雪木,郿人,自称太白山人,与李因笃、李颙称"关中三李"。读书躬耕养母,母卒,庐墓三年。有田二百五十亩。去太白山麓十五里,时往来山中,或雪后独上高峰看月,熊罴虎豹叫啸前后。性滃郁孤愤,与世龃龉不可合,亦好为大言,奇服诡行,以耀于时。于河东买大牛,高八尺,头尾长一丈二尺,骑牛入城市中,儿童噪且随之。牛归,卧场圃,柏便坐牛髀胁间,击缶被发,歌呼乌乌,名其牛曰"牛蒲团"。岁荒,避盗凤翔,徙汉上,多见窘于田夫俗人。又大旱,争荄不继,牛亦饿死。尝驯一鹤曰"松友"者,柏出游归,鹤折其一足,柏刲生彘啖之,涕泗并下。鹤死,至操杖詈骂其老妻,任情放诞率如此。有宋生买宅樊川,招之往,亦不果。七十一岁卒。世传其能诗,撰《槲叶集》五卷。

《凤翔府志·儒林》

李柏,郿县人,贯穿百家,勃窣理窟,与朝邑李楷、富平李因笃齐名,称"关中三李"。按:王葵圃《关中人物考略》云"李因笃与李中孚及李柏称关中三李"。或曰三李有叔则无中孚,论文章也。

《文献征存录》（钱林撰）

李柏，字雪木，郿县人。初为诸生，避乱居洋县，入太白山，屏迹读书者数十年。与富平李因笃并有名。

《国朝先正事略》（李元度撰）

李柏，字雪木。少孤贫，稍长，读《小学》曰："道在是矣！"遂尽焚帖括而日读古书。家人强之应试，遂出走，西踰沔，南入栈道，东登首阳，拜夷齐墓。复以母命就试，补诸生。旋弃巾服，入太白山，读书十年成大儒。公卿多欲荐之，度不获行己志，卒辞谢。昕夕讴吟，拾山中槲叶书之，门人都其集曰《槲叶集》。山居力耕，日食粥，或半月食无盐，意夷然不屑也。尝言："古之人有七日不火食者，有三旬九餐者，有食木子橡栗者，有屑榆者，有一日长坐者，有十九年餐毡啮雪者。盖有主于中，不动于外，所谓不忘沟壑也。"其高寄绝俗类此。年七十一卒。

《许生洲〈槲叶集〉叙》

往余初入关中，与频阳李子德太史杨扬摧关中隐逸，载及太白山人，始知有其人矣，而未得其详也。已而行部周原，进诸学官弟子，咨询文献，渐得其详矣，而未见其人也。嗣奉御书之役，获至横渠，屏驺过访，见其葛巾草服，如野鹤闲云，所居容膝，仅蔽风雨，而图书万卷，四壁纵横，进歌《草虫》，退咏《白驹》，于是见其人矣，而犹未窥其深也。迟之又久，始得其《槲叶集》读之，不禁抚卷叹曰："若山人者，庶几古隐君子之流乎！夫君子垺草木，以尽天下之色；鼓雷霆，以尽天下之声；阐幽隐，以尽天下之蕴；互日月，交山川，错鸟兽，以尽天下之变。其志定者，其言简以重；其志俭者，其言质以实；其志刚者，其言果以断；其志直且廉者，其言坦易以扬厉。山人庶几古隐居君子之流乎！"

抑又闻山人尝大雪中直走太白山巅，万壑冰霜，晶莹四射，狂歌散发，高卧其中，一片清寒，沁人肺腑，故作为诗文，无复人间烟火气。异日者，益将鞭灵霆，验霜雳，乘朔风，擎白日，摩浩月，观天地之依附，掘阴阳之屈伸，于是山人齐犹龙之变化而不可物色矣。康熙二十六年丁卯冬。

《骆简庵〈槲叶集〉叙》

先生今年归自汉南，不以余为弇鄙，谬相过从，盘桓旬日，仰天耳热，掀髯剧谈，十五国之贞淫正变，千古之治乱兴衰，无不刺刺言之，瞭如指掌。更出其所为诗文词数万言，皆能竖立铁骨，自成纤锦，不屑拾人牙慧，而奇思伟论，则一空前后作者。后之学者,读先生之文章,景先生之芳躅,想太白峰头,当有云烟缭绕,鬼怪百出,风雨飞来,雷电交作之状,然后知先生之浩落胸怀,与天地为徒,与烟霞为侣,与山川、草木、鹿豕、禽鱼为居游者,共有千古矣。康熙三十四年乙亥夏。

《王华岳〈槲叶集〉叙》

京家居时,闻同里子德先生曰:"关中三李,余行季,素以虚声闻于人,自问恒多过慎之耻。行伯中孚李先生,行仲雪木李先生,学业文章,诚足以羽翼《六经》,发矇振聩。"自此亲炙之望,拳拳服膺。庚午冬,任郿庠,甫至境,闻先生因秦地大饥迁于汉南。按:庚午冬,先生游衡州,其西迁凤翔,南迁汉中,则在辛未末、壬申之际,特约略言之耳。乙亥春暮,先生以拜扫旋里,邑侯骆简菴先生闻而招之,馆于南禅,请启先生之箧,出先生之文章,命梓人布告海内。京幸得接其道范,聆其议论,所谓"羽翼《六经》,发矇振聩",子德先生之言不虚也。

《萧柳庵〈槲叶集〉叙》

吾友雪木先生,束发受书,尝步观九原,顾虚墓累累,叹曰:"百年后,化为荒烟蔓草,学者当为身后计。欲为身后计,当别有正学。"由是窃读《小学》,见古人嘉言懿行,豁然悟曰:"道在是矣。"遂尽烧所读帖括,潜读古书。家赤贫,膏火不给,或升高明月,或焚香照字,至鸡鸣方寝。师禁毋学古,恒得一断简残编,秘枕中,弗令师见。会童子试,先生避不就,或日暮投宿古庙,坐达旦不寐;或深入瞽井三日夜;或潜走旷野危坐,连宵不归;或出亡于外,西渡洴水,南入云栈,东登首阳,拜夷齐墓。其兄迹之回,塾师扑曰:"汝学古人,吾必令汝学今人也!"先生曰:"愿学古人。"再扑曰:"学古人乎?学今人乎?"先生曰:"愿学古人。"又扑曰:"汝还欲学古人乎?"先生曰:"必学古人。"数问而辞不变。由是,远近之人,见其踪迹大奇,语言汗漫,或曰鬼物凭胸,或曰病狂丧心,或曰愚駿下贱,禄命不丰。讪笑百出,先生皆不顾也。后奉孀母命举博士弟子,累试高等。

母没,愤然弃冠服,服法服,结庐太白山,读书学道,粗粝食,蓝缕衣,山僧蒲馔,道人箬冠,人以为陋,而先生安之如故也。深山之中,每遇一古木、一怪石,则必曰"可悟文章"。每遇松风涧响,则必曰"可悟文章"。每遇枝头啼鸟、水面落花,则必曰"可悟文章"。故先生为文多得之山水清音,不作人间丝竹矣。或曰:"身将隐,焉用文之?"先生曰:"言之无文,行而不远。"故欲知先生者,当于先生之人求之。

衡州茹少府,素善先生者,以书招之去。先生挟一驺奴箧书,过汉阳,涉江夏,泛洞庭,渡潇湘,发江北之云,宿江南之梦,哀屈原于湘鄂,哭贾谊于长沙,谒武侯于隆中,瞻峋嵝于衡岳。酬帝子于苍梧,吊湘君于南浦,怀子房于下邳,想黄绮于商山,讲韬略于襄阳,议战守于函关。此一游也,收尽东南之形胜,是以有《湘中草》。归而移家汉南,入云驿有感,抵褒城有感。登汉王之台,寻与可之迹,眺五云之宫,蹑念佛之岩,采篑筲幽谷之竹,钓沔阳丙穴之鱼。此一游也,收尽西南之胜,是以有《汉南草》。有不止太白山中所见闻者。

或问先生:"与文为《左》《国》与?《史》《汉》与?唐宋八家与?"先生曰:"我学八家,我居何等?"先生不为"八家",而自成一家。先生之文,道之菁华,溢而为诗、为字,文之糟粕。余故序其人,因及其文,使人知求先生之文,不若求先生之人。然则贤先生之人、传先生之文者,衡州司马茹公、郿之大夫骆公也,两公均可谓知人能得士矣。

《清麓文集·祠堂记》(贺瑞麟)

吾秦当国初,多硕儒鸿才博学高士,盩厔二曲先生、富平天生先生及眉县雪木先生,并称"关中三李"云。二曲理学,天生文学,雪木则高隐。成就虽各不同,要其根本之地,未尝不一。先生九岁失怙,家贫孝母,雅与二曲相类。天生虽应鸿词科,而乞终养,疏凡数十上,旷然遂其初志。且先生修德立言,亦自有其理学,亦自有其文学,与二曲、天生性情气谊,深相契合者也。故当时如太华三峰,鼎立天外。

观先生自述,髫龄读书,偶见《小学》,古人嘉言善行,即取案头时文,焚烧一空,至被塾师扑挞,终以愿学古人,虽死不悔为辞,何其识之高而意之决也!终以母命应试入庠,卒即脱去,必求其心之所安,即守宰、学使屡加礼重不以为意,其淡然有守又如此。盖生平慕诸葛孔明、陶元亮之为人,遁迹太白山中_{重刊本集"中"下有"大雪厓洞"四字。}十余年。《易》所谓"不事王侯,高尚其事",先生有焉。然或者谓后之知先生者,似未若二曲、天生著书久显于世,先生《槲叶集》往往求之不得,是以二曲、天生后犹多能举其名姓_{重刊本集作"姓名"},至先生则知者少矣。虽然实之至者,久亦必彰。光绪壬午,_{本集作"癸未"。}国史馆檄搜遗献,麟以关中诸人疏启中丞冯公,咨送史馆,先生与焉,而未果行,后必有行者矣。

不谓先生去今二百余年之久,而邑宰张公追慕敬仰,为之志其里居,_{本集"居"下有"邑宰毛公"四字。并本集作"复"。}创祠宇,属绅士明经王某_{本集"某"作"松亭"。}

为之经理,亦可见理义之感人者深。正殿三楹,斋厦六间,大门一座,围墙四周,规模未大,气象聿新。又有能刊行先生之文集者,尤其幸也。至集中疏启本集"启"作"记"。诸篇未能严绝二氏,亦一时应酬之作,不足为先生累,而实非有佞佛之意也。

王君致本集作"治"。函并令胡生涧松偕先生后裔忍至余清麓求记,王君且曰:"昔者邑侯赵公补修本集作"修补"。横渠先贤张子祠既辱以文,今先生之祠,敢有以请。"乃力疾而为之记。此记已附刊《槲叶集》后,惟《清麓集》列为壬辰,《槲叶集》于记末有"光绪十九年癸巳春季之月"等字。至记中字句有互异处,皆分注各字之下。

《又帖跋》

雪木先生在国初为吾秦高士,其所著《槲叶集》,学士大夫争欲快睹,而字画真迹,传者实罕。光绪辛巳,岐山武生文柄得二纸,一《亦山园记》、一《淡园记》也,亟装潢成卷,远以视予。予虽未见先生书,而此二纸者,绝无可疑。不惟笔势奇逸,超出尘坱,而文亦雅类《漆园》,心境洒脱,自可想见。至其发挥淡字,尤非先生高识远见,为易有此。因此益思,淡而不厌,吾儒下学为己之功,知先生之所得深矣。敬题其后以归敬亭,且告以敬其人,爱其字,而尤当识此意也。重刊本集亦载此记,惟标为"《淡园》《亦山园》二记墨迹卷子书后"。

《慎斋集跋〈淡园〉、〈亦山园〉墨迹卷》(赵舒翘撰)

雪木先生,生当明季,抱草莽孤愤,无所发抒,遂放浪山水间,其志亦可悲矣。后人见其行文云谲波诡,以为逍遥人间世耳,而讵知与屈大夫《九歌》同其凄怆耶?《郿志》谓先生任情放诞,岂非痴人说梦!诵诗读书,必知人论世,子舆氏以识高千古与!予睹先生遗墨,而不禁叹息久之。戊戌初春。

《高熙亭重刊〈槲叶集〉叙》

世称雪木先生之文曰奇,夫非好奇也,盖其胸有万古,小视天下,其识力高出恒流百倍,虽欲不奇其文而不得也。故人则奇之,而吾窃以为常。其事亲与师也,不学今,不就试,奇矣,而实常也;其事君也,虽死不二,未尝仕胜国,而终为胜国之遗民,荐牍在廷,橡栗在野,奇矣,而仍常也;始则见朱子《小学》而燔时文,既则学业文章诚足以"羽翼《六经》,发蒙振聩",李天生亦称之,夫何异于为儒耶?而世之论者,若谓其不专习程朱之书,刻程朱之集,袭程朱之语录,而为书攻其稍异于程朱者,以张吾道之门户,遂不许为名儒,而屏之关学之外,盖有不可解者矣。

吾尝考之,国初以来,关辅名流辈出,如雪木先生暨李天生、王山史其最著者,"三李四贤"于是称焉。天下名集鲜不着录,而独佚于关学之编,欲起先儒而问之,亦不可得矣。今其后象先,肄业吾校,按:高文通时主吾秦存古学堂讲。久之,乃与同学诸友商订先生全书,于其旧板之燬于兵燹者,出秘籍而重梓之,以公海内。从此先生之文著,即先生之行著,而先生之为儒,将与李天生、王山史诸先生,皆大为表章于正学缺微之日,此关学再起之一机也。羁人于此,拭目俟之矣。至其诗文之奇,无往不关乎世道人心之大,则有斯集与前人之论在,兹不赘述云。宣统辛亥孟秋。

《王仙洲重刻〈槲叶集〉序》

郿县东南太白山,《志》谓即《禹贡》惇物,盛夏积雪,人迹罕至。清初,李雪木先生尝往来山中数十年,卧明月,嚼冰雪,读书乐道,屏绝荣利,尝自号太白山人。所著《槲叶集自序》云"山中无纸,采槲叶书之,故以名集"。颇闻故老相传,先生于明季,大清龙兴,隐居求志,乡人有入庠者,母艳之,先生乃一应试,补诸生,博堂上欢。旋即弃去,布衣终身,泊如也。

同治甲子,余年十三,随诸兄谒先生墓,读王丰川先生为《墓碣记》,知关中三李齐名为不诬。既读先资政手抄先生诗集一卷,求其文不可的,久之,琴溪六弟始从友人处借录一通,又久之,乃以重值搜得全集,旋为三原贺先生借去。复斋没,书遂佚。闻昔年《槲叶集》刻甫成,文网严密,故传世绝少云。忆壬辰岁,先松亭兄约同志创建先生祠宇,置祭田,乞复斋先生作记,彼时先兄即议重刻斯集以广其传,复斋先生亟赞成,卒以人事不果。今先兄下世,忽忽三年矣,兄子谦枢,乃与先生裔孙象先及同学诸友谋醵金重锓板,遂乃父志。予闻之,欣然寄三十金促其成。刻将竣,象先书来问序。

嗟乎,先生抱不可一世之概,志洁行芳,皎然绝俗,尝咏《梅花》诗云"三冬无此物,四海尽雷同",正先生自为写照。而《淡园》一记,尤见先生学道得力,抗节孤高,足维名教,视世之揜情华腼、初终易操者,固高出万万。今先生集具在,诵其诗,读其文,可以论世知人。乾隆《郿志》乃称先生"奇服诡行,任情放诞",岂果为定论哉!先生生平大节,详于王丰川《墓记》及《先正事略》、钱衎石《太白山人传》、贺复斋《祠记》,并属象先刊附卷末,俾后世有所征信。而先兄未遂之志,九原有知,其亦少慰矣乎!是为序。时在辛亥仲春,譔于西凉郡署。

《沈杏卿重刊〈槲叶集〉序》

自来鸿儒博学,代不乏人,或则养望林泉,或则不就征辟,卒之志节未坚,熏心利禄,以至出处异致,声名俱隳。读史者所为咨嗟太息,而叹独行介节之士,克以全其始终者,不易数觏也,卓哉,雪木先生!何其志之坚而力之果舆!

先生家郿南,后筑草堂于太白山中,移而居之,故自号曰山人也。自数岁入学,即有志于古人,不屑为帖括文以求仕进。继迫于母命,不得已而应试,为博士弟子。母没,即弃儒服而隐焉。家素寒微,加以饥馑兵荒,迁徙流离,至于噉糠核、咬菜根,朝不顾夕,而悠然自得,毫无所动于怀。来此非视富贵如浮云者,能若是之安于淡泊,数十年如一日乎?

生平手不释卷,于书无所不读,贯串百家,而惟守关、闽之学为宗旨。其为文独出机杼,自成一家,而又以避地之故,西至汉川;知己相邀,南游衡岳,渡潇湘,涉洞庭,登衡岳,陟祝融,足迹经数千里,名山大泽,无不游览。益足振作其精神,发舒其志气,故或著为论说,或发为诗歌,随时随地,均有记述。虽浅近之言,皆成妙谛,所谓因文见道者,先生殆其人耶!故不观先生之文,无以知先生之学,不知先生之学,无以知先生之品也。

余自筮仕关中,耳其名而景慕者久之。乙酉春,来摄邑篆,下车访求先生著作,得其抄本《槲叶集》五卷,禀学宪为之表章,当经奉批允行。嗣复购得刊本一册,为康熙时郿之大夫骆公暨儒按:"儒"应"提"之误。学许公孙荃、萧公震生诸人叙。余奉读之下,爱不释手,觉旷达幽逸之致,与夫卓荦特立之怀,有令人羞原误作"差"。对轩冕者。惜历年既久,镌板无存,欲以先生之文传先生之人,而无由广布也,因将原本重刊,以公同好。当此世风披靡之会,苟读是书者,闻先生之亮节高风,奋然兴起,将见默化潜移,不难挽既倒之狂澜,其有关世道人心,岂浅鲜哉?爰为赞之曰:

太白苍苍,渭水洋洋,先生高卧,云水之乡。孤松野鹤,乐与徜徉,牧童樵叟,共话羲皇。惟渊明与和靖,实异代而同芳。名垂百世兮,德并首阳,景仰遗徽兮,真与高山流水以俱长。

宣统二年孟春之月。

《余子厚批答请刊〈槲叶集〉文》

故儒雪木李先生,亮节清风,征车不就。仰止高山,倾心已久,使秦以来,尤复勤加甄采。顷得贤令搜呈《槲叶集》,逸情高韵,托旨遥深,不谓永嘉之末,复闻正始之音。关中元气酝厚,代有绝学,典型不堕,端在斯人。展诵再三,钦企曷已。亟宜付厥手民,彰兹潜德。寥答数语,以志景怀。

《王仙洲太白山人传跋》

吾郿县乾隆间《县志》称雪木先生"奇服诡行,任情放诞",余则跋岐山武敬亭广文所藏《淡园》《亦山园》墨迹卷已纠正其妄。顷阅《钱衍石文集》,尚不失其真,特录一通寄归,以备他日修改《县志》之资。先生为国遗老,入本朝不肯随俗俯仰,宜人以为怪诞,然其皎然自立,志在圣贤,则人罕有识者。光绪壬辰间,吾松亭大兄,约同志创建先生祠堂于县东曾家寨,请三原贺复斋先生撰碑记之,并题额曰"愿学古人",真先生知心哉!

《〈亦山园说〉、〈淡园跋〉墨迹书后》(吴怀清撰)

国初,乡先辈最称三李,二曲、天生两先生久已姓名天壤,独雪木先生不讲学,不广交,匿迹销声,世之知者遂寡。正惟知之寡,益见品之高,若第以石隐目之,犹浅之乎测先生矣。先生不云乎:"大丈夫贵知时,时有可为,则为渭水之玉璜,傅岩之盐梅,慎毋痼疾邱园。"当仁庙世,三藩削平,海宇清谧,时可为矣。虽生明季,入国朝仅十五龄耳,既壮而仕,而无二主之议,又际可为之时,顾乃轩冕锱尘,遁世不悔,此其故可与先生之文,言外得之。

先生之传焦烈妇也,则曰:"世有朝为君臣,暮为仇雠者,不且有愧于女子耶?"于传张烈妇也,则又曰:"男子立人之朝,朝为君臣,而暮事异姓者,抑又何耶?"于传关西三贞女也,则又曰:"所以愧天下后世,为人臣而忘君事仇者。"为妇人女子作传,必与君臣之义,拳拳三致意,实与二曲、天生同深故国之思,抱易代之戚者。衡诸三贞女,处境略同,而立心尤苦,非天怀淡定,盍克臻此?两文意境颇近《漆园》,而跋语阐发淡义,淋漓尽致,足征生平造诣得力处。今之受恩故主,献身新朝,腼颜不顾者,毋亦不能淡之,故盍取此文清夜读之。文俱载《槲叶集》,前为《亦山园说》,后张仲贞《淡园跋》,盖曩曾为《淡园记》矣。己未十月山阳后学吴怀清敬跋。

《再题遗墨卷子》(吴怀清撰)

雪木先生书自撰《亦山园说》《淡园跋》,余即书其后矣,此亦先生遗墨,俱岐山武君敬亭所藏。敬亭未得见,闻藏书甚多,迭经兵燹,大半散失,独与先生手迹爱护甚至,故完好如故。犹虑秦难未已也,特属其姻刘君莲浦携之京邸,代为藏弆,并征题跋,因得留览多日,亦与先生有文字缘哉!所书七律八首,乃山房咏怀之作,见《槲叶集》。至《鬼孝子传》《与焦卧云书》,集均未载,按:癸丑重刊之集始将两文附入补遗,题跋时未及见也。知先生著述不传者多矣。又先生卒年,《先正事略》作六十六,与《墓碣》及《郿县志》作七十一异,今据此传跋语证之,撰时已六十有七,足订《事略》之讹。己未冬日。

参考文献[①]

一、古籍文献

(1) [汉]班固.汉书[M].北京:中华书局,1973.

(2) [汉]高诱注,[清]毕沅校,余翔标点.吕氏春秋[M].上海:上海古籍出版社,1982.

(3) [汉]司马迁.史记[M].北京:中华书局,2006.

(4) [汉]王符著,[清]汪继培笺、彭铎校正.潜夫论笺校正[M].北京:中华书局,1979.

(5) [魏]王弼著,楼宇烈校释.王弼集校笺[M].北京:中华书局,1980.

(6) [晋]陈寿著,[刘宋]裴松之注.三国志[M].北京:中华书局,1959.

(7) [晋]郭象注,[唐]成玄疏,曹础基、黄兰发点校.南华真经注疏[M].北京:中华书局,1998.

(8) [晋]陆机著,金涛声点校.陆机集[M].北京:中华书局,1982.

(9) [晋]陶渊明著,逯钦立校注.陶渊明集[M].北京:中华书局,1979.

(10) [梁]刘勰著,周振甫注.文心雕龙注释[M].北京:人民文学出版社,1981.

(11) [梁]萧统著,俞绍初校注.昭明太子集校注[M].郑州:中州古籍出版社,2001.

(12) [唐]房玄龄.晋书[M].北京:中华书局,1974.

(13) [唐]司空图著,郭绍虞集解.诗品集解[M].北京:人民文学出版社,1963.

(14) [唐]张彦远.历代名画记[M].北京:人民美术出版社,1963.

(15) [宋]程颢、程颐著,王孝鱼点校.二程集[M].北京:中华书局,2004.

(16) [宋]洪兴祖撰,白化文等点校.楚辞补注[M].北京:中华书局,1983.

(17) [宋]李昉.太平御览[M].四库丛刊本.

(18) [宋]黎靖德编,王星贤点校.朱子语类[M].北京:中华书局,1986.

(19) [宋]陆九渊著,钟哲点校.陆九渊集[M].北京:中华书局,1980.

---

① 为检索方便,本论文参考文献以朝代顺序编排,同一朝代的作者再以姓氏字母顺序排序。

(20)［宋］张载.张载集[M].北京:中华书局,1978.

(21)［宋］周敦颐撰,徐洪兴导读.周子通书[M].上海:上海古籍出版社,2000.

(22)［宋］周密撰,张茂鹏点校.齐东野语[M].北京:中华书局,1983.

(23)［宋］杨万里撰,辛更儒笺校.杨万里集笺校[M].北京:中华书局,2007.

(24)［宋］朱熹.四书章句集注[M].北京:中华书局,1983.

(25)［宋］朱熹著,刘永翔、朱幼文点校.朱子全书[M].上海:上海古籍出版社、合肥:安徽教育出版社,2002.

(26)［元］张养浩著,王佩增笺.云庄休居自适乐府笺[M].济南:齐鲁书社,1988.

(27)［明］冯从吾撰,陈俊民、徐兴海点校.关学编[M].北京:中华书局,1987.

(28)［明］高攀龙.高子遗书[M].无锡刻本.

(29)［明］何良俊.四友斋丛说[M].影印文渊阁四库全书本.

(30)［明］刘宗周.刘子全书[M].道光乙未刻本.

(31)［明］沈朝阳.皇明嘉隆两朝闻见记[M].台北:台湾学生书局影印本,1969.

(32)［明］唐顺之.荆川先生文集[M].四部丛刊初编本.

(33)［明］王阳明著,吴光等编校.阳明全书[M].上海:上海古籍出版社,1992.

(34)［明］王廷相著,王孝鱼点校.王廷相集[M].北京:中华书局,1989.

(35)［清］董诰等编.全唐文[M].北京:中华书局,1983.

(36)［清］方以智著,庞朴注释.东西均注释[M].北京:中华书局,2001.

(37)［清］谷应泰.明史纪事本末[M].北京:中华书局,1977.

(38)［清］顾炎武撰,华枕之点校.顾亭林诗文集[M].北京:中华书局,1983.

(39)［清］顾炎武著,黄汝成集释,栾保群、吕宗力点校.日知录集释[M].上海:上海古籍出版社,2006.

(40)［清］归有光撰,周本淳点校.震川先生集[M].上海:上海古籍出版社,1981.

(41)［清］归庄.归庄集[M].上海:上海古籍出版社,1984.

(42)［清］郭庆藩撰,王孝鱼点校.庄子集释[M].北京:中华书局,2004.

(43)［清］洪亮吉撰,李解民点校.春秋左传诂[M].北京:中华书局,1987.

(44)［清］黄宗羲著,沈善洪主编.黄宗羲全集[M].杭州:浙江古籍出版社,1985.

(45)［清］黄宗羲撰,沈芝盈点校.明儒学案[M].北京:中华书局,1985.

(46)［清］何文焕辑.历代诗话[M].北京:中华书局,1981.

(47)［清］焦循撰,沈文倬点校.孟子正义[M].北京:中华书局,1987.

(48)［清］江藩著,钟哲整理.国朝汉学师承记[M].北京:中华书局,1983.

(49)［清］孔尚任著,徐振贵主编.孔尚任全集[M].济南:齐鲁书社,2004.

(50)［清］李柏.槲叶集[M].清光绪重刻本.

(51)［清］李柏.槲叶集[M].民国二十一年刻本.

(52)［清］李道平撰,潘雨廷点校.周易集解纂疏[M].北京:中华书局,1994.

(53)［清］李颙著,陈俊民点校.二曲集[M].北京:中华书局,1996.

(54)［清］李因笃.受祺堂诗集[M].清刊本.

(55)［清］刘熙载著,王国安点校.艺概.上海:上海古籍出版社,1978.

(56)［清］彭定求等编.全唐诗[M].北京:中华书局,1960.

(57)［清］皮锡瑞撰,盛冬铃、陈抗点校.今文尚书考证[M].北京:中华书局,1989.

(58)［清］邱维屏.邱邦士文钞[M].清道光丙申刊本.

(59)［清］全祖望著,黄云眉点校.鲒埼亭文集选注[M].济南:齐鲁书社,1982.

(60)［清］钱谦益撰,钱曾笺注,钱仲联标点.钱牧斋全集[M].上海:上海古籍出版社,2003.

(61)［清］钱谦益.列朝诗集小传[M].上海:上海古籍出版社,1959.

(62)［清］阮元.十三经注疏[M].北京:中华书局,1980.

(63)［清］邵廷采.思复堂文集[M].杭州:浙江古籍出版社,1987.

(64)［清］孙奇逢著,朱茂汉点校.夏峰先生集[M].北京:中华书局,2004.

(65)［清］谈迁著,张宗祥点校.国榷[M].北京:中华书局,1958.

(66)［清］王夫之撰.船山全书[M].长沙:岳麓书社,1996.

(67)［清］王夫之.张子正蒙注[M].北京:中华书局,1975.

(68)［清］王夫之.读四书大全[M].北京:中华书局,1975.

(69)［清］王夫之等.清诗话[M].上海:上海古籍出版社,1989.

(70)［清］王先谦撰,沈啸寰、王星贤点校.荀子集解[M].北京:中华书局,1988.

(71)［清］吴怀清编著,陈俊民点校.关中三李年谱[M].西安:陕西师范大学出版社,1992.

(72)［明］谢榛著,宛平点校.四溟诗话 ［清］王夫之著,舒芜点校.姜斋诗话[M].北京:中华书局,1961.

(73)［清］叶燮、薛雪、沈德潜著,霍松林、杜维沫点校.原诗一瓢诗话说诗晬语[M].北京:人民文学出版社,1979.

(74)［清］赵翼著,王树民校证.廿二史札记校证[M].北京:中华书局,1984.

(75)［清］张履祥著,陈祖武点校.杨园先生集[M].北京:中华书局,2002.

(76)［清］张廷玉等.明史[M].北京:中华书局,1974.

(77)［清］朱彬撰,饶钦农点校.礼记训纂[M].北京:中华书局,1996.

(78)［清］朱鹤龄.愚庵小集[M].上海:上海古籍出版社,1979.

(79)［清］卓尔堪.明遗民诗[M].北京:中华书局,1960.

(80)［民］赵尔巽等.清史稿[M].北京:中华书局,1977.

(81)大正藏[M].东京:日本大藏出版株式会社,1933.

(82)《孔子家语》,四部备要本.

二、今人著作

(1) 陈俊民.张载哲学思想及关学学派[M].北京:人民出版社,1986.

(2) 陈良运.中国诗学体系论[M].北京:中国社会科学出版社,1992.

(3) 程俊英,蒋建元.诗经注析[M].北京:中华书局,1991,

(4) 邓之诚.清诗纪事初编[M].上海:上海古籍出版社,1984.

(5) 冯友兰.中国哲学史[M].上海:华东师范大学出版社,2000.

(6) 冯友兰.中国哲学简史[M].北京:北京大学出版社,1985.

(7) 方光华.关学及其著述[M].西安:西安出版社,2003.

(8) 高亨注译.商君书注释[M].北京:中华书局,1974.

(9) 郭绍虞.中国历代文论选[M].上海:上海古籍出版社,2001.

(10) 郭绍虞.清诗话续编[M].上海:上海古籍出版社,1983.

(11) 何宁.淮南子集释[M].北京:中华书局,1996.

(12) 老子哲学讨论集[M].北京:中华书局,1959.

(13) 黎翔凤撰,梁运华整理.管子校注[M].北京:中华书局,2004.

(14) 李亮.诗画同源与山水文化[M].北京:中华书局,2004.

(15) 李泽厚,刘纲纪.中国美学史大纲[M].合肥:安徽文艺出版社,1999.

(16) 鲁迅.鲁迅全集[M].北京:人民文学出版社,1981.

(17) 罗光.哲学大辞典[M].新北:辅仁大学出版社,1993.

(18) 潘承玉.清初诗坛——卓尔堪遗民诗研究[M].北京:中华书局,2002.

(19) 钱穆.中国近三百年学术史[M].北京:商务印书馆,1997.

(20) 钱锺书.管锥编[M].北京:中华书局,1979.

(21) 钱锺书.谈艺录[M].北京:中华书局,1984.

(22) 钱锺书.宋诗选注[M].北京:人民文学出版社,1989.

(23) 清朝野史大观[M].上海:上海书店,1981.

(24) 王汎森.晚明清初思想十论[M].上海:复旦大学出版社,2004.

(25) 魏中林.清代诗学与中国文化[M].成都:巴蜀书社,2000.

(26) 闻一多.闻一多全集[M].武汉:湖北人民出版社,1993.

(27) 吴言生.禅宗诗歌境界[M].北京:中华书局,2001.

(28) 萧萐父,李锦全.中国哲学史纲要[M].北京:外文出版社,2000.

(29) 谢国桢.明清史论丛[M].沈阳:辽宁教育出版社,2000.

(30) 谢国桢.明末清初的学风[M].上海:上海书店出版社,2004.

(31)谢正光.清初诗文与士人的交游[M].南京:南京大学出版社,2001.

(32)谢正光,范金民.明遗民录汇辑[M].南京:南京大学出版社,1995.

(33)严昌迪.清诗史[M].杭州:浙江古籍出版社,2003.

(34)杨伯峻.列子集释[M].北京:中华书局,1979.

(35)余英时.士与中国文化[M].上海:上海人民出版社,2003.

(36)曾振宇.中国气论哲学研究[M].济南:山东大学出版社,2001.

(37)张岱年.中国哲学大纲[M].北京:中国社会科学出版社,1982.

(38)张璋等编纂.历代词话[M].大象出版社,2005.

(39)赵瑞蕻.鲁迅《摩罗诗力》说[M].天津:天津人民出版社,1982.

(40)赵园.清初之际士大夫研究[M].北京:北京大学出版社,1999.

(41)《哲学研究》编辑部.老子哲学讨论集[M].北京:中华书局,1959.

(42)中国古典文学资料汇编[M].北京:中华书局,1962.

(43)中国古代易学丛刊[M].北京:中国书店出版社,1998.

(44)中国美学史资料选编[M].北京:中华书局,1981.

(45)中国哲学史教学资料选辑[M].北京:中华书局,1981.

(46)周可真.顾炎武年谱[M].苏州:苏州大学出版社,1998.

(47)周明初.晚明士人心态及文学个案[M].北京:东方出版社,1997.

(48)朱东润.诗三百篇探故[M].昆明:云南人民出版社,2007.

(49)朱义禄.儒家理想人格与中国文化[M].上海:复旦大学出版社,2006.

(50)朱志荣.中国审美理论[M].北京:北京大学出版社,2005.

(51)朱谦之.老子校释[M].北京:中华书局,1984.

(52)宗白华.美学与意境[M].北京:人民出版社,1987.

三、外人著作

(1)[德]黑格尔.美学[M].北京:商务印书馆,1979.

(2)[美]苏珊·朗格.艺术问题[M]北京:中国社会科学出版社,1983.

四、学术论文

(1)黄丽峰.古代文人对诸葛亮的评价及其走向[J].中州学刊,2005,(4):182—187.

(2)韩星.儒家的隐者——李柏思想构成探析[J].人文杂志,2001,(1):126—130.

(3)宋德成,梅咏.李柏及其《槲叶集》[J].咸阳师专学报,1996,(5):14—23.

(4)张兵.清初关中遗民诗群的构成与王弘撰、李柏的诗歌创作[J].兰州大学学报(社科版),2000,(3):135—140.

(5)赵馥洁.论关学的基本精神[J].西北大学学报,2005,(6):5—12.

图书在版编目(CIP)数据

李柏评传/常新著. —西安:西北大学出版社,2014.10

(关学文库/刘学智,方光华主编)

ISBN 978-7-5604-3506-0

Ⅰ.①李… Ⅱ.①常… Ⅲ.①李柏(1630~1700)—评传 Ⅳ.①B249.9

中国版本图书馆 CIP 数据核字(2014)第 241832 号

出 品 人	徐 晔 马 来
篆 刻	路毓贤
出版统筹	张 萍 何惠昂

李柏评传 常 新 著

责任编辑	马 平	装帧设计	泽 海
版式统筹	刘 争		
出版发行	西北大学出版社		
地 址	西安市太白北路 229 号	邮 编	710069
网 址	http://nwupress.nwu.edu.cn	E-mail	xdpress@nwu.edu.cn
电 话	029-88303593 88302590		
经 销	全国新华书店		
印 装	陕西向阳印务有限公司		
开 本	720 毫米×1020 毫米 1/16		
印 张	14.5		
字 数	226 千字		
版 次	2015 年 1 月第 1 版 2015 年 1 月第 1 次印刷		
书 号	ISBN 978-7-5604-3506-0		
定 价	29.00 元